本书为2020年山东省社科规划研究项目成果（项目编号：20CLSJ01）

儒家思想影响下的明代山东移民研究

刘冉冉 著

九州出版社
JIUZHOUPRESS

图书在版编目（CIP）数据

儒家思想影响下的明代山东移民研究 / 刘冉冉著
. -- 北京 : 九州出版社, 2023.5（2024.1重印）
ISBN 978-7-5225-1851-0

Ⅰ. ①儒… Ⅱ. ①刘… Ⅲ. ①儒家－哲学思想－影响－移民－研究－山东－明代 Ⅳ. ①D632.4

中国国家版本馆CIP数据核字(2023)第089734号

儒家思想影响下的明代山东移民研究

作　　者	刘冉冉　著
责任编辑	杨鑫垚　李　荣
出版发行	九州出版社
地　　址	北京市西城区阜外大街甲 35 号（100037）
发行电话	(010)68992190/3/5/6
网　　址	www.jiuzhoupress.com
印　　刷	永清县晔盛亚胶印有限公司
开　　本	710 毫米 ×1000 毫米　16 开
印　　张	14.25
字　　数	200 千字
版　　次	2023 年 5 月第 1 版
印　　次	2024 年 1 月第 2 次印刷
书　　号	ISBN 978-7-5225-1851-0
定　　价	78.00 元

目　录

前　言

山东是一个沿海大省，也是一个侨务大省，历史上的山东人就已留下海外移居的足迹，“乱邦不居”“道不行，乘桴浮于海”，积极提倡乱时移居海外的正是儒家思想的代表人物孔子，他不仅自己周游列国，而且以其精深的思想影响了一代又一代的读书人。山东是儒家思想的发源地，深受儒家思想影响的山东人，其性格中富于开拓进取的精神，故而拥有不同于其他地区的海外移民的特色和传统。

山东在先秦时期是齐鲁两国的故地，有着悠久的历史底蕴和深厚的文化基础，重视教育和文化传承，同时由于其特殊的地理位置，在古代中朝之间的政治交流和贸易往来中扮演着重要角色。山东半岛与朝鲜不仅在地理位置上相邻近，而且由于朝鲜长期以来崇奉儒家思想，以儒家传统道德观念作为治国安民的良策，所以两地的文化背景与生活习俗亦有许多相似之处。因为地理位置的邻近，文化、生活习俗的相仿，朝鲜对儒家思想的尊崇及中朝之间传统的政治性朝贡关系、频繁的经济贸易交往，加之战乱、灾荒等偶然事件的发生，自古以来移居朝鲜的山东人就不在少数。明朝时期，由于朝鲜王朝奉行事大慕华的政策，对明朝始终怀有强烈的尊崇和感激之情，因而朝鲜君臣对其时留居朝鲜的山东移民也实行了特别的优待政策，尊称他们为皇朝人、皇朝人子孙，不仅在生活上予以照顾，而且特设忠良科，使其可以通过科举考试进入仕途，并设立大报坛守直官等职，提高其政治地位。同时，这些被称为“皇朝人”的赴朝山东移民，因大多出身仕宦之家，赴朝之后，依托朝鲜政府的特殊政策，凭借自身的知识背景和不懈努力，开创了在朝鲜世代为官的局面，并在政治、文化方面对朝鲜社会做出重要贡献，赢得了朝鲜人民的尊重。赴朝山东移民的后裔在朝鲜建坛立庙以奉祀祖先和明朝皇帝，编撰族谱史书以追根溯源，成立明义会和宗亲会以增强移民后裔间的凝聚力，他们追思故国的种种行为对当时及后世的朝鲜社会均产生了重要影响。正是基于对上述情况的关注，本书以明朝时期移居朝鲜的山东移民为研究对象进行了代表性考察。通过考察这些移民在山东的具体籍贯分布、家世、婚姻、赴朝方式与路线等方面的特点，阐释他们迁居朝鲜的缘起、经过及在朝鲜世代传承的情况，探究他们在政治、思想、文化、学术等方面对朝鲜社会的贡献与影响，分析朝鲜政府对他们的政策与态度，考察他们对齐鲁文化对外传播、中朝文化交流及东亚儒学文化圈构建等方面的影响，力图较为完整地展现儒家思想影响下明代山东移民的特点与特殊贡献。

一、研究范围

本书将研究时限限定在“明代”，但是有些山东移民是在元末明初移居朝鲜并在朝鲜社会产生一定影响，还有一些是在明亡之后避乱朝鲜，从时间范围上来看，已经延伸到清朝建立的初期，而且对于移民在移入地的活动与状况，其对应时间难免会涉及清朝乃至清之后的时间，所以文中将元末明初、明末清初的赴朝山东移民，均纳入到研究范围内。从理论上来讲，研究对象应该包括这一时段之内所有移居朝鲜的山东移民，然而由于资料所限，要搜寻出这一时期所有赴朝山东移民的情况，根本无法完成，所以本书主要是对明代赴朝山东移民的个案研究，不论是从移居朝鲜的方式和路线来看，还是从他们在朝鲜的活动及其对朝鲜社会所做的贡献来看，这些史有记载的赴朝山东移民可以说非常具有典型性和代表性，而且朝鲜政府的优待政策，也主要是给予这些被称为“皇朝人”的赴朝移民及其后裔，并未及于一般的避乱漂流民，所以本书的讨论就是围绕这些人展开的。

《隋书》中记载：“晋自中原丧乱，元帝寓居江左，百姓之自拔南奔者，并谓之侨人。皆取旧壤之名，侨立郡县，往往散居，元有土著。”[①] 这里所谓的“侨人”，指的就是寄居外地、客居异乡之人，并没有本国或异国之分。近代以来出现“华侨”这一概念，用来专指侨居海外的中国人，而华人则是指加入住在国国籍、仍具有中华民族血统的人。本书所探讨的对象是明代赴朝山东移民这一群体，从概念层面上来讲，虽不具备华侨之名，却已有华侨之实，因而为行文需要，文中亦曾使用“华侨华人”一说，均是指这些明朝年间因为各种不同原因移居朝鲜的山东移民。他们在朝鲜繁衍生息、世代传承，其后世子孙已涉及“华人”的层面，所以明代移居朝鲜的山东华侨、华人均在本书的研究范围之内。

二、相关研究成果述评

目前学界对华侨史的研究，存在这样两种倾向：一方面，重视国别史的研究，并已产生大量相关研究成果；另一方面，在区域地方史的研究中存在南热北冷的现象，即对传统侨乡粤闽浙等地华侨华人问题的研究较为关注并已取得大量成果，而对北方如山东等地移民、华侨问题的研究则相

① （唐）魏征等：《隋书》卷 24，《食货志》，中华书局 1973 年版。

对薄弱，其中对山东古代华侨史的研究更为匮乏。而且，在已有的研究成果中，又以描述性、介绍性的著作为多，能够较为深入论述山东华侨华人历史的著述则相对鲜见。其实，山东历来是侨务大省，历史上的山东人就已留下海外移居的足迹，然而目前对于山东华侨史的研究，不管是资料方面，还是从已有的研究成果来看，都与山东这样一个侨务大省的地位不相匹配。相关研究成果主要集中在以下方面：

第一，关于朝鲜华侨史的研究，主要有杨昭全、孙玉梅的《朝鲜华侨史》[①]，该书按时间顺序将朝鲜华侨史分为古代、近代、现代三个时期，系统论述了朝鲜华侨的情况，内容充实，史料丰富，立论中肯，称得上是一部国别华侨史研究的力作。书中将明朝时期朝鲜华侨的状况和其时中国政府的对外贸易政策相联系，认为明代的海禁政策限制了民众赴朝经商定居，导致明朝时期的朝鲜华侨较之北宋、元时锐减。牟元珪的《明清时期中国移民朝鲜半岛考》[②]，将明清时期移居朝鲜半岛的中国移民分类进行了探讨，是对明清时期赴朝中国华侨的一次集中考察。晁中辰《旅韩华侨华人的历史与展望》[③]《海上丝路与旅韩华侨华人》[④] 均涉及到赴朝华侨问题。林坚《朝鲜半岛的中国移民历史考察》[⑤] 以时间为序，系统梳理了不同时期移居朝鲜半岛的中国移民。张光宇《明代汉民移民朝鲜问题研究》[⑥] 着力论述了

---

① 杨昭全、孙玉梅：《朝鲜华侨史》，中国华侨出版公司 1991 年版。

② 牟元珪：《明清时期中国移民朝鲜半岛考》，载复旦大学韩国研究中心编：《韩国研究论丛》第 4 辑，1998 年。

③ 晁中辰：《旅韩华侨华人的历史与展望》，载《当代韩国》2000 年冬季号。

④ 晁中辰：《海上丝路与旅韩华侨华人》，载耿昇、刘凤鸣、张守禄主编：《登州与海上丝绸之路——登州与海上丝绸之路国际学术研讨会论文集》，人民出版社 2009 年版。

⑤ 林坚：《朝鲜半岛的中国移民历史考察》，载《延边大学学报》2009 年第 2 期，第 31—38 页。

⑥ 张光宇：《明代汉民移民朝鲜问题研究》，中国海洋大学 2012 年硕士学位论文。

明代赴朝移民的背景、阶段、类型、特点及在朝鲜的移民活动等问题，从整体上展现了明代赴朝汉民移民历史的全貌。邵张彬《元末明初中国移民朝鲜半岛研究》[①]选取元末明初中朝两国均发生政治变局这一时间段，探讨了中国移民朝鲜半岛的背景、类型、意义与影响。

第二，关于明朝时期赴朝移民问题的研究，已取得的成果有孙卫国《大明旗号与小中华意识——朝鲜王朝尊周思明问题研究（1637—1800）》[②]，在广泛运用朝鲜实录、汉文政书、史籍、文集等大量原始资料的基础上，全面探讨了朝鲜王朝的尊周思明问题，分析了这种思想出现的原因、表现及其对清代中朝关系的影响。书中认为，朝鲜基于中华正统观念和对明朝感恩报德思想之上所遵循的慕华事大、尊周思明的理念，其实质在于强化朝鲜与明朝的关系，确立其自身的正统地位，进而否认清朝对中华正统的继承。该书资料翔实、论证充分，对重新解读明、清时期的中朝关系，做出了有益的贡献。书中从朝鲜王朝尊周思明理念出发，对朝鲜大报坛、万东庙、朝宗岩大统庙及明遗民东去朝鲜等问题的论述，为本书的研究提供了很大的帮助。吴一焕的《海路·移民·遗民社会——以明清之际中朝交往为中心》[③]，考察了明末清初之际辽东半岛、朝鲜半岛、山东半岛间的中朝海上交往，辽东移民与遗民的东渡朝鲜及明末清初在朝鲜的明移民与遗民宗族社会。书中对明遗民宗族活动的探讨较为深入，同时亦涉及到了朝鲜政府对明遗民的优待和保护政策，为本书提供了一定的参考。

① 邵张彬：《元末明初中国移民朝鲜半岛研究》，载《河南科技大学学报（社会科学版）》2015 年第 4 期。

② 孙卫国：《大明旗号与小中华意识——朝鲜王朝尊周思明问题研究（1637—1800）》，商务印书馆 2007 年版。

③ ［韩］吴一焕：《海路·移民·遗民社会——以明清之际中朝交往为中心》，天津古籍出版社 2007 年版。

杨昭全的《中国——朝鲜·韩国文化交流史》[①]，系统深入地论述了中国与朝鲜、韩国数千年来的文化交流史，书中对中朝之间政治制度文化交流、教育与科举制度交流、中国儒学传入朝鲜及其影响等问题的探讨，对于本书的研究提供了一些可资借鉴之处。该书以专门篇幅讲述了中国古代移民对朝鲜之贡献，将殷末周初箕子率众避居朝鲜视为中国古代移民赴朝之始，在探究移民大量赴朝的原因之后，依次考察了宋、元、明、清历代中国文人武将与名人后裔移居朝鲜的状况及其在朝鲜的具体活动，论述了中国古代移民在朝鲜民族繁衍壮大、文化发展与社会文明、政权建设、国防建设、自然科学技术及促进中朝友谊与文化交往等方面所起的重要作用和对朝鲜社会的贡献。牟元珪的《明清时期中国移民朝鲜半岛考》[②]一文，以韩国史书、地志、文集、族谱、实录、档案等资料为依据，将明清时期移居朝鲜半岛的中国移民依次分为明初之政治性迁徙、奉使而留居东国者、漂海东来诸人、征倭后仍居东国诸人、避地东来诸人、因反清复明而东来者及清末因逃难谋生而东来者等七部分进行探讨，是对明清时期赴朝中国移民的一次集中考察。崔承现、金惠连《“明代遗民”：韩国华人历史探微》[③]从壬辰倭乱时期的移民和明清交替时期的移民两个方面考察了明代遗民的迁移及定居过程，分析了明代遗民同时具有对明朝、对韩国、对明代遗民社团的多重认同和形成这种认同的客观条件，并结合中韩关系变化探讨了明代遗民的地位变化过程。刘春兰《试论明清之际朝鲜社会的慕华崇明思想

① 杨昭全：《中国——朝鲜·韩国文化交流史》，昆仑出版社 2004 年版。

② 牟元珪：《明清时期中国移民朝鲜半岛考》，载复旦大学韩国研究中心编：《韩国研究论丛》第 4 辑，1998 年，第 326—347 页。

③ ［韩］崔承现、金惠连：《“明代遗民”：韩国华人历史探微》，载《华侨华人历史研究》2012 年第 1 期，第 54—64 页。

对明移民的影响》[①]一文，阐述了明清之际朝鲜崇明思想产生的背景与表现形式，对基于这一思想而出现的朝鲜社会对明移民的优待政策及影响进行了详细说明。赴朝移民后裔片泓基的《加入明义会之二十四姓始祖东渡史记》[②]一文，详列了赴朝明移民中加入明义会的二十四个姓氏成员，并依次简要介绍了其始迁祖、世居地及后世传承的情况。

第三，关于这些移民中某些个体及其家族的研究，涉及到"九义士"成员山东济南人王以文、临朐人冯三仕、青州人王文祥、东昌人王美承和琅琊人郑先甲等五人，主要有张玉兴的《明末清初"九义士"述论》《朝鲜"三学士"与明末"九义士"反清思想研究》[③]。关于某位移民家族的研究，主要涉及到的是明清时期的文学世家、仕宦望族——山东临朐冯氏家族，只是从目前的研究成果来看，学界对冯氏家族的研究多集中于在国内的临朐冯氏的政治、文学成就，[④]而对自明末冯三仕赴朝之后留居朝鲜的临朐冯氏家族成员的情况，至今仍缺乏系统深入的论述。

---

① 刘春兰：《试论明清之际朝鲜社会的慕华崇明思想对明移民的影响》，载陈尚胜主编：《第三届韩国传统文化国际学术讨论会论文集》，山东大学出版社 1999 年版，第 936—960 页。

② 片泓基：《加入明义会之二十四姓始祖东渡史记》，载联合报文化基金会国学文献馆主编：《第一届亚洲族谱学术研讨会会议纪录》，台北联经出版事业公司 1984 年版，第 323—328 页。

③ 张玉兴：《明清史探索》，辽海出版社 2004 年版，第 226—270 页。

④ 已有的研究成果中，或者是对冯氏个别成员的探讨，且多侧重于其文学方面的成就，如郑树平《冯裕叙论》（http://www.fengbbs.cn/viewthread.php?tid=3447&extra=page%3D1）、《冯惟敏散曲风格论》（载《齐鲁学刊》1998 年第 4 期），张秉国《冯惟敏创作述评》（载《聊城大学学报》2002 年第 2 期）、《"临朐四冯"诗论》（载《管子学刊》2005 年第 2 期），王淑静《冯琦与〈经济类编〉》（山东师范大学 2005 年硕士毕业论文）；或者是对在国内的以冯裕、冯惟敏、冯琦、冯溥为代表的冯氏文学世家的研究，如孔繁信《明清著名文学世家——临朐冯氏》（载《山东师大学报》1987 年第 2 期），纪锐利《冯氏家族略述》（载《聊城大学学报》2003 年第 3 期），梁娟娟《明清临朐冯氏家族研究》（山东师范大学 2006 年硕士毕业论文），冯益汉《冯惟敏》（载王培竹主编：《潍坊历史文化名人》，齐鲁书社 1996 年版）。后两文中部分内容涉及在朝鲜的冯三仕及其后裔的情况。

第四，关于古代山东与朝鲜半岛之间交往问题的研究，主要有朱亚非《古代山东与海外交往史》[①]，采用了系统与重点相结合的专题形式，按时间发展顺序，探讨了古代山东与海外交往过程中重点人物的活动和重大事件的发展脉络。书中对《箕子与古朝鲜国》《明清时期山东半岛与朝鲜的交往》《孔子思想在古代世界的传播与影响》等专题的论述，对于本书的研究具有重要帮助。刘凤鸣的《山东半岛与东方海上丝绸之路》[②]一书，对自春秋时期即存在于山东半岛与朝鲜半岛、日本列岛之间的一条以贸易为主要形式的“东方海上丝绸之路”进行了系统阐述，明确了山东半岛在中韩、中日关系史中的重要地位。牟元珪在《古代山东在中韩关系史上的地位》[③]一文中，则依照时间顺序，对古代山东与韩国之间的交通和贸易往来进行了系统考察，肯定了山东在中韩关系史上所具有的显赫而重要的地位。

第五，关于朝鲜慕华崇明问题的考察，除前述研究成果中涉及的之外，主要还有冯尔康的《朝鲜大报坛述论——中朝关系和中国文化传播的一个侧面研究》与《韩国朝宗岩大统庙述略》[④]、石少颖的《韩国朝宗岩文化的历史变迁》[⑤]等文章。

本书属于区域移民史研究领域，在总结借鉴前人研究成果的基础上，对明代赴朝山东移民进行了专门考察，探讨了其非同寻常的家世特征、对朝鲜的特殊贡献和对故国故土的追思，突出了这些山东移民的特点和儒家思想在他们身居国内、海外时所产生的重要影响，对于深化山东移民史相

① 朱亚非：《古代山东与海外交往史》，中国海洋大学出版社 2007 年版。

② 刘凤鸣：《山东半岛与东方海上丝绸之路》，人民出版社 2007 年版。

③ 牟元珪：《古代山东在中韩关系史上的地位》，载陈尚胜主编：《第三届韩国传统文化国际学术讨论会论文集》，山东大学出版社 1999 年版，第 291—303 页。

④ 分别刊于台北《韩国学报》第 10 期，1991 年 5 月；论文集编委会编：《商鸿逵教授逝世十周年纪念论文集》，北京大学出版社 1995 年版，第 92—94 页。

⑤ 石少颖：《韩国朝宗岩文化的历史变迁》，载《民俗研究》2014 年第 2 期，第 121—134 页。

关问题研究具有一定意义。山东半岛曾为沟通中朝贸易往来、增进中朝传统友谊做出了重要贡献。从移民史视角研究中朝问题，有助于在中朝关系史大背景下理解其时的中朝政治、经济、文化交往情况，对于深化东亚史视野下古代山东对外交往史、中朝关系史研究，提供了理论依据。

三、研究内容

本书选定明朝时期移居朝鲜的山东移民群体作为研究对象，这一群体中的大多数人在国内时出身于官宦之家，本人或父祖在朝廷任职，有的甚至身居高位，到朝鲜后，他们之中的一部分人，或者本人在朝鲜出任官职，或者积极帮助朝鲜国王谋划北伐大计，其子孙中亦有多人在朝鲜政府为官。同时，由于明朝时期明太祖赐国号“朝鲜”的“如同立国”之恩，明神宗出兵抗击日本、拯救朝鲜于水火的“再造藩邦”之恩，以及明崇祯帝在内忧外患之际，仍下令出兵，力图救援朝鲜的“悯念属国”之恩，使得朝鲜君臣始终对明朝怀有强烈的感激之情，因而他们对这一时期的赴朝移民也多有优待之策，免其钱粮兵役，厚赐衣廪。而这些赴朝山东移民及其后裔亦通过编纂史书、修撰家谱族谱、成立明义会与宗亲会、建坛立庙及故土寻根等方式表达他们尊君忠君、心系故国、怀恋故土的感情，同时亦在朝鲜王朝崇祀明朝皇帝的活动中担任着重要角色。上述种种因素的存在，使得明代赴朝山东移民群体呈现出与其他地域、其他时期的移民均有所不同的性格特征。本书通过考察他们在山东的具体籍贯分布、家世、婚姻、赴朝方式与路线等方面的特点，阐释了他们在朝鲜的政治、文化活动，分析了朝鲜政府对他们的政策与态度，探究了他们缅怀故国的方式与行为，分析了朝鲜为感恩明朝所做的各种努力及山东移民从中所起的重要作用，深入探究了明代赴朝山东移民的群体特征及对中国社会、对山东的贡献与影响。

本书首先介绍了明朝时期山东的行政地理区划与海疆形势，通过回顾古代山东与朝鲜半岛之间交往的历史，从地理环境、人文因素等方面分析了山东移民赴朝的原因和背景，之后在翻阅大量史料的基础上，尽可能多地查检出这些移民之中有姓名可考者，按照他们赴朝方式与路线的不同进行分类，通过分析他们在山东的具体籍贯分布、出身情况，探究了这一群体的籍贯和家世特征；其次，探讨了朝鲜政府对这些移民及其后裔的政策与态度，分析朝鲜为感恩明朝、崇祀明朝皇帝所做的各种努力及这些移民在其中所起的重要作用；再者，考察了他们在朝鲜繁衍生息、世代传承的情况，统计了人口数量与分布地区，通过分析这些移民及其后裔在朝鲜的任职、著述情况，探究他们在政治、学术方面对朝鲜社会的贡献与影响，然后对这些移民本人的婚姻状况与赴朝之后他们后辈的婚配状况做出对比，说明了“姻娅必求其类，祸福期于共济”的移民特色；最后，考察了这些移民及其后裔通过各种方式缅怀故国明君、怀恋故土的情况，探究了这一移民群体的特征及其特殊贡献。通过上述研究，可以看出：

第一，这些山东移民之所以选择朝鲜作为留居之所，既是因为两地地理条件的便利、生活习俗的相近，又是因为朝鲜对儒家思想的崇奉，对春秋大义、尊周攘夷观念的认同，相似的文化背景是这些移民能够在朝鲜顺利生存、繁衍生息以至世代相传的保证。文化上的认同是政治认同的基础，朝鲜君臣基于对儒家思想的认同，使得他们在对待明朝政府及明朝移民问题上采取了不同于他国的政策。

第二，这些山东移民多为名臣将领或读书人之后，自身素质较高，具有一定的文化基础。他们的官宦出身和学者背景是其有别于一般移民的重要特征，同时也为保留和传承中国文化做出了特殊的贡献。另外，这些赴朝山东移民在籍贯地理分布上还有一个非常显著的特点，即基本位于山东沿海或运河沿岸地区，属于对外交往的交通要道和南北方文化的融合之地，这样的籍贯分布对他们形成积极开放的心态，能够在特殊时期毅然选择离乡背井、移居海外，均有着一定的影响。

第三，朝鲜王朝奉行事大慕华、尊周思明的理念，对明朝始终怀有强烈的感恩之心。为表达对明朝的尊崇和感恩之情，朝鲜君臣特设朝宗岩、大报坛、万东庙及宣武祠、武烈祠等场所，以奉祀明太祖、明神宗、明毅宗及明代援朝征倭将领；同时他们对居留朝鲜的山东移民及其后代采取了宽容友好、尊重优待的态度，尤其是对于他们眼中的“皇朝人”“皇朝人子孙”，不仅为其提供衣食之资，还设立忠良科，使其可以通过科举考试进入仕途，并且专设了大报坛守直官等职，以提高移民后裔的政治地位，这在十分讲求等级制度的朝鲜社会是非常难得的。

第四，赴朝山东移民及其后裔在政治、文化等方面对朝鲜社会做出了重要贡献。琅琊人郑先甲曾在晚年担任朝鲜人的汉语教师。济南人王以文的后代王德一、王德九兄弟于朝宗岩创设了大统行庙和九义行祠，奉祀明太祖和九义士。临朐冯氏编著《遗臣诸家录》，对避居朝鲜的明遗民的生平事迹、家族源流、家族传承等做出了系统记载。冯氏后裔冯荣燮编撰《大明遗民史》《朝宗岩文献录》《九义士传》等著作，使这些移民的事迹以文字的形式较完整地保留了下来。

第五，这些赴朝山东移民的后裔坚持以皇朝人子孙自居，虽然这样的称谓已没有政治上的含义，但作为一种文化精神和历史传承，会永久地保持下去。他们对祖国怀有深厚的感情，其追思故国的种种行为，在朝鲜社会产生了深远影响。

四、研究思路与研究方法

本书坚持唯物史观、实证史学的基本观点，从“明代山东移民与东亚格局”的视角，呈现了明代山东赴朝移民在两地关系、在地融入、文化交流等方面的历史作用和交互影响。在掌握一定历史文献资料的基础上，通过对明代移居朝鲜的山东移民群体的形成过程和个性的分析、对其行为特征和影响的阐释，探讨了这些赴朝移民迁居朝鲜的缘起、经过及留居朝鲜后的状况，梳理了移民后裔在朝鲜繁衍发展、世代传承的情况，概述了朝鲜王朝对他们的尊重和优待政策，历数了移民家族中的知名人物，进而较为系统、全面地揭示了山东移民史上的这一群体在齐鲁文化外播（东传）、中朝文化交流、东亚儒学文化圈的构建方面的贡献与影响。

在研究方法上，本书突出了个案研究和比较研究的方法，选取重点家族个案，以统计、制表等手段对赴朝山东移民的籍贯分布、婚姻状况、世系传承、贡献与影响等进行了系统考察，全面客观地还原了山东赴朝移民的历史地位。具体研究方法包括：第一，个案研究法。重点选取冯三仕、王以文、郑先甲及化明臣家族，对他们的家世情况进行了个案研究，以期窥见这一移民群体在家庭出身和学术背景方面的特色。第二，比较研究法。以统计、制表等手段对赴朝山东移民的籍贯分布、婚姻状况、世系传承、贡献与影响等进行了系统考察，并与同期赴朝的其他省份移民进行了比较，揭示出各地不同的传统文化特色和山东在中朝交往中的重要作用。第三，田野调查法。通过实地走访移民后裔、赴移出地开展调研等方式，丰富了研究中的口述史料和文献资料。在具体研究过程中，尝试从文化地理学的角度对明代赴朝山东移民的家世背景、家族源流及家族发展情况做出分析和考察。朝鲜王朝对这些山东移民的政策与态度是和中朝之间的政治关系紧密联系在一起的，对此问题的阐述，需要从政治史的角度进行探寻。

五、文献资料来源

本书属于区域移民史研究的范畴，因为探讨的对象是明代赴朝山东移民群体，所以在研究过程中，除参阅明朝时期的官修正史、私家著述、典籍文献、游记和文集、笔记等资料外，还需运用族谱、档案、碑刻及方志等史料。

明清时期的官方正史、山东省地方志中有对一些移民的祖辈、父辈撰写的传记资料，对于了解这些移民的家世有很大帮助，是写作中需要参考的重要内容。如明清时期的山东临朐冯氏望族，家族成员仕途显赫，有八人在正史中有传，光绪《临朐县志·人物》中也有对冯裕及其子孙的介绍，为详细了解冯氏后裔、明朝末年跟随凤林大君到朝鲜的山东移民冯三仕的家世背景提供了珍贵的资料。

当然，中国史籍中的记载只涉及到这些山东移民出国前的情况，至于他们在朝鲜的状况，应以朝鲜的实录、族谱、文集、地志、档案等为主。移居朝鲜的临朐冯三仕十世孙冯荣燮先生组织编写了《朝宗岩文献录》《朝宗岩文献录续集》《朝宗岩文献录后集》《大明遗民史》《九义士传》《朝宗岩与九义士》、韩国《临朐冯氏族谱》等著作，书中大量记录了这些赴朝山东移民的情况，是关于移居朝鲜的明代移（遗）民的重要资料汇编，这些著述的史料价值至今没有得到应有的重视，尤其是这些移民后裔在朝鲜的情况，包括其任职情况、人口数量、分布地区、婚姻状况、对朝鲜社会的贡献以及朝鲜对明朝的尊崇与奉祀等问题，这些均是国内史书文集中所未曾记载的，为我们深入研究这个特殊的移民群体提供了重要的参考资料。本书对这些史料进行了较为全面的挖掘、梳理，提升了其应用价值。另外，吴庆元的《小华外史》、1936 年北京大学影印本《皇明遗民传》和李光涛的《中韩民族与文化》等著述，也对这些移民赴朝前后的情况做了较为详细的记载，均是本书的重要史料来源。

第一章　明代山东人移居他地的地理因素

第一节　明代山东的行政地理区划与海疆形势

山东位于中国的东部沿海，境域包括半岛和内陆两部分。洪武元年（1368），明朝在山东设立行中书省，管辖范围与现代山东行政疆域大体相当。洪武九年（1376），明朝改行中书省为承宣布政使司。同年，朝廷对胶东半岛的行政区划做出调整，分设登、莱二府，将原属莱州的文登、招远、莱阳三县划归登州，同时又将原属青州的昌邑、即墨、高密三县划归莱州。自洪武十八年（1385）后，山东布政使司下辖济南、青州、东昌、兖州、莱州、登州六府。洪武年间形成的山东布政使司以下府州县各级行政单位，在明朝统治时期维持了较长时间的区域稳定，直到清朝初年，山东的行政区划仍沿袭明朝。从地域范围上来看，整个明朝时期，山东的行政地理区划前后变动不大，具体包括：

一、济南府，府治历城，辖四州二十六县。分别为：历城、章丘、邹平、淄川、长山、新城、齐河、齐东、济阳、禹城、临邑、长清、肥城、青城、陵县、泰安州、新泰、莱芜、德州、德平、平原、武定州、阳信、海丰、乐陵、商河、滨州、利津、沾化、蒲台。

二、青州府，府治益都，辖一州十三县。分别为：益都、临淄、博兴、高苑、乐安、寿光、昌乐、临朐、安丘、诸城、蒙阴、莒州、沂水、日照。

三、东昌府，府治聊城，辖三州十五县。分别为：聊城、堂邑、博平、茌平、莘县、清平、冠县、临清州、丘县、馆陶、高唐州、恩县、夏津、武城、濮州、范县、观城、朝城。

四、兖州府，府治滋阳，辖四州二十三县。分别为：滋阳、曲阜、宁阳、邹县、泗水、滕县、峄县、金乡、鱼台、单县、城武、济宁州、嘉祥、巨野、郓城、东平州、汶上、东阿、平阴、阳谷、寿张、曹州、曹县、定陶、沂州、郯城、费县。

五、莱州府，府治掖县，辖二州五县。分别为：掖县、平度州、潍县、昌邑、胶州、高密、即墨。

六、登州府，府治蓬莱，辖一州七县。分别为：蓬莱、黄县、福山、栖霞、招远、莱阳、宁海州、文登。①

六府之中，济南府、青州府、莱州府和登州府等四府辖有沿海州县。正如明末清初著名地理学家顾祖禹在《读史方舆纪要》中所载："山东自兖州东昌而外，其当大海一面之险者，济南东北境也；当两面之险者，青州府北及府东南境也；当三面之险者，登、莱二府之东南北皆以海为境也。"② 山东沿海州县地理环境之显要，由此可见一斑。

先秦时期，山东是齐鲁两国的故地，有着悠久的历史底蕴和深厚的文化基础。周武王灭商，封姜尚于齐国，"太公至国，修政，因其俗，简其

① （清）张廷玉等：《明史》卷41，《地理志二》，中华书局1974年版。

② （清）顾祖禹：《读史方舆纪要》卷30，《山东一》，中华书局2005年版，第1452页。

礼，通商工之业，便鱼盐之利，而人民多归齐，齐为大国。”[①]《盐铁论》中亦载：“昔太公封于营丘，辟草莱而居焉。地薄人少，于是通利末之道，极女工之巧。是以邻国交于齐，财畜货殖，世为强国。”[②]姜太公重视发展工商业、积极开展贸易活动的基本国策，使齐国迅速成长为西周各诸侯国之中的强国。嘉靖《山东通志》中记载：“青州古齐，号称强国，凭负山海，擅利盐铁。太公用之而富人，管仲资之以兴霸，人情变诈，好行机术，岂因轻重而为弊乎？”[③]青州沿海开发较早，经济基础雄厚，“地方辽阔，民情强悍。”[④]明朝人甘一骥说：“乐安北负海，日照南负海，……古所谓天府之国，齐得十二焉。”[⑤]有明一代，青州沿海区域显示出很强的开发能力。

明代的莱州左连青州，右邻登州，地理位置重要而特殊。弘治十二年（1499），明政府在莱州设立海防道公署，由山东巡察海道官员常驻于此，统辖青、登、莱三府海防事务。嘉靖四十一年（1562），“改山东巡察海道驻登州，守巡海右二道驻莱州”[⑥]，莱州仍然是海道官员的常驻之所。莱州属邑也多为富庶之乡，有着较好的经济实力，正如同治十一年《即墨县志》中所载，隶属于莱州府的即墨“有田可耕，有山可樵，有鱼可渔，其扼塞足以备不虞，其膏腴足以供赋税，其蒸云变霞，酝灵蓄秀，足以生才哲为国华。古称即墨之饶，饶足以尽墨哉！”[⑦]

明定都北京后，渤海成为京师门户，登州一地的战略地位愈加突出。

---

① （汉）司马迁：《史记》卷32，《齐太公世家》，中华书局1982年版。

② （汉）桓宽：《盐铁论》卷3，《轻重篇》，上海人民出版社1974年版。

③ （明）陆釴等纂修：嘉靖《山东通志》卷7，《风俗》，四库全书存目丛书史部地理类第188册，齐鲁书社1996年版，第6页。

④ （明）郑汝璧：《由庚堂集》卷26，《设青州守备疏》，万历刻本。

⑤ （清）岳浚、杜诏纂修：雍正《山东通志》卷35，《艺文·河盐议》，乾隆元年刻本。

⑥ 《明世宗实录》卷509，嘉靖四十一年五月丙午。

⑦ （清）林溥修：同治《即墨县志》卷1，《疆域》，凤凰出版社2004年影印本。

“登州备倭之设，祖宗盖为京师，非为山东也。海上艨艟大舰乘风而来，仅可抵登郡东面而止，过此而入则海套之元，大舰无顺风直达，欲泊而待风，则岸浅多礁石，难系缆。故论京师，则登州乃大门而天津二门也，安得不于登备之。”[①] 明代，山东备倭府常设登州，护卫山东沿海区域，同时负责守卫渤海水道，意在守护京师。顾祖禹《读史方舆纪要》中说：“（登州）府僻在东陲，三面距海，利擅鱼盐。且北指旅顺，则扼辽左之噤喉，南出成山，则控江、淮之门户，形险未可轻也。”[②]

登州三面环海，地理位置非常重要，“登之一郡实系全齐之命脉”[③]，登州被视为山东半岛海防的重点。明人郑若曾也称登州为“天造地设之险”，强调“沿海兵防特重其责”[④]。特殊的地理环境对当地人的性格也产生了一定的影响。《古今图书集成·职方典》中说，蓬莱一带“其民悍，敢于武断”[⑤]。嘉靖《山东通志》中亦说：“大抵东人皆朴实纯直，甚者失之滞固，然专经之士为多”，“民多朴野，性皆犷直，犹有古风，凡有施为，质多文少。……民之气习醇雅，为士者敬慎而好礼，且勇于为义。蓬莱介乎山海之间，土疏水阔，人性刚强，士好经术，俗尚礼义。”[⑥] 明朝时期，济南府下辖的滨州被称为“滨海为险，鱼盐饶给，固景、沧之屏藩，连辽、碣之形援，盖海道之噤喉，三齐之户牖也”[⑦]，同样是一个有着较强经济实力和重要海防战略地位的区域。

---

① （明）王士性：《广志绎》卷3，《江北四省》，中华书局1981年版，第59—60页。

② （清）顾祖禹：《读史方舆纪要》卷36，《山东七》，中华书局2005年版，第1681页。

③ （明）杨嗣昌：《杨文弱先生集》卷10，《覆关监鲜藩力屈外降疏》，清初刻本。

④ （明）郑若曾：《郑开阳杂著·万里海防图论》卷下，江苏国学图书馆1932年影印本。

⑤ 《古今图书集成》卷188，《职方典》。

⑥ （明）陆釴等纂修：嘉靖《山东通志》卷7，《风俗》，四库全书存目丛书史部地理类第188册，齐鲁书社1996年版，第6页。

⑦ （清）顾祖禹：《读史方舆纪要》卷31，《山东二》，中华书局2005年版，第1502页。

"青、登、莱三郡，凭负山海，民殖鱼盐以自利"①。"登、莱、青地方，三面环海，东与朝鲜为邻，西与天津相望，为京师左辅要地。"② 山东沿海地区地理位置特殊，经济发展迅速，在明代的对外交往中发挥了不可替代的作用。

第二节 山东沿海地区在古代对外交流和贸易往来中的地位

山东半岛与朝鲜半岛隔海相望，独特的地理形势为中朝两国的交往提供了有利的条件。山东沿海地区与朝鲜的联系最早可追溯到新石器时代的大石文化遗迹，考古学家经过深入考察发现，分布于山东荣成、淄川、青州一带的石棚群，其形制和布局结构与在朝鲜半岛北部的一些沿海岛屿及全罗道、庆尚道发现的石棚群几乎一致。先秦时期，山东沿海已出现琅琊、芝罘等几个较大的港口，从琅琊、芝罘、蓬莱一带沿海出发，沿山东海岸北行，渡过长山列岛，驶入辽东半岛，转向东南，沿朝鲜西海岸南下，最后渡过对马海峡到达日本南部，形成了一条以贸易为主要形式、一直延续至隋唐时期的海上交通线。秦朝时期，徐福率领数千童男童女就是沿这条路线东渡日本，自秦末至汉代，由于国内政治局势的动荡不安，大量山东民众也是沿这条路线辗转进入朝鲜半岛，一部分又进而转赴日本的。这些山东半岛居民迁居朝鲜后，带去了山东地区先进的生产技术，其中以纺织

① （明）陆釴等纂修：嘉靖《山东通志》卷 7，《风俗》，四库全书存目丛书史部地理类第 188 册，齐鲁书社 1996 年版，第 7 页。

② （明）陈子龙等选辑：《明经世文编》卷 410，《题为议处紧要兵饷事宜疏》，中华书局 1962 年版，第 5 册，第 4450 页。

技术的传播最为显著。

晋朝时期，山东半岛依然是朝廷与朝鲜之间交流与贸易往来的主要通道。《晋书》中记载：“武帝太康元年、二年，其主频遣使入贡方物，七年、八年、十年，又频至。太熙元年，诣东夷校尉何龛上献。咸宁三年复来，明年又请内附。”“武帝太康元年，其王遣使献方物。二年复来朝贡，七年又来”[①]，可见当时朝贡之盛。至南北朝时期，朝鲜半岛北部是高句丽，南部分为百济、新罗等国，他们仍旧频繁遣使朝贡，使臣渡海到山东半岛登陆是当时的一条主要通道。据《宋书》记载：宋少帝景平二年（424），高句丽国王琏“遣长史马娄等诣阙献方物，遣使慰劳之。”“琏每岁遣使，……太宗泰始、后废帝元徽中，贡献不绝。”[②]而百济国王映亦是“每岁遣使奉表，献方物。”[③]在朝鲜与南朝宋的频繁往来中，山东半岛因其特殊的地理位置在其中扮演了重要角色。北魏时期，朝廷在胶东半岛设光州，高祖时，高句丽国王琏“贡献倍前，其报赐亦稍加焉。时光州于海中得琏所遣诣萧道成使余奴等。……正光初，光州又于海中执得萧衍所授安宁东将军衣冠剑佩，及使人江法盛等，送于京师。……讫于武定末，其贡使无岁不至。”[④]由此可见，当时北魏与高句丽之间的交往非常频繁且多是通过山东半岛的光州来完成的。不仅如此，北魏延兴五年（475），北魏使者邵安等人“从东莱浮海”，赐百济国王余庆玺书，“褒其诚节。安等至海滨，遇风飘荡，竟不达而还”。[⑤]可见北魏与百济之间也是通过海路往来，山东半岛在北魏时期仍是朝廷与朝鲜半岛南部之间交往的主要通道。

---

① （唐）房玄龄等：《晋书》卷 97，《四夷列传·东夷传》，中华书局 1974 年版。

② （南朝·梁）沈约：《宋书》卷 97，《夷蛮列传·高句骊国传》，中华书局 1974 年版。

③ （南朝·梁）沈约：《宋书》卷 97，《夷蛮列传·百济国传》，中华书局 1974 年版。

④ （北齐）魏收：《魏书》卷 100，《高句丽传》，中华书局 1974 年版。

⑤ （北齐）魏收：《魏书》卷 100，《百济传》，中华书局 1974 年版。

隋唐时期，山东半岛的登州、莱州等地成为中朝之间贸易与文化交流的重要基地，尤其是登州，更是在隋唐王朝与朝鲜半岛之间的交往中发挥了桥梁作用。

山东半岛北端的登州是对朝鲜半岛海上交通的起点。从登州出发，经庙岛群岛北渡渤海海峡，沿辽东半岛南海岸到达朝鲜半岛，这条被称为北路航线的路线是通往朝鲜半岛的最古老的海上航线。洪凤汉在《新增文献备考》中说："中国有乱则来避于我东者，如郑臣保之泊瑞山、文可尚之泊殷栗，若此类不可胜数，而多由登州。盖中国之登州成山，最深入渤海之东，我东之长渊亦最深入渤海之西，其间相近。而白翎岛又在长渊之西海中，故登州渔采者多由白翎来往也。"[①] 登州作为古代中朝海上交通的起点，"三面距海，为京东扞屏。南走徐扬，东达辽左，水陆交会，比亦要冲之国也"。[②]

日本著名高僧圆仁在《入唐求法巡礼行记》中提到，从登州牟平县唐阳陶村之沿海乘船，"得好风，两三日得到"新罗。[③] 从山东半岛东部的赤山浦渡海东行，出赤山莫琊江，仅需两三日就可望见新罗西面之山。[④] 武则天如意元年（692），登州由莱州划出，单独置州，唐王朝在登州城内设置专门的"新罗馆"，用于接待新罗的官方朝贡使团。根据《新唐书·地理志》中的记载，唐代贞元年间宰相贾耽总结的"入四夷之路与关戍走集最要者七"，其中一条即为"登州海行入高丽渤海道"[⑤]，可见唐朝与高丽之间

① 洪凤汉：《新增文献备考》卷 110，《舆地考》。

② （明）陆釴等纂修：嘉靖《山东通志》卷 7，《形势》，四库全书存目丛书史部地理类第 188 册，齐鲁书社 1996 年版，第 3 页。

③ ［日］圆仁：《入唐求法巡礼行记》卷 1，文海出版社 1976 年版，第 29 页。

④ ［日］圆仁：《入唐求法巡礼行记》卷 4，文海出版社 1976 年版，第 112 页。

⑤ （宋）欧阳修、宋祁：《新唐书》卷 48，《地理志七》下，中华书局 1975 年版。

的交往路线是以山东半岛的登州港为航海基地出航的。唐宪宗时的宰相李吉甫亦说过，登州“西至海四里，当中国往新罗渤海过大路”，“大人故城，在（黄）县北二十里。……今新罗、百济往还常由于此”。[①] 唐朝与新罗之间海上往来的路线，沿渤海海峡中的岛屿和辽东半岛以及朝鲜半岛西部海岸线来航行，山东半岛在其中发挥了重要作用。

高丽王朝与五代政权以及宋王朝的官方交往，仍然取道山东半岛上的登州。《旧五代史》中记载：高丽在后唐“同光、天成中，累遣使朝贡”。[②]《新五代史》中亦载，后唐长兴三年（932），高丽“权知国事王建遣使者来，……王氏三世，终五代常来朝贡”[③]。在这屡次的朝贡贸易与友好往来中，取道山东半岛的登州是当时最为便捷的路线。

至北宋时期更是出现了“高丽人往返皆自登州”[④] 的局面。据《文献通考·舆地考》记载，登州“三面距海，祖宗时海中诸国朝贡，皆由登莱”[⑤]，由此可见，自宋朝初年开始，山东沿海的登莱一带已成为北宋王朝对外交往活动的重要通道。《太平寰宇记》中提到，登州“西至大海四里，当中国往新罗、渤海大路”，“自黄县界更经乌趣、石阜二山之间，又东京县理，东达于海，海东诸国朝贡必由此道”。[⑥] 宋真宗大中祥符八年（1015），“诏登州置馆于海次以待使者”。[⑦]《续资治通鉴长编》中亦载，高丽在“（宋仁

① （唐）李吉甫：《元和郡县图志》卷 11，《河南道七·登州》，中华书局 1983 年版。
② （宋）薛居正等：《旧五代史》卷 138，《外国列传二》，中华书局 1976 年版。
③ （宋）欧阳修：《新五代史》卷 74，《四夷附录第三》，中华书局 1974 年版。
④ （元）脱脱等：《宋史》卷 487，《外国传三·高丽传》，中华书局 1977 年版。
⑤ （元）马端临：《文献通考》卷 317，《舆地考三·登州》，浙江古籍出版社 2000 年版。
⑥ （宋）乐史：《太平寰宇记》卷 20，《河南道二十·登州》，中华书局 1985 年影印本。
⑦ （元）脱脱等：《宋史》卷 487，《外国传三·高丽传》，中华书局 1977 年版。

宗）天圣以前，使由登州入”[①]，“新罗、高丽诸国，往年入贡，其舟船皆自登州海岸往还”。[②]宋哲宗元祐三年（1088），北宋政府在密州板桥镇设立市舶司，同时将板桥镇升级为胶西县。密州板桥镇市舶司设立之后，在对高丽贸易上取代了明州市舶司的职责，为山东半岛与朝鲜半岛的交流创造了有利条件。

明代，登州成为中朝之间往来的必经口岸。洪武年间，明朝与朝鲜的交往是通过海路来完成的，高丽使者多次泛海至登州，往返于山东与朝鲜之间。洪武九年（1376）五月，基于登州在中外交通中的重要作用，明政府将登州升级为府，“改登州为府，置蓬莱县。时上以登、莱二州皆濒大海，为高丽、日本往来要道，非建府治、增兵卫不足以镇之，遂割莱州府文登、招远、莱阳三县益登州为府，置所属蓬莱县。复以青州府之昌邑、即墨、高密三县补莱州府。”[③]天顺三年（1459）二月，山东登州卫海船，有遭风漂涉至朝鲜国境者，其船已坏，所载赏赐辽东官军布花等物，赖国人捞救得十之七。朝鲜世祖李瑈命人运送至鸭绿江，仍给各旗军衣粮遣回，明廷嘉朝鲜敬事朝廷，特赐敕奖谕之。[④]弘治元年（1488）九月，朝鲜成宗遣使赴明廷谢恩。先是，朝鲜人有覆舟于登莱者，所司以闻，命具舟楫资送还朝鲜。[⑤]正德十六年（1521）九月，朝鲜人高哲山等十六人，以航海失风漂及山东鳌山卫界，山东巡按御史王应鹏译送之京。明世宗诏付其

① （宋）李焘：《续资治通鉴长编》卷339，元丰六年九月庚戌，中华书局1990年版，第8164页。

② （宋）李焘：《续资治通鉴长编》卷158，庆历六年五月丁未，中华书局1985年版，第3829页。

③ 《明太祖实录》卷106，洪武九年五月壬午。

④ 《明英宗实录》卷300，天顺三年二月庚午。

⑤ 《明孝宗实录》卷18，弘治元年九月癸亥。

国贡使携之以归，并命给衣粮。[①] 可以看出，在此一时期，山东沿海并没有与朝鲜之间的贸易往来船只，漂海之人只能跟随朝鲜贡使经由贡道回国。天启元年（1621）八月，“改朝鲜贡道，自海至登州，直达京师”[②]。《明史》中亦载，崇祯年间，“改每岁两贡为一贡。先是，辽路阻绝，贡使取道登、莱，已十余年矣”。[③]

顾祖禹《读史方舆纪要》中载：“自古海道有事，登、莱为必出之途，而密迩辽左，尤为往来津要。”[④] 壬辰倭乱发生后，明朝出兵救援朝鲜，此时山东半岛的登州、莱州等地成为主要的物资运输地及前线粮饷的供应地。据《增修登州府志》记载，“万历二十五年（1597），东征倭寇，自登州运粮赴朝鲜。”[⑤]《明史》中亦说：“（万历）二十五年，倭寇作，自登州运粮给朝鲜军。山东副使於仁廉复言：‘饷辽莫如海运，海运莫如登、莱。盖登、莱度金州六七百里，至旅顺口仅五百余里，顺风扬帆一二日可至。又有沙门、鼍矶、皇城等岛居其中，天设水递，止宿避风。……惟登、莱济辽，势便而事易。’”[⑥] 征倭战争胜利之后，为维护朝鲜安全，明朝以毛文龙为总兵，驻军皮岛。天启五年（1625），兵部奏言：“牵制敌国者，朝鲜也；联属朝鲜者，毛镇也；驾驭毛镇者，登抚也。”[⑦] 显示出山东半岛登莱等地重要的战略地位。随着后金政权的崛起，中朝之间的陆路通道被阻绝，以山东半岛为中心的海上航线成为明朝政府与朝鲜之间往来的唯一通道，大量

① 《明世宗实录》卷 6，正德十六年九月甲寅。

② 《明熹宗实录》卷 13，天启元年八月甲午。

③ （清）张廷玉等：《明史》卷 320，《外国列传一·朝鲜列传》，中华书局 1974 年版。

④ （清）顾祖禹：《读史方舆纪要》卷 36，《山东七》，中华书局 2005 年版，第 1681 页。

⑤ （清）方汝翼等修，周悦让等纂：光绪《增修登州府志》卷 22，《海运部》，光绪七年刻本。

⑥ （清）张廷玉等：《明史》卷 86，《河渠志四·运河下·海运》，中华书局 1974 年版。

⑦ （清）张廷玉等：《明史》卷 320，《外国列传一·朝鲜列传》，中华书局 1974 年版。

的粮饷由登莱等地输出，运往辽东和朝鲜半岛。镇守皮岛的明军，“岁饷八十万，皆从登州达皮岛中”，同时山东半岛与朝鲜之间的频繁交往带来了两地之间贸易活动的繁荣，以致出现了“商旅之往来云集登海上，登之繁富遂甲六郡”[①]的局面。

清乾隆时期的山东巡抚徐绩曾说：“明季倭犯朝鲜，登州外接重洋，距朝鲜不远，故御倭之制为特备。”[②]同时，“山东三面临海，北则登州，南则胶州，均为要地。然倭在朝鲜，则登为冲；在釜山对马岛，则胶为冲。盖地接淮扬，一帆可直达，而舟楫鳞集，民居多在城外，犯则易以躏破，尤非登比也”。[③]胶州成为山东南部海防的重点。据《明世宗实录》载，“山东登莱三面滨海，自蓬莱抵胶州，二千余里，海岛给错，国初建立营卫所寨，以防海备倭，虑至远也”。[④]山东沿海地区重要的海防战略地位在此得以充分体现。

山东半岛因为其特殊的地理位置，在中原王朝与朝鲜之间的政治、经济交往中起到了重要作用。

① （清）汪楫：《崇祯长编》卷 55，崇祯五年正月辛丑，“中央研究院”历史语言研究所 1962 年影印本。

② （清）郑锡鸿等修，王尔植等纂：光绪《蓬莱县续志》卷 12，光绪八年刻本。

③ （明）郑汝璧：《由庚堂集》卷 24，《条议防海六事疏》，万历刻本。

④ 《明世宗实录》卷 563，嘉靖四十五年十月癸酉。

第二章 明代山东人移居他地的人文因素

第一节 移民传统

山东与朝鲜古称东夷区，同属东夷文化圈，在文化上存在着不可分割的联系和移民传统。据《尚书大传》《史记》等记载，在商末周初之时，商王族箕子率众五千去朝鲜，这是中国人移居海外的最早年代。箕族本在山东境内居住，移居朝鲜后，带去了商朝文化，促进了朝鲜社会的发展，正如《李朝成宗实录》中所说："吾东方自箕子以来，教化大行，男有烈士之风，女有贞正之俗，史称小中华。"[①]

箕子是商代贵族，殷末"三仁"之一，殷纣王时官居太师，因封其国箕，故称为箕子。周武王灭商后，箕子东去朝鲜。据吴庆元《小华外史》中记载："当殷之亡，箕子以殷民五千东来，凡诗书礼乐阴阳卜筮之流、百工技艺，皆从而至焉。因助法而画井田，推《洪范》而设八教，崇信义，笃儒术，使知父子君臣之道、五常之礼，饮食以边豆，衣冠悉同于中国，邑无淫盗，门不夜扃，醇乎有仁贤之化，是我东土用夏变夷之运也。"[②] 对

① 《李朝成宗实录》卷 20，成宗三年七月乙巳。

② ［朝鲜］吴庆元:《小华外史·小华外史总要通论》，白岳山房文库，崇祯纪元后五戊辰刊。

于箕子东去朝鲜之研究，已有的成果为梁嘉彬《箕子朝鲜考》、李光涛《箕子朝鲜》与《再记“箕子朝鲜”》、朱亚非《箕子与古朝鲜国》、邓海涛《箕子》、张博泉《箕子与朝鲜论集》[①]等。

古朝鲜是朝鲜半岛上最早建立的国家，关于古朝鲜的建国，有所谓“(檀君王俭) 以唐高即位五十年庚寅，都平壤城，始称朝鲜”[②]的檀君神话流传于世。商朝末年，商纣王荒淫无度、暴虐成性，箕子屡谏无果，于是“被发佯狂而为奴”[③]，其后被纣王关入狱中。纣王三十三年，周武王攻占商都朝歌，将箕子释放，因不愿臣服于新建的周王朝，箕子率众五千人来到朝鲜。

《尚书大传》中最早记载箕子东去之事：“武王胜殷，继公子禄父，释箕子囚，箕子不忍周之释，走之朝鲜。武王闻之，因以朝鲜封之。箕子既受周之封，不得无臣礼，故于十三祀来朝”，武王因其朝问《洪范》。[④]其后，《史记·宋微子世家》《汉书·地理志》与《后汉书·东夷列传》中亦均提及箕子东去朝鲜、在朝鲜作“八条之教”，教民以礼义田蚕的情况。[⑤]箕子先入朝鲜，而后获得了周武王的加封，并把殷商文化带到了朝鲜半岛。《三国志》中载：“昔箕子既适朝鲜，作八条之教以教之，无门户之闭而民

---

① 分别为：《史学汇刊》第10期，1980年；《明清档案论文集》，台北联经出版事业公司1986年版，第711—715、717—722页；《古代山东与海外交往史》，中国海洋大学出版社2007年版，第13—21页；海外文库出版社1956年版；吉林文史出版社1995年版。

② 李奎报：《东国李相国文集·东明王篇》，收入杜宏刚等辑：《韩国文集中的蒙元史料》，广西师范大学出版社2004年影印本。

③ (汉) 司马迁：《史记》卷38，《宋微子世家》，中华书局1982年版。

④ (汉) 伏胜撰，郑玄注：《尚书大传》卷2，《周传》，中华书局1985年版。

⑤ 分别载于 (汉) 司马迁：《史记》卷38，《宋微子世家》，中华书局1982年版；(汉) 班固：《汉书》卷28下，《地理志》下，中华书局1962年版；(南朝·宋) 范晔：《后汉书》卷85，《东夷列传》，中华书局1965年版。

不为盗。”[①]

朝鲜史籍中对箕子的事迹也有记载：“箕子率中国五千人入朝鲜，其诗书礼乐医巫阴阳卜筮之流、百工技艺，皆从而往焉。既至朝鲜，言语不通，译而知之。教以诗书，使其知中国礼乐之制、父子君亲之道、五常之礼。教以八条，崇信义，笃儒术，酿成中国之风教，以勿尚兵斗，以德服强暴，邻国慕其义而相亲之。衣冠制度，悉同乎中国，故曰诗书礼乐之邦、仁义之国也，而箕子始之，岂不信哉！”[②]在众位学者的文集中亦时常提及箕子对朝鲜社会所做之贡献：“余惟吾东方，爰自箕子八条之教，俗尚廉耻，知慕中国，世讲事大之礼。至我朝鲜，益处忠顺，天子嘉之。”[③]“朝鲜虽在海外徼，得蒙箕子彝训，人知忠孝，俗尚礼义，尊中国，效臣顺，世守无替，矧我国王天性忠敬，臣事盛朝，出于至诚，时节贡献，常恐不称，抚字之厚，奉职愈谨。”[④]“惟吾东邦，自箕子受封，礼乐文物，夙慕中夏，太祖高皇帝之御宇也，我康献王受命作藩，世笃忠款，列圣相承，眷注有加。”[⑤]“吾东方邈居海外，然箕子之后，诗书之俗，蔼如也。”[⑥]箕子东去朝鲜，把中华文明带到了朝鲜半岛，从而奠定了其以后文化发展的基础。《李朝仁祖实录》中说：“我太师箕子，尹兹东土，教以八条，彝伦攸叙，免于夷狄之乡，得为礼义之邦，其功其德，极天罔坠，而至治之泽，尤在

① （晋）陈寿：《三国志》卷30，《魏书·乌丸鲜卑东夷传》，中华书局1962年版。

② ［朝鲜］徐居正等：《东国通鉴》外纪，《箕子朝鲜》，朝鲜于氏松柏堂刻本。

③ ［朝鲜］卞季良：《春亭集》，收入杜宏刚等主编：《韩国文集中的明代史料》第一册，广西师范大学出版社2006年影印本，第86页。

④ ［朝鲜］卞季良：《春亭集》，收入杜宏刚等主编：《韩国文集中的明代史料》第一册，广西师范大学出版社2006年影印本，第87页。

⑤ ［朝鲜］申叔舟：《保闲斋集·送侍讲倪先生使还诗序》，收入杜宏刚等主编：《韩国文集中的明代史料》第一册，广西师范大学出版社2006年影印本，第226页。

⑥ ［朝鲜］金宗直：《占毕斋集·送李国耳赴京师序》，收入杜宏刚等主编：《韩国文集中的明代史料》第一册，广西师范大学出版社2006年影印本，第328页。

此地。”[①] 箕子还把商代的井田制传到朝鲜，建立“箕田”，教民以耕作。箕田将土地划分为田字形，每田分四区，每区七十亩，在每区之间留出一亩宽的路，又以横四田八区，竖四田八区，计八八六十四区组成一甸，呈井字形，田与田之间留出三亩宽的路。其余不足一甸之地，或一二田，或二三区，随地势而划，称为余田，亦规定每区七十亩。[②] 孟子说：“殷人七十而助”，七十亩正是殷人的分田之法。虽然这种井田制与商周时代在国内推行的并不完全一致，但这已足以对后世的朝鲜社会产生深远影响。箕子把商代的教化礼仪、阴阳五行、风俗习惯带到了朝鲜。《海东绎史》中说：“周武王封箕子于朝鲜，中国之礼乐诗书、医药卜筮皆流于此。”[③] 以风俗习惯来讲，朝鲜半岛在衣食、祭祀等方面与辽东半岛和山东半岛的居民多有相似之处，而这正是箕子的功劳。箕子在朝鲜建立了类似商朝的法律、官吏制度，均为后来的朝鲜统治者所继承。他制定了八条法律，即“设禁八条”，其中“相杀以当时偿杀；相伤以谷偿；相盗者男没入为其家奴，女子为婢”等规定，与商朝的法律均有相似之处，实际是对商代律令的改良。朝鲜肃宗评价说：“箕子八条之教，实为东方之大功。”[④]

箕子是商代贵族，而商民族起源于山东沿海一带，后来在向山东西南部不断迁徙的发展过程中，融合了山东半岛上的一些小民族，特别是与东夷民族有着密切的关系。作为箕族的成员，箕子的封地在商代大致是在山东东北部或河北东部一带。由于箕子在本部族人民中享有很高的威望，因

---

① 《李朝仁祖实录》卷 28，仁祖十一年十月戊辰。

② 张政烺等：《五千年来的中朝友好关系》，开明书店 1951 年版，第 7 页。

③ ［朝鲜］韩致奫：《海东绎史》卷 42，《艺文志一》，收入张伯伟编：《朝鲜时代书目丛刊》第 5 册，中华书局 2004 年版，第 2449 页。

④ 《李朝肃宗实录》卷 47，肃宗三十五年九月戊寅。

而能在周武王灭商之后，率领封地人民迁徙朝鲜。[①] 可以说，在箕子所率五千民众中，山东半岛的居民占了多数。

箕子是中国历史上有记载的走向海外的第一人。跟随箕子东去的数千人成为中国有史以来最早走向海外的移民。箕子对朝鲜文化建设做出了重要贡献，是他将朝鲜提升到与中华文明平等的位置。朱元璋赐李成桂政权国号为朝鲜，也与此有关。朝鲜名臣郑道传认为："盖以武王之命箕子者命殿下，名既正矣，言既顺矣。箕子陈武王以《洪范》，推衍其义，作八条之教，施之国中，政化盛行，风俗至美。朝鲜之名，闻于天下后世者如此。今既袭朝鲜之美号，则箕子之善政亦在所当讲焉。呜呼！天子之德无愧于周武，殿下之德亦岂有愧于箕子哉！将见《洪范》之学、八条之教，复行于今日也！"[②] 朝鲜世宗提出："吾东方文物礼乐侔拟中国，迨今二千余祀，惟箕子之教是赖。"[③] 又说："（箕子）在朝鲜作八条，政教盛行，风俗淳美，朝鲜之名闻于天下。"他坚持认为武王封箕子于朝鲜，使得"朝鲜之人朝夕亲炙，君子得闻大道之要，小人得蒙至治之保，其化至于道不拾遗"，实乃"天厚东方，畀之仁贤，以惠斯民。"[④] 英宗三十七年（1761），英宗亲制箕圣庙祭文，命朝臣致祭，他感慨道："我东礼乐文物侔拟中华者，实箕圣之遗泽也。"[⑤]

朝鲜半岛上对箕子的尊崇由来已久。《旧唐书》中记载，高句丽时期，箕子被当作神来崇拜，"其俗多淫祀，事灵星神、日神、可汗神、箕

---

① 参见朱亚非：《箕子与古朝鲜国》，载《古代山东与海外交往史》，中国海洋大学出版社2007年版，第14—16页。

② ［朝鲜］郑道传：《三峰集》卷7，《国号》，转引自孙卫国：《大明旗号与小中华意识——朝鲜王朝尊周思明问题研究（1637—1800）》，商务印书馆2007年版，第38—39页。

③ 《李朝世宗实录》卷40，世宗十年四月辛巳。

④ 《李朝世宗实录》卷40，世宗十年四月辛巳。

⑤ 《李朝英宗实录》卷98，英宗三十七年十二月癸未。

子神。”[①] 高丽肃宗时期，有感于“我国教化礼义，自箕子始，而不载祀典”的情况，“乞求其坟茔，立祠以祭”[②]，下令平壤府立箕子祠以祭。朝鲜王朝建立后，箕子更是被赋予极高的地位，受到广泛的尊崇。“箕子庙在平壤，国家每岁春秋降香，祝牲币以致祭。”[③] 朝鲜肃宗五年（1679），肃宗遣侍臣祭箕子庙，礼曹奏言，依“历代始祖，载于中祀，祭用小牢”之例，“箕子在历代始祖之列，则当用小牢”，然而“上别遣近侍致祭，意在尊道慕圣，则与古之太牢祀孔子者同，似当特用太牢”[④]，由此可以看出箕子在朝鲜半岛地位之高。

第二节 开放包容的齐文化

春秋战国时代，齐国的势力范围遍及山东沿海。齐国的文化环境比较开放和宽松，重视实效、崇尚功利。齐文化的奠基人姜尚“以齐地负海舄卤，少五谷而人民寡，乃劝以女工之业，通鱼盐之利，而人物辐辏”[⑤]。齐国自太公封于营丘，“辟草莱而居焉”，地薄人少，太公筚路蓝缕，经过几代努力，直至齐桓公时得管仲辅佐，“设轻重以富国，合诸侯成伯功”，终成霸业。良好的自然环境加之齐国人的不断努力，终于使齐国成为“以守则固、以征则强”、“冠带衣履天下，海岱之间敛袂而往朝焉”[⑥] 的东方强盛

① （后晋）刘昫等：《旧唐书》卷 199 上，《东夷列传·高丽传》，中华书局 1975 年版。

② ［朝鲜］郑麟趾：《高丽史》卷 63，《礼志五·杂祀》，四库全书存目丛书史部载记类第 160 册，齐鲁书社 1996 年版，第 569 页。

③ ［朝鲜］崔溥著，葛振家点注：《漂海录》卷 2，弘治元年二月十七日，社会科学文献出版社 1992 年版。

④ 《李朝肃宗实录》卷 8，肃宗五年十一月辛丑。

⑤ （汉）班固：《汉书》卷 28 下，《地理志》下，中华书局 1962 年版。

⑥ （汉）司马迁：《史记》卷 129，《货殖列传》，中华书局 1982 年版。

之国，在这一过程中，齐国“因其俗，简其礼，通商工之业，便鱼盐之利”的指导思想得以充分体现。

随着齐国经济的发展以及齐国统治者对海外贸易、航海事业的提倡，山东半岛的对外交往也日渐增多。春秋战国时期的造船航海业已有了初步发展，航海能力和造船技术的提高为山东人走向海外提供了条件。齐桓公时特别注重发展对外贸易，当时与朝鲜半岛已有贸易上的往来，同时通过朝鲜半岛与日本也有一些贸易交往。最早见于记载的山东沿海的对外交往，是春秋时期齐国与朝鲜的贸易往来。《尔雅》中说：“东北之美者，有斥山之文皮焉。”[①] 斥山，亦称赤山，在今山东半岛东端的荣成石岛附近。这里所说的文皮并非产自斥山本地，而是来自朝鲜半岛的虎豹皮。根据《管子·揆度篇》记载，齐桓公问管仲：“吾闻海内玉币有七筴，可得而闻乎？”管仲回答：“发、朝鲜之文皮，一筴也。”[②] 同书《轻重篇》亦载：“发、朝鲜不朝，请文皮毤服而以为币乎？……一豹之皮，容金而金也，然后八千里之发、朝鲜可得而朝也。”[③] 可见在齐桓公时期山东半岛与朝鲜半岛之间已通过海上有了贸易上的往来。齐威王时代是战国齐最强盛的时期。齐威王励精图治，创办了稷下学宫，广揽天下名士在此著书立说、宣讲治国之道，阴阳家代表人物、齐人邹衍就是其中的一位。他提出了著名的大九州说，这一学说启迪人们扩展时空观念，去认识中国之外更加广阔的世界，这对崇尚海上神仙说的方士的形成，以及对徐福（又作徐市）东渡日本都产生了重要影响。

据《史记·秦始皇本纪》记载，公元前219年，在秦始皇巡游途中，

---

① （宋）陆佃：《尔雅新义》卷10，《释地》，台湾商务印书馆1981年版，第258页。

② 黎翔凤：《管子校注》卷23，《揆度篇》，中华书局2004年版，第1382页。

③ 黎翔凤：《管子校注》卷23，《轻重甲篇》，中华书局2004年版，第1440页。

"齐人徐市等上书，言海中有三神山，名曰蓬莱、方丈、瀛洲，仙人居之。请得斋戒，与童男女求之。于是遣徐市发童男女数千人，入海求仙人。"[①] 徐福等人出海主要是为了躲避秦朝的暴政。公元前210年，秦始皇巡游至山东琅琊，再一次见到徐福。徐福通过编造谎言，得到秦始皇的支持，于是秦始皇又"遣振男女三千人，资之五谷种种，百工而行，徐市得平原广泽，止王不来。"[②] 徐福出海，从当时的航海条件来看，必须经过朝鲜半岛然后才能到达日本列岛。[③] 徐福一行自山东半岛东渡，其成员中多为齐人，大部分人先是到达朝鲜半岛南部，在汉代又辗转进入日本九州和近畿平原。秦末汉初，山东沿海人民沿着徐福一行东渡的路线大批迁往朝鲜。《三国志·乌丸鲜卑东夷传》中载："陈胜等起，天下叛秦，燕、齐、赵民避地朝鲜数万口。"[④] 这时避居朝鲜的秦末亡民有数万口之多，其中齐地居民肯定也为数不少。可见从春秋战国时期开始，除齐国与朝鲜之间正常的贸易往来外，因战乱或天灾人祸等因素的存在，避居朝鲜的齐人亦不在少数，如《后汉书·王景传》中所载："（王景）八世祖仲，本琅邪不其人。好道术，明天文。诸吕作乱，……仲惧祸及，乃浮海东奔乐浪山中，因而家焉。"[⑤] 元封二年（公元前109年）秋，汉武帝"遣楼船将军杨仆从齐浮渤海，兵五万人"进入朝鲜，"楼船将军将齐兵七千人先至王险"[⑥]，五万大军在齐地乘船渡过渤海进入朝鲜半岛，由七千齐兵组成的部队到朝鲜后率先进入王险城，说明当时山东半岛与朝鲜之间海路往来的畅通与便捷。汉朝时期，

① （汉）司马迁：《史记》卷6，《秦始皇本纪》，中华书局1982年版。

② （汉）司马迁：《史记》卷118，《淮南衡山王列传》，中华书局1982年版。

③ 陈尚胜：《山东半岛与古代中韩交流的历史进程》，载陈尚胜主编：《山东半岛与中韩交流》，香港出版社2007年版，第5页。

④ （晋）陈寿：《三国志》卷30，《魏书·乌丸鲜卑东夷传》，中华书局1962年版。

⑤ （南朝·宋）范晔：《后汉书》卷76，《循吏列传·王景传》，中华书局1965年版。

⑥ （汉）司马迁：《史记》卷115，《朝鲜列传》，中华书局1982年版。

朝鲜半岛南部由马韩、辰韩、弁韩三部分组成，“马韩在西，有五十四国，其北与乐浪，南与倭接。辰韩在东，十有二国，其北与濊貊接。弁辰在辰韩之南，亦十有二国，其南亦与倭接”，其中辰韩一地“耆老自言秦之亡人，避苦役，适韩国，马韩割东界地与之。”[①] 三国时期，朝鲜半岛南部仍分属马韩、辰韩、弁韩三部。《三国志》中亦载：“辰韩在马韩之东，其耆老传世，自言古之亡人避秦役来适韩国，马韩割其东界地与之。有城栅。其言语不与马韩同，名国为邦，弓为弧，贼为寇，行酒为行觞。相呼皆为徒，有似秦人，非但燕、齐之名物也”，因此，辰韩又被称为秦韩，“今有名之为秦韩者。”[②] 联系上文“陈胜等起，天下叛秦，燕、齐、赵民避地朝鲜数万口”的记载，可知汉代之后生活在辰韩一地的民众，正是由为躲避苦役而移居朝鲜的秦之亡人所组成。在这些人中，来自山东半岛的齐人自然不在少数，只是随着时间的推移，到三国时候，他们对一些事物的称呼已经发生改变，有别于之前生活过的齐地了。

齐国较重功利，工商学和兵学比较发达，齐文化重视实效，具有开放性、灵活性、广泛性、实用性的特点，这样的文化特征决定了齐国人不拘泥、不保守，不会故步自封，具有冒险精神，在生存多艰、面对特殊情形时勇于选择新的环境并能很快融入其中，这一点在箕子、徐福和他们所率领的众多齐人身上可以得到证实，在后期大量赴朝的山东移民身上同样得以体现。

---

① （南朝·宋）范晔：《后汉书》卷 85，《东夷列传》，中华书局 1965 年版。

② （晋）陈寿：《三国志》卷 30，《魏书·乌丸鲜卑东夷传》，中华书局 1962 年版。

第三节　儒家思想的影响

山东是儒家传统文化的发源地，儒家思想的渗透力和影响力在山东这块土地上得到了淋漓尽致的体现，这种影响所带来的直接后果体现在：首先，受孔子“道不行，乘桴浮于海”思想的影响，在天下大乱时，不居乱邦，移居海外。这一主张对饱读圣贤书的知识分子阶层影响是很大的。其次，山东人重视教育，以诗书起家，多仕宦家族。这一现象在明清时期尤为突出，其时科举制度的发展已日臻完备，在谨守儒家传统道德观念、求学之风甚为浓厚的山东，以科举入仕的仕宦家族较之以往大为增多。

最早提出在天下大乱时不居乱邦、移居海外主张的是儒家思想的代表人物孔子。孔子率众弟子周游列国，到各地宣传自己的学说，表现出一种积极入世的情怀，然而在天下无道、没有贤君明主治理的情况下，孔子却提出“危邦不入，乱邦不居。天下有道则见，无道则隐”[①]的主张。他说：“贤者辟世，其次辟地，其次辟色，其次辟言。”[②]所谓“辟世”，就是主张“天下无道则隐”，而“辟地”，则是要“去乱国，适治邦”。《论语·卫灵公》中载：子张问行。子曰：“言忠信，行笃敬，虽蛮貊之邦行矣；言不忠信，行不笃敬，虽州里行乎哉？”[③]在儒家思想的代表人物孔子看来，如果言行讲求忠信笃敬，即使到了别的国家，也可以行得通，否则即使在本乡本土，也依然行不通。《论语·子罕》中则载：子欲居九夷。或曰：“陋，如之何！”子曰：“君子居之，何陋之有？”[④]这里所说的“九夷”，就包括

① （宋）朱熹：《四书章句集注》，《论语·泰伯》，中华书局1983年版，第106页。

② （宋）朱熹：《四书章句集注》，《论语·子路》，中华书局1983年版，第158页。

③ （宋）朱熹：《四书章句集注》，《论语·卫灵公》，中华书局1983年版，第162页。

④ （宋）朱熹：《四书章句集注》，《论语·子罕》，中华书局1983年版，第113页。

朝鲜半岛在内。孔子曾经感慨："道不行，乘桴浮于海。"[①] 联系《汉书·地理志》中所说的"然东夷天性柔顺，异于三方之外，故孔子悼道不行，设浮于海，欲居九夷，有以也夫！"[②] 可见当时孔子对朝鲜等地已有了一定的认识，还感叹如果天下无道，可以到那里去推行自己的理想。

作为儒家思想的发源地，山东自古以来就有重视文化、重视教育的传统，山东人恪守儒家传统思想中忠孝节义、以仁为本的道德观念，重视家学传承，重视对后代的教育，将儒家思想中修身、齐家、治国、平天下的理论作为自己为人立世的根本追求，确立了以儒家思想为中心的家族文化。

由于饱受传统儒学的熏陶以及尚文、尚礼的先代遗风的长期影响，山东历来属于教育、文化比较发达的地区，这样的地域特征在明朝时期更为突出。据《聊城地区志·概述》记载，"明清之际，东昌府文运大开，儒学星列。……科目鼎盛，贤士辈出"，德州"崇尚文礼"，潍县"民务农桑有富庶之风，士勤读书多科贡之才"，[③] 可见当时的山东已形成一种浓厚尚文的社会风气。嘉靖《山东通志》中甚至还有"至今东武遗风在，十万人家尽读书"[④] 的说法。

《明史》中载："明代学校之盛，唐、宋以来所不及也。"[⑤] 明朝时期的府州县学非常完备，并与科举制度相结合，提倡科举取士，而随着科举制度的不断完善，山东出现了许多以儒学起家、世代为官的仕宦家族。这些仕宦家族以科举入仕，拥有文化上的优势，十分重视对家庭成员的教育，

---

① （宋）朱熹：《四书章句集注》，《论语·公冶长》，中华书局 1983 年版，第 77 页。

② （汉）班固：《汉书》卷 28 下，《地理志》下，中华书局 1962 年版。

③ 转引自王耀生：《明清时期山东进士地域分布特点及与经济、区位、民风的关系》，载《中国地方志》2005 年第 9 期。

④ （明）陆釴等纂修：嘉靖《山东通志》卷 7，《风俗》，四库全书存目丛书史部地理类第 188 册，齐鲁书社 1996 年版，第 6 页。

⑤ （清）张廷玉等：《明史》卷 69，《选举志一》，中华书局 1974 年版。

而对于其中一些仕宦家族来说，其家族成员中既有人在国内的政治、文学领域产生重要影响，又有人远赴朝鲜，在政治、学术方面为朝鲜社会做出重要贡献。这些赴朝山东移民自幼饱读圣贤之书，深受“君君、臣臣、父父、子子”的传统道德教育，同时继承了儒家传统文化中的为人处事原则，拥有忠君爱国、父慈子孝、兄友弟恭的家风和家族传统，这样的传统在他们身处异域时表现得更为明显，而山东人重诚信、讲礼义、乐观豁达、为人宽厚的性格特征在他们身上同样得以体现。

第四节　儒学的对外传播

孔子诞生在山东这片历史悠久的土地上，其精深的思想不仅影响着一代代的中国人，而且对古代世界其他国家也有不同程度的影响，其中就包括与中国相邻、同属儒家文化圈的朝鲜。

一、儒家思想在朝鲜的传播与影响

汉武帝时，儒家思想成为统治阶级的主流思想，并开始逐渐向朝鲜传播。372 年，高句丽在学校教育中增设太学，开始系统学习儒家思想。唐贞观十四年（640），“上大征天下名儒为学官，数幸国子监，使之讲论，……于是四方学者云集京师，乃至高丽、百济、新罗、高昌、吐蕃诸酋长亦遣子弟请入国学，升讲筵者至八千余人”。[①] 朝鲜半岛上的三个政权均派出学生到唐朝国子监学习儒学，由此可以看出儒家思想在朝鲜的影响

① （宋）司马光编著：《资治通鉴》卷 195，《唐纪十一》，贞观十四年二月丁丑，中华书局 2007 年版。

程度。新罗统一朝鲜半岛后，更是派遣大批学生到中国求学，系统全面地学习儒家思想。新罗王朝的太学里供奉着孔子及其弟子，到高丽时代，中央官学的国子监及各地方学校，都建有文宣王庙，祭祀孔子。高丽成宗曾经感叹："王者化成天下，学校为先，祖述尧舜之风，聿修周孔之道，设邦国宪章之制，辨君臣上下之仪，非任贤儒，岂成轨范？"[①]李氏朝鲜建立后不久，李成桂即在汉城设立太学，从1398年开始，又陆续在汉城及各地方建立文庙。太学是宣讲儒学、培养人才的地方，文庙则是崇祀孔子及儒门先贤的场所。每年春秋两季，国王均会亲率文武百官到文庙举行祭祀活动。朝鲜王朝从箕子东去朝鲜延伸开来，"教化大行，男有烈士之风，女有贞正之俗，史称小中华"。[②]

在朝鲜半岛，"四民之业，以儒为贵，故其国以不知书为耻"[③]，"专尚儒术，家家皆以孝悌忠信为业"[④]，"生子，先教以《小学》《家礼》，科举亦取精通者，及其治丧、居家一皆遵之。"[⑤]"学徒精研四书五经。其专治一经者，不得齿儒者之列"[⑥]，尊崇儒学成为朝鲜的一种国策。韩国史学家全海宗认为："给韩国影响最大的中国文化是儒教文化（儒学、政治制度——包括科举制度、教育制度和生活伦理）和通过中国传来的佛教。韩国从未摆

① ［朝鲜］郑麟趾：《高丽史》卷3，《世家三·成宗》，四库全书存目丛书史部载记类第159册，齐鲁书社1996年版，第89页。

② 《李朝成宗实录》卷20，成宗三年七月乙巳。

③ （宋）徐兢：《宣和奉使高丽图经》卷19，《民庶》，中华书局1985年版。

④ ［朝鲜］崔溥著，葛振家点注：《漂海录》卷1，弘治元年闰正月十八日，社会科学文献出版社1992年版。

⑤ ［朝鲜］崔溥著，葛振家点注：《漂海录》卷3，弘治元年三月二十九日，社会科学文献出版社1992年版。

⑥ ［朝鲜］崔溥著，葛振家点注：《漂海录》卷3，弘治元年四月初八日，社会科学文献出版社1992年版。

脱中国文化的影响。”[①]

儒家文化是中国历史演进过程中积极向上的力量，深受儒家思想影响的朝鲜，“服事中国，效中国君臣之为治而治，学中国圣贤之道而道焉，法中国伦常礼乐制度文物之为则而则焉，读中国六经四子之为文而文焉。细大何法，无不自中国而法焉。国以为国，人以为人矣，君中国而师中国也”。[②]“孔子的仁义、忠孝、维护封建等级制度、反对犯上作乱、倡导大义名分、主张统一、反对分裂割据的思想及后来朱熹‘三纲五常’成为朝鲜李朝统治者制定政策、推行治国路线的依据，并要求各级官员和百姓加以尊奉。”[③]朝鲜王朝之所以能够谨守慕华崇明、尊周思明的理念，亦同样与儒家思想的影响有关。

二、朝鲜王朝基于儒家春秋大义而产生的慕华崇明思想

自古以来，中国与朝鲜就是唇齿相依、关系密切的邻国。明朝时期，中国与朝鲜之间的关系更为密切和特殊。

在明朝建立初期，明太祖就将包括朝鲜在内的十五个邻国列为不征之国。李氏朝鲜建立后，朝廷仿明朝六部设立六曹，刑法完全依照《大明律》制订，在文字方面，一直以来也是以汉字作为官方文书的专用文字。朝鲜“业儒通经，尊崇孔圣之道，匪直守箕子遗教”，“其文物典章不异中华，

① ［韩］全海宗著，全善姬译：《中韩关系史论集》，中国社会科学出版社 1997 年版，第 21 页。

② ［朝鲜］柳麟锡：《毅庵集》卷 30，《杂著》，景仁文化社 1973 年版。

③ 朱亚非：《孔子思想在古代世界的传播与影响》，载《古代山东与海外交往史》，中国海洋大学出版社 2007 年版，第 214 页。

而远超他邦”[①]。

基于对儒家春秋大义观念的崇奉，朝鲜对明朝一直怀有一种特殊的感情，明朝的中华正统地位在朝鲜君臣的心目中不可动摇。李恒老（1792—1868）认为，“我东，中国之属国也，自高丽时骎骎然知尊周之义，有变夷之实，而至我朝则纯如也。”[②]近代性理学大师崔益铉（1833—1906）指出：“夷而进于中国，则中国之，《春秋》之意也。况吾东箕子立国，革夷陋而为小中华，后虽中微，而贸贸始自高丽，已骎骎有用夏之渐，所以风俗好见称于朱子也。至于本朝则得复小中华，而崇祯以后，则天下欲寻中国文物者，舍吾东无可往，实所谓《周礼》在鲁也。岂不可以先表章其所始，以昭布百代，示法四裔乎。此亦孔子《春秋》因鲁史及天下之义也。”[③]在朝鲜人看来，“中国为盛明之会，而礼义之所宗也。”[④]

宋时烈（1607—1689）则指出：“孔子之作《春秋》也，大义数十，而尊周最大。此义一晦，则三纲沦，九法糜，中国入于夷狄，人类化为禽兽。”[⑤]朝鲜王朝的尊周理论，正是从中国春秋时期的尊周思想发展而来。成大中（1732—1812）曾做过这样的论述：“春秋幸在鲁也，明之于我，即周之于鲁也，况重之以万历之恩耶！然恩义一理也，未有无义而恩者，故恩莫大于君父，而义为之则。我之思明即我义也，不然，何其感人心而立人纪，若是之久耶？故上焉而皇坛崇其报，下焉而华阳阐其义，使我东免为夷貊之归，而焕乎其冠冕如日月之辉。黄河再清，必来取法，《礼》所

① （明）严从简著，余思黎点校：《殊域周咨录》卷1，《东夷朝鲜》，中华书局1993年版。

② ［朝鲜］李恒老：《华西先生雅言》卷10，《尊攘·尊中华》，崇祯纪元之四丁卯刊。

③ 《宋元华东史合编纲目》，崔益铉《跋》，转引自孙卫国：《大明旗号与小中华意识——朝鲜王朝尊周思明问题研究（1637—1800）》，商务印书馆2007年版，第47页。

④ ［朝鲜］吴庆元：《小华外史》，《小华外史总要通论》序，白岳山房文库，崇祯纪元后五戊辰刊。

⑤ ［朝鲜］宋时烈：《尤庵先生文集》，景仁文化社1999年版。

谓广鲁于天下者，不其在斯耶？明虽亡，赖我而犹不亡也！”[①] 朝鲜王朝将儒家春秋大义观念进行延伸，奉明朝为正朔，自始至终遵行慕华崇明的思想，对明王朝充满崇敬和感激，对明朝臣民亦怀有一种尊重之情。

山东自古以来就有积极与海外进行交往的传统，而这种交往的起点是从山东沿海地区与朝鲜半岛之间的联系开始的。山东地区文明开化较早，大汶口文化、龙山文化相继向朝鲜半岛传播。商周之际，箕子率数千民众东渡朝鲜，开启了山东沿海居民走向海外的序幕。西周初年，姜尚封于齐，全力发展山东半岛的经济，举贤纳士，招揽人才，使齐国迅速成长为国内经济发展最快的地区之一。齐桓公时，齐国更是发展成为一个威震诸侯的东方强国，以其雄厚的经济实力为沿海居民走向海外提供了充分的物质保障。齐国学术氛围浓厚，当时各种思想流派的代表人物聚集山东，丰富了山东沿海居民认识海外世界的思想成果和理论基础。山东拥有特殊的自然地理条件和历史文化环境，民风淳朴，教育发达，形成了良好的文化氛围，为沿海居民走向海外、与海外进行交往创造了得天独厚的条件。

山东凭借其与朝鲜相邻这一地理优势，在古代中朝交流和贸易往来中发挥了重要作用，山东半岛与朝鲜半岛之间拥有一条往来频繁、便捷而又相对安全的海上通道，而距离朝鲜海程较近、交通相对便利，不能不说是明朝时期山东人选择移居朝鲜的一个重要原因。山东半岛与朝鲜之间有着漫长而悠久的交往史，齐鲁文化早已对朝鲜半岛产生了深刻的影响，有箕子东渡朝鲜开其先，儒家文化在朝鲜的传播承其后，以致出现了两地思想文化相通、风俗习惯相近的局面，这对于山东移民赴朝之后的生存与发展无疑是非常有利的。成大中曾经说过：“吾东实天下之宗也，箕子之设教，尼父之欲居，伯夷之隐，鲁仲之蹈，大小连之岛，沧海之椎，皆在吾邦，

① ［朝鲜］成大中：《青城集》卷 7，《明隐记》，景仁文化社 1999 年版。

而学则考亭，丧则家礼，又益之春秋，此中国之所未能而吾邦则备焉。士之生于吾东庸非幸耶，不幸而中国焉，生则胡貊耳，纵欲为明隐，得乎？中华之遗民，亦已尽矣，今则春秋大一统之柄，专在吾东，而尊周录于是乎编华阳尊攘之义，因此而大明是书将有辞于天下后世。”[①] 朝鲜基于对儒家思想的尊崇而产生的慕华崇明思想，使其对避居朝鲜的山东移民采取了特别的尊重和优待政策。

① 冯荣燮编:《朝宗岩文献录后集》中卷,《朝宗岩志》附录，保景文化社 1987 年版，第 861—862 页。

第三章　明代山东移民的迁移方式与路线

第一节　概述

朝鲜正宗二十二年（1798）九月，正宗下诏指出："近来名教日晦，事有关于春秋大义。为官长者，不识扶植之方，其害及于无告之向化村，岂非寒心之甚乎？皇朝人之流寓我国者，名之以'向化'，殛不成说。诸凡文书，饬其勿复袭用'向化'二字。湖南则尚今称之，可谓贸贸，此后以'皇朝人村'改称。京外所在，帐籍邑志，依此厘正。"[①] 从这段话可以看出，"皇朝人"与"向化人"是两个不同的称呼，针对不同的对象，二者不可以混淆使用。按照《李朝肃宗实录》中的说法，"所谓向化人者，古昔华人之漂到我地，因为我民者也。入我地，作我民，不知几百年，而每称向化。"[②] 可以看出，朝鲜君臣眼中的向化人多数情况下指的是一般的避乱漂流民，他们因为天灾、战乱等事件的发生，无法在原居地生存，无奈之下选择避居朝鲜，这样的情况在中国历史上并不鲜见，明朝时期则更为突出，正如《李朝正宗实录》中所载，"中州之难，士多浮海而东者，盖

① 《李朝正宗实录》卷 49，正宗二十二年九月辛酉。

② 《李朝肃宗实录》卷 34 下，肃宗二十六年十月辛未。

自管幼安始，而唐之南敏、宋之郑臣保诸人，即其亚也。及至皇朝启祯之间，山行水宿，踵相接焉”[①]，可见明朝末年避居朝鲜的中国民众并不在少数。他们到朝鲜后，并没有得到朝鲜政府过多的优待，与朝鲜普通民众一样，需要交税服役，被视同为朝鲜的一般居民。与“向化人”的概念相对的，是一群被称为“皇朝人”的特殊赴朝移民。朝鲜君民所说的“皇朝”，指的是明王朝，因为慕华崇明思想的盛行和对明朝的感激之情，朝鲜君臣以小中华自居，不管是在明兴之时还是明亡之后，始终将明朝政府尊称为皇朝。“皇朝人”这一说法最早应用于朝鲜孝宗为九义士及其家人所建的皇朝人村，后来皇朝人这一概念的外延有所扩大，大致说来指的是一个特殊群体，他们要么在国内时出身仕宦之家，要么本人或祖、父辈对朝鲜做出过一定贡献，也有的是二者兼备，这与一般的避乱漂流民或避灾逃难者是有区别的，而山东移民是这一群体中的典型代表。

通过翻检九义士成员之一、山东临朐人冯三仕十世孙冯荣夑先生所编的《大明遗民史》《朝宗岩文献录》《朝宗岩文献录续集》《朝宗岩文献录后集》、王德九的《皇朝遗民录》、吴庆元的《小华外史》、李光涛的《中韩民族与文化》与1936年北京大学影印本《皇明遗民传》等著作，加之参考朝鲜实录、档案、地志、文集等资料，列出了明代赴朝山东移民中的部分典型代表，包括其姓名、详细籍贯、家世、赴朝方式等情况。另外还有四人，虽非山东籍，但是因为赴朝之前与山东存在着某种密切关联，比如丁酉倭乱时的援朝征倭提督麻贵曾孙麻舜裳，妻山东临朐人冯秀之女、赴朝移民冯三仕之妹，在明朝年间亦避乱朝鲜，所以也被列入赴朝山东移民之中，现分述之。

史繇，山东青州人，明朝开国功臣、礼部尚书，奉命出使而留居朝鲜。

① 《李朝正宗实录》卷49，正宗二十二年七月己丑。

韩登科，山东登州人，祖父为明代征倭援朝将领，崇祯年间漂流朝鲜。

王以文，字岐阳，庠生，山东济南人，祖父为崇祯年间宁夏巡抚、都察院右佥都御史，父为兵部职方清吏司员外郎，跟随朝鲜质子入朝，妻青州黄氏，户部给事中黄允茂之女，随同赴朝。

郑先甲，字始仁、三新，进士，山东琅琊人，曾祖为詹事府左春坊太学士、吏部左侍郎，祖父为汝宁知府，父为无锡知县、钦差河南巡按升吏科给事中，跟随朝鲜质子入朝。

王文祥，字汝章，庠生，山东青州人，跟随朝鲜质子入朝。

王美承，字继伯，庠生，山东东昌人，跟随朝鲜质子入朝。

冯三仕，字惟荣，庠生，山东临朐人，曾祖为户部左侍郎、山东科都官，祖父为吏部科都给事兼春坊左赞善，父为兵部侍郎兼都察院左副都御史，跟随朝鲜质子入朝，妻历城李氏，翰林院编修李照南之女，随同赴朝。

麻舜裳，字禹绣，曾祖为明征倭援朝将领，父为遵化总兵，本人为通判，世袭指挥同知，天启年间自登州漂流朝鲜，妻为冯三仕之妹。

化燮，山东琅琊人，明代援朝征倭将领，留居朝鲜。

化明臣，本名花光新，六世祖为明代开国功臣、大司马、大将军、领尚书事，五世祖为尚书令、燕王太傅，玄祖为同平章事、礼部尚书，曾祖为太子侍郎，祖父为礼部侍郎迁赵王相，父为吏部尚书、封安国公。明朝中叶自琅琊避乱朝鲜。

浪础，崇祯年间兵部侍郎，明末自登州避乱朝鲜。

胡克己，进士，父为吏部尚书，本人为翰林，明末自登州漂流朝鲜。

金长生，山东登州人，渔民，崇祯年间漂流朝鲜。

刘太山，山东登州人，渔民，崇祯年间漂流朝鲜。

孔枝秀，山东曲阜人，孔子后裔，明朝末年避乱朝鲜。

崔回姐，山东青州人，父为红通知县，跟随朝鲜质子入朝。

……

第二节　迁移方式与路线

按照移居朝鲜的方式和路线来划分，明代赴朝山东移民基本可以分为四部分：

一、奉命出使而留居朝鲜者

（一）山东青州人史繇

明代开国功臣、礼部尚书史繇，于明朝初年奉命出使，留居朝鲜。

明洪武五年（1372），史繇和明玉珍之子明昇同来高丽，明太祖谕令高丽恭愍王以国宾待之，史繇遂定居京畿道坡州郡月笼面苇田里，是为朝鲜史氏始祖，其后世子孙遂以史繇赴朝之前世居之地山东青州为本贯。

（二）山东曲阜人孔绍

孔子后裔孔绍（按：亦作“孔昭”）在元朝时奉使高丽，留居于此，世代繁衍，子孙相续，直至朝鲜李朝。

元顺帝至正七年（1349），元帝嫁大长公主与高丽恭愍王，孔绍以翰林学士的身份陪从公主下嫁，携妻室入朝。孔绍是孔子五十三世孙、衍圣公孔浣的次子，到高丽后，高丽政府任其为平章事，封为桧昌君，孔绍遂成为昌原孔氏始祖，其后裔亦在高丽、朝鲜世代相传。[①]

① ［朝鲜］朴齐纯纂修：《增补文献备考》卷52，《附氏族七》，朝鲜隆熙二年铅印本。

二、明代援朝征倭将领及其后代

1592 年，日本关白丰臣秀吉发动侵略朝鲜的战争，在朝鲜全境几乎沦亡之际，明神宗下令出兵，倾全国之力援救朝鲜，经过七年艰苦卓绝的战争，终于打败日本侵略军，战后明军立即撤退，没有对朝鲜提任何要求，此举被朝鲜君臣视为“再造藩邦”之恩，成大中《青城集》中说：“万历再造之恩，将百世不可忘也。”[①]《李朝仁祖实录》中亦载：“本朝之于大明，君臣而父子也。服事二百余年，恪谨不怠，素称礼义之邦。及遭壬辰倭乱，车驾西幸，八路丘墟，神宗皇帝动天下兵马，发内库金帛，駈除廓清，挈而归之，国祚之得延今日，皆帝力也。”[②]朝鲜王朝为感恩明朝，特建宣武祠、武烈祠以崇祀明代抗倭援朝将领。

根据《冯氏世稿·再造藩邦志》可知，其时征倭将领中的山东籍人士有：

员外郎张登云，号浩宇，山东兖州府人。

刑部尚书萧大亨，字夏乡，号岳峰，山东兖州府济宁州人。

备御韩宗功，山东登州人。

布政司都御使韩取善，号惺庵，山东济南府淄川人，万历二十一年（1593）入朝。

管粮使韩初命，字康侠，号见宇，山东莱州府掖县人。

按察使杜潜，字孔昭，号见田，山东东昌府高唐人。

化燮，山东琅琊人，其祖花氏。“丁酉再乱”时，化燮以麻贵手下中

① ［朝鲜］成大中：《青城集》卷 7，《明隐记》，景仁文化社 1999 年版。

② 《李朝仁祖实录》卷 37，仁祖十六年七月己丑。

军之职参战，在蔚山战役中有大功，获封一等功臣，战后定居朝鲜晋阳，以晋阳为本贯。

兵部尚书邢玠，山东青州府益都人。

游击将戚金，号萧塘，山东登州人。

另外，临朐冯三仕的外祖父、时任户部尚书的蒲州人杨俊民，也加入了这场征倭援朝战争。在这些将领中，最为后世所称道的，是为战争的最终胜利做出重要贡献的山东青州府益都人邢玠。

邢玠（？—1612），字缙伯，号昆田，1597年受命带兵赴朝，以兵部尚书衔领大将，《明神宗实录》中赞誉其“为人易直，能肩艰钜，卒以功名终，树声海外。”①

邢玠于隆庆五年（1571）中进士，先后出任密云令、甘肃御史、河南佥事，“历陕西苑马、山西行太仆卿、陕西按察使，皆有声”，曾经平定过发生在四川等地的叛乱，“治兵甘州，有土窑水塘之捷，加右布政使，以病归”，其后出任山西右佥都御史，巡抚大同。②在朝鲜战争爆发前夕，邢玠已升任南京兵部右侍郎。万历二十五年（1597）春，朝廷任命邢玠为兵部尚书兼蓟辽总督，“经略朝鲜”，全权负责援朝抗倭战争。是年六月，日本水军数千艘舰船自釜山北上，击败朝鲜守军。七月，夺取梁山、三浪，随即入庆州，侵闲山。“闲山岛在朝鲜西海口，右障南原，为全罗外藩，一失守则沿海无备，天津、登莱皆可扬帆而至。”③八月，日本加藤清正等部自陆上大举北犯，意图数日内夺取明军驻守的南原和全州西城，兵临王京汉城。“王京为朝鲜八道之中，东隘为鸟岭、忠州，西隘为南原、全州，

① 《明神宗实录》卷493，万历四十年三月壬寅。

② 《明神宗实录》卷493，万历四十年三月壬寅。

③ （清）谷应泰：《明史纪事本末》卷62，《援朝鲜》，中华书局1977年版。

道相通。自二城失，东西皆倭，我兵单弱，因退守王京，依险汉江。”[①]在此危急时刻，邢玠亲赴汉城，指挥明军在稷山展开阻击战，有效阻挡了日军的进攻，“玠既身赴王京，人心始定。”[②]同时为防止日本水军北犯，他还下令登、莱及辽东半岛水军加强戒备，命山东总兵李成勋“统率舟师出汛于长山岛，以守登莱之门户，备旅顺之应援，而并壮朝鲜之声势。”[③]邢玠在朝鲜“执沈惟敬，战蔚山，斩首千级。赐尚方剑，得诛大将以下。击倭于锦山南海间，歼石曼于、擒平正成等，焚其舟九百艘”，论功加太子太保之衔，“升俸一级，荫一子世袭锦衣卫指挥佥事”，朝鲜为其“立生祠像,标铜柱釜山”[④]。朝鲜学者尹根寿在其《月汀集·送邢军门玠二十韵》中，亦曾提及“立祠”一事，其文曰:“捷书驰魏阙，喜气满燕京。戈偃边烽晏，氛消海月时。丹青麟阁焕，模写史家评。荐息曾封冢，奇功竟剪鲸。丘山含惠重，糜粉觉身轻。未卧途中辙，空班野外荆。三韩俱奠枕，万里正飞声。更有新祠在，终天报事诚。”[⑤]万历四十年（1612）三月，邢玠卒于故乡益都。《明神宗实录》中说其“历任四十年，强半在遣方，盖所谓积劳之臣也。播事则议抚，东事则议战，虽功效不同，而其谋略为世所重云”[⑥]，可谓对其一生政绩的最好概括。

援朝战争之后，一些明军征倭将领留在了朝鲜，有的是因伤未能回国，有的是因娶当地女子为妻而留居，正如征倭将领后裔麻蓬直在《东征将相遗后录》中所说:“中国之人，来居东土者甚多。初则万历壬辰、丁酉间征

---

① （清）谷应泰:《明史纪事本末》卷62，《援朝鲜》，中华书局1977年版。

② （清）谷应泰:《明史纪事本末》卷62，《援朝鲜》，中华书局1977年版。

③ 《明神宗实录》卷318，万历二十六年正月乙未。

④ 《明神宗实录》卷493，万历四十年三月壬寅。

⑤ 冯荣燮编:《朝宗岩文献录》，朝宗岩再建推进会1977年版，第414页。

⑥ 《明神宗实录》卷505，万历四十一年二月戊戌。

倭时，天朝诸将多娶于东邦，或有子有女，不能率归，仍为东人多矣。”[①]也有一些是战后自己回到国内，明朝末年其子孙避居朝鲜，以下所述赴朝山东移民，多属这种情况。

（一）征倭将领韩宗功之孙韩登科

韩宗功于万历二十年（1592，朝鲜宣祖二十五年）入朝，任东征军旗鼓官[②]、征倭备御，其孙韩登科于崇祯年间寓居朝鲜。

韩登科与金长生、刘太山同为登州渔民，崇祯七年（1634）春，三人在海上捕鱼，因风漂到朝鲜平安道宜川郡南界而留居下来。

（二）征倭将领麻贵曾孙麻舜裳

麻舜裳，字禹绣，号三江，明万历丁酉东征提督麻贵曾孙，麻承恩孙，舍人麻岩子，世袭指挥同知，于明天启年间漂流朝鲜而留居。

麻贵，字溟回，号而泉，万历年间赴朝征倭有大功。万历二十一年（1593）春，受到明鲜军队沉重打击的日军提出和谈请求，双方撤军，但丰臣秀吉表面上接受明朝册封，实际却“仍留兵釜山如故”[③]，随时准备再次侵略朝鲜。万历二十五年（1597），日军发动第二次侵朝战争，史称“丁酉再乱”。是年“春正月丙辰，朝鲜使来请援”[④]，三月，明神宗任命兵部侍郎邢玠为尚书，总督蓟、辽、保定军务，经略御倭，麻贵任提督。《皇朝遗民录·北望集》中称麻贵“骁勇果敢，善用兵。万历中，以功屡迁都督同知，会朝鲜倭患，棘以提督与邢经略玠、杨经理镐先后来救朝鲜，有功。”[⑤]

---

① 冯荣夔编：《大明遗民史》下卷，保景文化社 1989 年版，第 113 页。

② 《壬辰东援录》，载冯荣夔编：《大明遗民史》下卷，保景文化社 1989 年版，第 89 页。

③ （清）张廷玉等：《明史》卷 320，《外国列传一·朝鲜列传》，中华书局 1974 年版。

④ （清）张廷玉等：《明史》卷 21，《神宗本纪二》，中华书局 1974 年版。

⑤ 冯荣夔编：《大明遗民史》下卷，保景文化社 1989 年版，第 114 页。

麻岩（按：《小华外史续编》中作“严”），字里光，遵化总兵，死于深河之役。明天启七年（1627），麻舜裳以通判督粮登州，遇风于庙岛，三日漂抵朝鲜丰川，同舟二十九人皆溺死，舜裳独生，流寓湖南之光州以终。[①] 姜教锡《典故大方》中称其后孙居于陕川。

留居朝鲜的征倭将领对故国、明君一直怀有深刻的眷恋之情，这一点，从他们在朝鲜所作的诗文中就可以清楚地看出。征倭副将片碣颂在《与同来诸公登头流山》一诗中写道：“登高望北燕，烈士剑心白。漠漠腥尘外，谁知万里客。”[②] 运粮官千万里的《怀故国》一诗同样表达了留居朝鲜的将士对大明故土的思念之情，“日唱相思曲，生平恨不穷。三韩秋草外，五部阵云中。颍水青萍客，金樽白发翁。遥知兄弟意，古塌几花丛。”[③] 另外一首《登金刚山怀故国》诗中写道：“万二千峰一上回，悠悠怀抱暂时开。云应湿泪将东去，雁或传书自北来。旅梦时归飞凤阁，精神日送降仙台。异邦父子相依地，望美丹忱几举杯。”[④]《思归感吟》一诗则道：“支离一疾不胜寒，哀泪虚垂几涤栏。水月回添江水照，秋霜高染病枝残。人情阅尽头还白，世味尝来路自漫。天末飞鸿书带否，空教今夕客心酸。”[⑤]

---

① 阙名朝鲜人：《皇明遗民传》卷 7，1936 年北京大学影印本。据《大明遗民史》下卷第 229 页记载可知，该书作者为朝鲜学者成海应，此处照该影印本所书，仍作“阙名朝鲜人”。

② 选自《浙江片氏遗事》，载冯荣燮编：《大明遗民史》上卷，保景文化社 1989 年版，第 72 页。

③ 选自《思庵实纪》，载冯荣燮编：《大明遗民史》上卷，保景文化社 1989 年版，第 72 页。

④ 冯荣燮编：《大明遗民史》上卷，保景文化社 1989 年版，第 72 页。

⑤ 冯荣燮编：《大明遗民史》上卷，保景文化社 1989 年版，第 72 页。

三、明末跟随朝鲜质子入朝者

李氏朝鲜自洪武二十五年（1392）建国后，就与明朝确立了密切的宗藩关系。万历年间，明神宗出兵救援朝鲜，抗击日本侵略，拯救朝鲜于水火，被朝鲜君臣视作“再造藩邦”之恩。终明之世，朝鲜与明朝维持着藩属关系。1636 年 12 月，清军迫使朝鲜签订城下之盟，被清军重重围困的朝鲜国王仁祖随即遣使向明朝求援，因其时明朝正困于国内的农民战争，无法全力支援朝鲜。次年正月，在被清军困于南汉山城四十余天之后，仁祖最终为了国内民众的安危，被迫向清朝称臣纳贡，正如《李朝仁祖实录》中所说：“在山城时城陷而死，则诚善矣！而宗社为重，故忍而至此。”①

受降仪式在汉江东岸的三田渡举行，清朝与朝鲜之间同时订立条款十七项，是为三田渡之盟。其实，在此期间，崇祯皇帝曾命山东总兵陈洪范调各镇舟师救援朝鲜，水师出海数日，得山东巡抚颜继祖奏：“属国失守，江华已破，世子被擒，国王出降。”崇祯以继祖之不能协图救援切责之。朝鲜君臣感叹：“毅宗不责我不能守城，反责继祖之不能救，其悯念属国之恩，未有如我毅宗者也。”② 英宗二十七年（1751）三月，英宗赴大报坛行望拜礼时，再次提及此事：“毅宗闻我国城下之盟，少无怒意，而只恨不能早救。皇朝之恩，何可忘耶？思之不觉于悒。”③ 上文所说的“世子”，指的是仁祖的昭显世子。按照清朝与朝鲜之间订立的盟约要求，朝鲜仁祖应“以长子并再令一子为质，诸大臣有子者以子，无子者以弟为质”④。这

---

① 《李朝仁祖实录》卷 37，仁祖十六年八月辛卯。

② 《李朝英宗实录》卷 69，英宗二十五年三月己酉。

③ 《李朝英宗实录》卷 73，英宗二十七年三月丙辰。

④ 《清太宗实录》卷 33，崇德二年正月戊辰。

样，朝鲜昭显世子和二王子凤林大君及群臣子弟作为人质入质沈阳。据《清太宗实录》记载，“世子李溰家口：男子八名、妇人十一口、家丁九名、太监七名、掌库司庖及使令人役，共二十二名。次子李淏家口：妇人五口、家丁三名、使令人役十六名、军役皂隶四十四名。尚书安一训，侍郎朴鲁、朴黄，武官李集思，文官李明顺、米应夏、李泽高、甄类成、李奎，随从官四员，医生四名，通事三名，书办四名，伴当三十一名。大臣质子：礼部尚书子一人，工部尚书子一人，其家口共一百八十二名口，马六十四匹。其李溰、李淏与其妻不在其内，又护送官二员，从人三百五十名，马三百三匹。”[①] 以上即为1637年2月跟随清军进入沈阳的朝鲜人质。顺治元年（1644）清军入关后，朝鲜质子又跟随清军进入北京。随着清朝统治地位的日益稳固，考虑到“未得北京之前，两国不无疑阻，今则大事已定，彼此一以诚信相孚，且世子以东国储君，不可久居于此”，于是在是年十一月，清帝下令，释放昭显世子及群臣子弟回国，“凤林大君则姑留与麟坪相替往来，三公六卿质子及李敬舆、崔鸣吉、金尚宪等亦于世子之行，并皆率还”。[②] 顺治二年（1645）春，凤林大君及其随行人员亦被释放归国。明亡清兴，在朝鲜君臣看来，可谓“神州陆沉”，“华夏文物，荡然扫地”[③]，正如朝鲜使臣向其国王的进言所说，“清主自平南之后，妄自夸大，谓天下事无复可虞。沈阳之行，托以报祀其祖，而多发军民，专事游猎，故所经五百里，怨声载路，此必胡运将尽而然也”。[④] 朝鲜王朝对明朝根深蒂固的事大报恩思想和对清朝的偏见，使其无法接受清朝已一统天下

① 《清太宗实录》卷34，崇德二年四月甲戌。

② 《李朝仁祖实录》卷45，仁祖二十二年十二月戊午。

③ 《李朝正宗实录》卷6，正宗二年七月丙申。

④ 《李朝肃宗实录》卷13上，肃宗八年三月戊辰。

并不断稳固发展的事实，他们抱定“胡无百年之运”[①]的想法，秘密从事着反清复明的战略部署，凤林大君即位之后，更是明确提出了“北伐”的主张。从凤林大君质居沈阳时所作的述怀诗中，可以明确看出其复仇雪耻的北伐之议和对明报恩的思想由来已久。其诗曰：“怨尤那忍及天人，自愧无谋到死滨。此日不堪燕质泣，何时复睹汉仪新？心悬凤阙频惊梦，齿切龙庭厌见春。回首岩廊枢密地，昔年髯妇尚冠巾。”又曰：“我欲长驱十万兵，秋风雄阵九连城。指挥蹴踏天骄子，歌舞归来白玉京。”[②]朴趾源（1737—1805）的《貂裘记》中亦载：“宣文王归自沈质，慨然有复仇之志，盖未尝一日而忘在沈也。”[③]朝鲜赞善宋浚吉曾经进言：“臣伏见《丽史》，唐明皇幸蜀，高丽遣使贡问，辛勤于陆海数万里之外，明皇喜甚，作诗以送。宋之南渡，丽方受制于金，而亦遣使贡问，以通虏情，至今为史家美谈。恭惟我朝三百年来，服事大明，其情其义，固不暇言，而神宗皇帝再造之恩，自开辟以来，亦未闻于载籍者。宣祖大王所谓‘义则君臣，恩犹父子’，实是真诚痛切语也。……窃闻帝室之胄，尚有偏安于广、福之间，天下大统，不全为魏贼之所窃，而我国漠然不得相闻，……今殿下聿追先志，奋发图功，……不限迟速，要得通其水路，然后朝廷继以使价，则我朝君臣上下数十年痛迫冤郁之诚意，或可一朝而达于天朝矣。”[④]孝宗重用坚持反清的宋浚吉、金尚宪、宋时烈等人，积极筹划北伐。“（孝宗）既承大统，首聘尤庵宋先生，待以宾师之礼，谋所以复大明之仇，雪先王之耻。”[⑤]同

① 《李朝肃宗实录》卷 51，肃宗三十八年二月庚辰。

② 冯荣燮编：《大明遗民史》下卷，保景文化社 1989 年版，第 470 页。

③ ［朝鲜］朴趾源：《貂裘记》，载冯荣燮编：《朝宗岩文献录续集》，保景文化社 1982 年版，第 319 页。

④ 《李朝孝宗实录》卷 19，孝宗八年十月甲午。

⑤ ［朝鲜］朴趾源：《貂裘记》，载冯荣燮编：《朝宗岩文献录续集》，保景文化社 1982 年版，第 319 页。

时，在整个北伐大计制定、施行过程中，还有九位明朝移民的功绩不容忽视，他们就是与朝鲜质子共谋反清复明之计，以至最终跟随质子东渡朝鲜的明朝“九义士”。

明末清初之际，为清兵所掳获的济南庠生王以文、临朐庠生冯三仕、琅琊进士郑先甲、青州庠生王文祥、东昌庠生王美承、通州庠生杨福吉、大同庠生裴三生、大同庠生柳溪山及杭州进士黄功等九人先后被执送沈阳或北京，为充当人质而留居中国的朝鲜昭显世子和二王子凤林大君担任管下，即通常所说的仆役。在朝鲜质子被释放回国后，此九人不愿屈于清朝的统治，毅然随同质子到达朝鲜。他们避居朝鲜后，不接受朝鲜官职，始终保持明朝臣民的气节，被称为“九义士”。其后世子孙继承其忠于明朝的传统，一直沿用明朝的年号，并世代都与朝鲜王朝崇祀明朝皇帝的活动相联系。在上述“九义士”之中，前面五位为山东籍人士，现分述之。

（一）山东济南人王以文

王以文，原名王凤冈（按:《王氏家乘》中作“凤岗”），字岐阳，避走朝鲜后，朝鲜孝宗取曾子“以文会友”之语，为其改名“以文”，山东济南人，庠生，《小华外史续编》中称其“幼而魁梧，仪度如巨人，遇事有机变，以智勇闻于州郡”，且“风裁魁伟，慷慨有大节”①。

崇祯九年（1636）春，清兵侵入济南，王以文携家人避居于海岛中。次年（1637），孔有德攻陷皮岛，“以文举家被获”。当时的王以文只有十三岁，“贼怜其少壮，其人以甘言诱之，终不屈。贼义之，不加害”，随即王以文被执送沈阳，关入沈阳监狱。“是时正德王以凤林大君质于沈阳，

① ［朝鲜］吴庆元:《小华外史续编》卷 2，《皇朝遗民录·避地东来诸人》，白岳山房文库，崇祯纪元后五戊辰刊。

一见而奇之，请以为管下。”[①] 九人之中，王以文最早进入沈阳质子馆，也最为朝鲜质子所赏识，正如朝鲜学者金平默在其《九义士传》关于王以文的传记中所载：“凤林察公有智虑，每从容与论天下事”[②]。

1644年春，听闻京师不守、崇祯帝殉于社稷的消息，王以文“长号一声，呕血而卧，仍气绝久之，既苏又大哭”，凤林大君泣而谓之曰：“不可少自珍重，他日共伸大义耶。”以文止哭而拜曰：“诚如是也，请从公子东游，虽汤火不敢避矣。”[③]《小华外史续编》中亦载：“以文日夜号哭，却食者屡日，及清虏入燕，天下薙发，以文决意东来。”[④]

顺治二年（1645），朝鲜质子被释放回国，九义士与家人及宫女崔回姐、柔姐、紧姐、屈姐等，均跟随质子来到朝鲜。回朝鲜不久，因昭显世子病故，凤林大君被册封为世子，他与九义士感情至深，下令在宫邸南墙外建成皇朝人村，请九义士住居其中。顺治七年（1650），凤林大君即位，是为孝宗，他与九义士志同道合，时时召见，共谋反清复明大计。孝宗屡有录用之意，曾多次劝说九义士出任朝廷官员，他对王以文说：“自在沈阳既共患难，岂不欲与予同休戚乎？”王以文拒绝道：“国仇未报而苟荣其身，非陪从之意也。倘天心悔祸，逆虏早灭，神州克复，归死故国足矣。”[⑤]又说：“羁旅之臣，敢恃宠荣而忘国仇哉！天若祚明，克复中夏，归死足

---

① ［朝鲜］吴庆元：《小华外史续编》卷2，《皇朝遗民录·避地东来诸人》，白岳山房文库，崇祯纪元后五戊辰刊。

② ［朝鲜］金平默：《重庵集·九义士传》，载冯荣燮编：《大明遗民史》下卷，保景文化社1989年版，第246页。

③ ［朝鲜］金平默：《重庵集·九义士传》，载冯荣燮编：《大明遗民史》下卷，保景文化社1989年版，第247页。

④ ［朝鲜］吴庆元：《小华外史续编》卷2，《皇朝遗民录·避地东来诸人》，白岳山房文库，崇祯纪元后五戊辰刊。

⑤ ［朝鲜］金平默：《重庵集·九义士传》，载冯荣燮编：《大明遗民史》下卷，保景文化社1989年版，第247页。

矣。”孝宗“嘉其志，不强仕之”[1]。孝宗满怀北伐之志，希望待机雪耻，不料天不假年，在位十年即赍志而丧。孝宗既逝，王以文自觉复国无望，他“感先王之恩礼，恸大义之未伸，闭户自靖，不言世事，或有问皇朝事者，辄呜咽不能言，或恸哭呕血，是以人皆不忍问焉。”[2]

显宗十四年（1673），显宗念及九义士子孙渐多，命令臣下商议接济之方，王以文感叹道：“去国偷生已三十年矣，岂可屑屑于糊口哉？”遂不受赏赐，与诸子渔樵于汉江之上。每遇层崖茂树，独坐终日，花朝月夕，涕泣不语，江上之人莫不悲之。[3]

肃宗十一年（1685），夫人黄氏卒，王以文哭之曰：“不见中原之恢复，而徒作毕国之羁魂、忠孝之罪人也。”他告诫子孙要殓以常服，不得用玄纁旌翣。肃宗二十五年（1699）春，以文身染疾患，对家人说：“吾见公车文字，及红牌官教，皆书虏号，汝等戒之，无得决科入仕，躬耕读书，修身保家，以俟汀清之期也。”又说：“我死，权厝城东之邙也，国仇未报，不可与常人同也。”[4]卒于皇朝人村，享年七十五岁，朝廷赠职通政大夫、承政院同副承旨兼经筵参赞官。[5]

（二）山东临朐人冯三仕

冯三仕（1607—1671），字惟荣，山东临朐人，庠生，《小华外史续编》

① ［朝鲜］宋秉璇：《渊斋集》卷 48，《皇朝遗民传》，载冯荣燮编：《大明遗民史》下卷，保景文化社 1989 年版，第 226 页。

② ［朝鲜］吴庆元：《小华外史续编》卷 2，《皇朝遗民录·避地东来诸人》，白岳山房文库，崇祯纪元后五戊辰刊。

③ ［朝鲜］吴庆元：《小华外史续编》卷 2，《皇朝遗民录·避地东来诸人》，白岳山房文库，崇祯纪元后五戊辰刊。

④ ［朝鲜］金平默：《重庵集·九义士传》，载冯荣燮编：《大明遗民史》下卷，保景文化社 1989 年版，第 247 页。

⑤ ［朝鲜］金平默：《磐川沧海二王先生传》，载冯荣燮编：《朝宗岩文献录后集》中卷，《朝宗岩志》卷上，保景文化社 1987 年版，第 824 页。

中称其“天资恭俭好义”[①]。韩国《临朐冯氏族谱》中亦记载，冯三仕“天资刚介好义，确然有不可夺之节，自少慷慨有大志，尝曰：大丈夫得志则济世立名，不得志则采山钓水。笃于信道，不徇流俗，待族属贫友咸有恩礼。”[②]

明熹宗天启年间，宦官魏忠贤把持朝政，纪纲日颓，冯三仕无心科举，躬耕自给。崇祯十一年（1638），清兵攻入山东，冯三仕应征从戎，山东布政使张秉文力战遇害，“州县死节者百余人，士民不屈者甚众”。冯三仕令夫人李氏率家众避兵于长山岛后，即与贺继先等人招集县中士民，他对众人说：“吾与若等世荷国恩，今宁进而死，不可退而生也。”次年，清军侵入武城，三仕领兵救援，未至而城陷，知县李承芳战死，三仕独挺身奋击，清兵弃城而遁，总兵傅友明在威朴等县檄召三仕，三仕提兵应援，取北仓粟以助兵食，馆陶知县徐公器以蜡书召三仕，三仕又往从，清兵分三路夹攻，明军溃败，三仕与徐公器被执。金平默《九义士传》中对冯三仕被俘后的情形阐述得颇为详细。文中记载：清军要求冯三仕下跪，三仕裂眦大骂曰：“头可截，膝不可屈。”[③]清军不加害，拘之阵中，其后被送于沈阳，关入监狱。狱中他与力主抗清的朝鲜金尚宪、曹汉英等人结识，气义相感，结为刎颈之交。后来他为朝鲜质子所赏识，成为质子在沈阳和北京时的仆役。“先是，正德王以大君质留沈馆，深相亲信。”[④]不久，听闻京师陷落、崇祯皇帝殉于社稷的消息，冯三仕西向号哭，呕血淋漓，至于气绝。

① ［朝鲜］吴庆元：《小华外史续编》卷2，《皇朝遗民录·避地东来诸人》，白岳山房文库，崇祯纪元后五戊辰刊。

② 冯荣燮编：韩国《临朐冯氏族谱》，保景文化社1989年版，第214页。

③ ［朝鲜］金平默：《重庵集·九义士传》，载冯荣燮编：《大明遗民史》下卷，保景文化社1989年版，第243页。

④ ［朝鲜］吴庆元：《小华外史续编》卷2，《皇朝遗民录·避地东来诸人》，白岳山房文库，崇祯纪元后五戊辰刊。

凤林大君泣而慰之曰："万一还国，必伸大义，不食言也。"三仕曰："诺，君父之仇，臣子所必报，以贵国三千里感戴皇恩之臣民，提戈西向，则忠愤所感，天下孰敢不从？"[①]

顺治二年（1645），质子被释放回国，冯三仕"日夜忧愤，不欲归乡里"，于是和王以文等人陪从东渡，跟随质子来到朝鲜，"使居宫门外，厚遇之"。[②]孝宗继承王位后，亦曾多次劝说冯三仕出任朝廷官员，但均被他拒绝："羁旅贱臣，敢忘国破家亡，猥蒙国恩，纵欲荣利，将何面目归见先帝先祖于地下乎？宁愿殿下益勉薪胆之志，遣使南朝，合力协谋，臣等得归故乡，虽死足矣！"[③]孝宗感慨道："以天朝缙绅子孙，流离海隅，其志可见矣。"[④]三仕曾向孝宗进言："昔越王卧薪尝胆，使种蠡，卒灭吴国。昭王守身，厚币以招贤士，卒败齐王。惟仁智之君，任贤养民，以刷耻辱，以兴王业。今大王以其武之资，建策决机，诚如二王，则中州恢复非难也，南城之下不足耻也。今天下未尝一日忘不共戴之仇，大王熟决大志，修德行义，庤粮饷，缮甲兵，起岩穴之士，议图大谋，兴复皇室，则天之经地之义于斯明矣，若不然则大义灭矣，为子而不知有父，为臣而不知有君，三纲九法沦而入于禽兽之域，国何以保守而立于天地之间？"[⑤]孝宗赍志而丧，冯三仕自觉复国无望，"自此杜门，惚惚无生世意"[⑥]，"至痛在心，

---

① ［朝鲜］金平默：《重庵集·九义士传》，载冯荣燮编：《大明遗民史》下卷，保景文化社1989年版，第243—244页。

② ［朝鲜］吴庆元：《小华外史续编》卷2，《皇朝遗民录·避地东来诸人》，白岳山房文库，崇祯纪元后五戊辰刊。

③ 冯荣燮编：韩国《临朐冯氏族谱》，保景文化社1989年版，第74页。

④ 冯荣燮编：韩国《临朐冯氏族谱》，保景文化社1989年版，第75页。

⑤ 冯荣燮编：韩国《临朐冯氏族谱》，保景文化社1989年版，第209页。

⑥ ［朝鲜］吴庆元：《小华外史续编》卷2，《皇朝遗民录·避地东来诸人》，白岳山房文库，崇祯纪元后五戊辰刊。

无意于生全，竟以忧愤成疾”，子孙为他请医问药，也被他拒绝道：“吾不死于北庭之变，尚有望恢复故也，今国势陵夷，士气解缓，计既已矣，不死何待？”临终之前他还嘱托家人：“吾为人臣子，未湔君父之仇，羁死异域，诚先祖之罪人也。我死，殓以常服，勿用玄纁旌翣及椁，勿使增罪戾也。”[①]1671 年 8 月，冯三仕卒于皇朝人村，年六十五岁。

冯三仕的义举受到朝鲜臣民的普遍赞誉，尤其是朝鲜的学者文人，更是透过诗作来表达对这位明朝遗民的景仰之情。李宪明在其《赠冯遗民》诗中这样写道：“忠义遗风世世奇，逢场忍说丙丁时。相依深结朱陈契，对坐不禁燕赵悲。涧户自余考盘乐，云窗独诵下泉诗。林庐护落君休恨，天道回环竟不迟。”[②] 金浩养的《赠冯遗民》诗则说：“华夏陆沉数亦奇，东来幸值圣明时。可传家法心无愧，不灭胡儿剑抱悲。种菊堪怜元亮节，采薇谩和伯夷诗。山窗永日谈今古，一曲峨洋想子期。”[③] 朴齐元亦作《赠冯遗民》诗一首，曰：“澹泊茅庐不世尘，高标宛似伯夷身。相逢试问君家事，本是皇朝故国人。”[④]

（三）山东琅琊人郑先甲

郑先甲，字始仁，又字三新，生于万历四十五年（1617），崇祯年间中进士，娶全州李氏，进士李千奉之女。《明清进士题名碑录》中并没有收录郑先甲，《皇明遗民传》与《郑氏家乘》中亦未提及郑先甲的进士出身，然而吴庆元在其《小华外史续编》中明确记载：“（先甲）崇祯中，举

① 冯荣夔编：韩国《临朐冯氏族谱》，保景文化社 1989 年版，第 75—76 页。

② 冯世周：《风泉集》，载冯荣夔编：《朝宗岩文献录》，朝宗岩再建推进会 1977 年版，第 483 页。

③ 冯世周：《风泉集》，载冯荣夔编：《朝宗岩文献录》，朝宗岩再建推进会 1977 年版，第 198 页。

④ 冯世周：《风泉集》，载冯荣夔编：《朝宗岩文献录》，朝宗岩再建推进会 1977 年版，第 252 页。

进士，以疾辞归。”[①] 冯荣燮编撰的《大明遗民史》《朝宗岩文献录》和《九义士传》等著作，在提到郑先甲时，也均以“进士公”称之，本书所记即以后二者之说为准。

崇祯末年，清军逼近京师，郑先甲欲赴京城抗清，因道路阻绝，寓居野寺。不久，先甲听闻京师陷落，缟衣发丧，日夜恸哭。1644 年，先甲为清军所俘，被执送北京，关入监狱，其后被朝鲜质子谋为管下，在清顺治二年（1645）质子被释放回国时跟随质子来到朝鲜。《小华外史续编》中载：“先是，宣文王以大君馆于沈，而东昌人王美承诸人亦在其中，要与同居，得为管下。”这里所谓的“管下”，即是仆人、役从之意。九义士诸人跟随凤林大君东渡朝鲜后，郑先甲欲留居香山，凤林大君对他说：“无所托乎？”郑先甲说：“愿公子不忘神皇帝恩。”大君对曰：“何敢忘？何敢忘？”[②]

孝宗逝后，郑先甲自觉复国无望，从此居常悒悒，终日寄情于山水之间，徜徉忘归。“及其老也，朝廷致之王京，月赐廪米，俾授译学。”[③] 朝鲜肃宗三年（1677）三月，“以文可尚、郑善甲（按：应为‘先甲’）等善华语，付军职，购屋以处之，训诲译官，贵其为皇朝人也。”[④]1686 年冬，郑先甲以疾卒于皇朝人村，年七十，朝廷赠职吏曹参判。

（四）山东青州人王文祥

王文祥，字汝章，山东青州人，庠生，《小华外史续编》中赞其“少

① ［朝鲜］吴庆元：《小华外史续编》卷 2，《皇朝遗民录·避地东来诸人》，白岳山房文库，崇祯纪元后五戊辰刊。

② ［朝鲜］吴庆元：《小华外史续编》卷 2，《皇朝遗民录·避地东来诸人》，白岳山房文库，崇祯纪元后五戊辰刊。

③ ［朝鲜］吴庆元：《小华外史续编》卷 2，《皇朝遗民录·避地东来诸人》，白岳山房文库，崇祯纪元后五戊辰刊。

④ ［朝鲜］吴庆元：《小华外史》卷 8，白岳山房文库，崇祯纪元后五戊辰刊。

有气节”[①]。崇祯末年，清军侵入山东，王文祥设砦自卫，率士民捕剿，“寇略尽”。甲申之变，京师陷落，清兵破砦，王文祥兵败被俘，被执送沈阳，关入监狱。“先是，正德王为大君时，质于沈馆，闻文祥之来，心奇之，请为管下。”待朝鲜质子东归，王文祥与王以文等人陪从偕来，“至则赐第宫门外，厚其气廪。方招贤募士，将伸大义于天下，文祥拊剑卧薪，待之有年矣。”孝宗赍志而没，反清复明计划就此搁浅，王文祥恸哭曰：“此生之及于死者，不知其几矣，不死而至于今日者，感先王之恩礼，望中原之恢复，王奄弃群臣，吾何以生为？”从此屏居绝迹，每风雨之夕，辄仰天号哭。朝鲜肃宗十四年（1688）卒于皇朝人村，年六十七岁。[②]

（五）山东东昌人王美承

王美承，字继伯，山东东昌（今山东聊城）人，庠生，《小华外史续编》中称其“性慷慨有气义，喜施与，常赈人之急而如不及，由是，人皆感其德而服其义。”[③]王美承曾在乡里举义军抗御李自成军及清军，1644年夏，闻李自成僭号，王美承对县中士民说：“吾与汝俱以大明之臣子，祸变至此，宁可束手待死乎？此正我辈报国之秋也。”于是召募义兵千余人，昼伏夜发，将袭李自成。后因总兵吴三桂开关纳清军，美承进退不得，遂为清兵所执，关入沈阳监狱。“先是，正德王以凤林大君质于沈，有以大君将图恢复之意，言于美承者，美承仍与裴三生诸人求为管下。”孝宗曾念美承孤苦，劝其娶于东邦，王美承对曰：“国仇未报，敢为儿女计乎？”

① ［朝鲜］吴庆元：《小华外史续编》卷2，《皇朝遗民录·避地东来诸人》，白岳山房文库，崇祯纪元后五戊辰刊。

② ［朝鲜］吴庆元：《小华外史续编》卷2，《皇朝遗民录·避地东来诸人》，白岳山房文库，崇祯纪元后五戊辰刊。

③ ［朝鲜］吴庆元：《小华外史续编》卷2，《皇朝遗民录·避地东来诸人》，白岳山房文库，崇祯纪元后五戊辰刊。

声泪俱下，闻者莫不感泣。孝宗与之商讨北伐大计，请他出任朝廷官员，也为他所拒绝："家国俱亡，而托身于大王之国者，宁为仕宦哉？朝鲜之于皇朝，义则君臣，恩犹父子。君父之仇，臣子不可以不报也，王兴义师，为天下倡，以图复仇，则天下之士孰敢不从？臣虽庸愚，亦当冒刃行间，以效一死，区区志愿，永毕于斯。"辞气慷慨，"王益义之"。孝宗逝后，美承日夜悲泣，自是水浆不入口者五日，疽发背，同来诸人劝以药饵，被他拒绝道："北都之变，可死而不死，尚有望于中兴故也，今日事竟不成，天也，不死尚何待乎？"因诵《出师表》抚膺，已而卒，年五十八岁，黄功等诸人收葬，美承遂无后。[①]

（六）山东青州人崔回姐

跟随朝鲜质子赴朝的还有四位崇祯朝的宫女——崔回姐、柔姐、紧姐、屈姐，其中以朝鲜肃宗年间被授予尚宫之职的崔回姐为代表。崔回姐，山东青州府寿光县人，生于明天启五年（1625）十二月十七日，祖鸣吉，外祖支名山，父云溥，为红通知县，还家而生姐，故名之曰回姐，嫁同县秀才张九箫为妻，九箫父为张洙泗。崇祯十五年（1642）被清军所掠，翌年六月进入沈阳质子馆，与王以文的夫人黄氏等人周旋服劳于嫔宫，于1645年跟随朝鲜质子东归。

回姐能画善刺绣，常处宫廷之中，"为人明透，无事不解，多有我国人所不及者。"[②] 回姐晚年时，将出私第而无可归，因与王以文夫人黄氏同侍宫嫔，回姐常念黄氏之德，且怀共难之谊，欲为依归，肃宗命以文曰：

① ［朝鲜］吴庆元：《小华外史续编》卷2，《皇朝遗民录·避地东来诸人》，白岳山房文库，崇祯纪元后五戊辰刊。

② ［朝鲜］吴庆元：《小华外史续编》卷2，《皇朝遗民录·东来皇朝女人》，白岳山房文库，崇祯纪元后五戊辰刊。

“崔宫人是两朝旧物，勤劳甚多，今老无依，愿托于尔家，将若之何？”以文辞曰：“宫人之情则可矜，而出处私家，义有不安，不敢奉命。”其后，回姐遂出居广平田好谦家。[①]

朝鲜肃宗二十五年（1699），朝廷以回姐侍奉屡朝，劳苦功高，特授予其尚宫一职。肃宗下诏指出：“皇朝女子之仳离殊方者，不啻一二，而皆已身故，只有崔回姐一人，侍卫累朝，年延（按：《明遗民录汇辑》中作‘迫’）八十，宜有轸恤。”特令吏曹赐予尚宫之职，亦令地部优给衣资食物。[②]肃宗三十一年（1705）卒，年八十一岁，葬于杨州香花村。

戴名世曾经说过：在“国之夺于人，而君父之死于人”的情况下，“吾力能报焉，而有以洗死者之耻，上也；其次，力不能报而报之，不克而死；最下则忘之；又最下则事之矣。”[③]在国破君亡的情况下毅然跟随朝鲜质子赴朝的九义士诸人就是这样一些“力不能报而报之”的人。柳麟锡（1842—1915）亦云：“处义有三：一曰保华于国，二曰守华于身，三曰以身殉于华。”[④]九义士能够做到“守华于身”,称得上是一群忠义之人。冯三仕曾对孝宗说过：“昔岛夷之屠贵国，我先帝劳天下师救之，朝鲜得以再造，义则君臣，恩则父子。为君父复仇，自两仪肇判以来大经大法也，贵国以三千里箕封，礼义忠顺之行，丁丑下城出于势力之迫，不得已也。古人云：祖宗之仇，臣子之百世所必报，寝苫尝胆以待之可也。”[⑤]他们满怀反清复明之志东渡朝鲜，积极与孝宗谋划北伐大计，期待终有一日能重返故土，为

① ［朝鲜］吴庆元：《小华外史续编》卷2，《皇朝遗民录·避地东来诸人》，白岳山房文库，崇祯纪元后五戊辰刊。

② 阙名朝鲜人：《皇明遗民传》卷7，1936年北京大学影印本。

③ 戴名世：《南山集》卷12，《杂著·八月庚申及齐师战于乾时我师败绩》，文海出版社1988年影印本，第848页。

④ 冯荣夔编：《朝宗岩文献录续集》，保景文化社1982年版，第549页。

⑤ 冯荣夔编：韩国《临朐冯氏族谱》，保景文化社1989年版，第207页。

君父雪耻，然而孝宗骤然离世，他们的北伐计划也随之搁浅，九义士成员之一、大同庠生柳溪山就曾说过："国王在沈也，有卧薪尝胆之志，悲愤益切，故吾等出万死千里以从，及夫东还，时移势异，大计不就，那堪终天之痛乎！"[①]

虽然九义士诸人的愿望终未能实现，但他们的忠义之举仍然赢得了朝鲜君臣的普遍尊重。朝鲜学者对九义士之义行大加赞赏，金平默认为："九人之义，其耀日月而轩天地，亦与我东之斥和学士、修攘诸公同归。"[②]宋秉璇在其《渊斋集》中也说："历选千古，以天子而殉正，惟一崇祯皇帝而已，忠臣义士亦莫如大明之多，而往往有专城死节者，此莫非皇上所授之义耶？噫，彼黄王诸人不能杀身报主，羁旅外国，悲愤以没，世可谓戚矣！我孝宗大王自在燕沈，奋然有薪胆之志，寤寐英豪，以酬圣心，而中道崩殂，大义莫伸，此岂独东方万世之遗恸也哉？"[③]他们进而请求朝廷彰显九义士之义举，优待九义士后孙，以尽尊周之义。李种永在其所作《朝宗岩志后叙》中就说："中国之人，东入我邦，为世显阀，如延李唐洪，不可一二数，而独九义士、胡翰林家，本皇朝名族，亲于其身，忠义高节，又足以贲之神明而顾，使其子孙屈辱于汉旅之名、中路之贱，何义也？路马且可式，屋乌且可爱，堂堂王人之孙，藉乃祖之忠义者，反不如鸟马之微乎？如是而示天下曰吾尊周也云尔，则百世之下，其肯许之乎？此殆前世偶未之讲，以俟后圣而变通者也？当自朝廷大加商确，凡清宦显职，随其才学，无不许通铨曹备望，一与士夫通同，毋为异言所挠而因循所误，

① 王德九：《皇朝遗民录》，载冯荣燮编：《大明遗民史》下卷，保景文化社 1989 年版，第 241 页。

② ［朝鲜］金平默：《重庵集·九义士传》，载冯荣燮编：《大明遗民史》下卷，保景文化社 1989 年版，第 242 页。

③ 冯荣燮编：《大明遗民史》下卷，保景文化社 1989 年版，第 228 页。

持之如金石，使无向隅之恨，以尽尊周之实也。”[①] 事实上，朝鲜王朝为表达其尊周之义和对明朝的感激之情，也的确对这些出身“皇朝名族”的明末赴朝移（遗）民及其后裔实行了诸多优待和宽容之策。

济南人王以文、临朐人冯三仕、琅琊人郑先甲、青州人王文祥及东昌人王美承，九义士之中的这些山东籍人士大都有过举义兵反清的经历，说明这是一群不甘心被命运摆布、勇于抗争的山东人。国破君亡，他们选择了移居朝鲜，之所以会出现这一局面，一方面是他们成为朝鲜质子管下这样的机缘巧合，质子对清朝的仇恨和对明朝的报恩思想，使他们强烈感觉到移居朝鲜后有望实现反清复明的理想；另一方面，朝鲜王朝长期奉行事大慕华的政策，对明朝始终怀有深切的感激之情，其对明代移民实行的诸如赏赐衣食物资、特设忠良科等一系列尊重和优待政策，是这些赴朝山东移民能够历劫不衰、在朝鲜保持门第不坠的一个重要原因。

四、因避乱而漂流朝鲜者

山东与朝鲜在地理位置上相邻近，两地之间交通的便利使得明朝时期东渡朝鲜的山东人或由山东渡海而漂流朝鲜者，均不在少数。至明末清初，因不愿臣服于满族统治下的清朝政权，避乱朝鲜者，为数尤多。正如麻蓬直在《东征将相遗后录》中所说：“逮至崇祯甲申，建虏入据中原，天下举将左衽，当此时，不欲染彼胡俗志士，避地东来，其数甚多，或由陆渡浿，或浮海而东。管宁之居辽，梅福之避吴，与我一心。正所谓天意人事，

---

① ［朝鲜］李种永：《朝宗岩志后叙》，载冯荣夔编：《朝宗岩文献录后集》中卷，《朝宗岩志》，保景文化社 1987 年版，第 800 页。

凄怆而伤心者也。”[①]

（一）山东曲阜人孔枝秀

孔枝秀与元时奉命出使而留居朝鲜的孔绍同为孔子后裔。根据《皇明遗民传》中的记载：清军入据中原，孔枝秀避地东去朝鲜，“清人刷之急，人皆畏祸不敢匿，独许东昱（按：《小华外史续编》中作‘苙’）匿之以免。东昱亦节义人也。”[②]孔枝秀后居晋州以终。

（二）山东登州人金长生

金长生，字永年，生于万历四十四年（1616）八月二十六日，渔民，家世不可详考，世居山东登州府，为寒门孤族。长生七岁时，父母双亡，寄养于姨家，师从袁圣献。稍长，“器宇轩昂，志气慷慨”，曾远游博观，“壮其志，广其虑，不事文词才艺，虽乡党州闾，不知者则或以为迂诞妄率而有所不齿焉。”[③]明崇祯七年（1634）春，金长生与同为登州渔民的韩登科、刘太山二人乘一小舟浮于东海之上，往来岛屿，捕鱼为生。是年秋九月上旬，忽遇大风，越二日，漂泊于朝鲜平安道宜川郡南界，遂潜身匿迹于山泽林薮之间，乞食于村里。后转至湖西，留居于扶安境，以卖履捕鱼糊口资生。其后流落关北之文川地，韩登科、刘太山二人先后没世，长生以单身孤影，无人可依，乃娶邑人清州杨景胤之女，育有一子。长生卒于朝鲜肃宗十三年（1687），年七十二岁，葬于江原道伊川山外面求厌洞附近。子孙世居谷山清溪面古老里，后孙金龟河在其所撰家谱中详细记载了金长生避居朝鲜前后的情况，称其“以孤露余生，夙遭险衅，陷经艰苦，

① 冯荣燮编：《大明遗民史》下卷，保景文化社 1989 年版，第 113 页。

② 阙名朝鲜人：《皇明遗民传》卷 7，1936 年北京大学影印本。

③ 《冯氏世稿·再造藩邦志》，载冯荣燮编：《大明遗民史》下卷，保景文化社 1989 年版，第 109 页。

及东渡以来，至痛在心，隐忧满面，喜怒未尝一形于色，常以一布衣一箪食，终身无易，有若方外人也。”[①]

（三）明朝中叶自琅琊避乱朝鲜者化明臣

化明臣，本姓花，名光新，出身官宦世家。《大明遗民史》中记载：光新以清风高节，不肯仕进，退居山东琅琊之花村台。“及胡虏袭破琅琊，乃叹曰：‘时事渐危，何忍息食于此，以奉先祀乎？吾闻哲人知机而作，夫朝鲜以礼义之国，素与大明相亲，住居则可无愧于心。’因尽散产业，与私从浮海而东。”花光新居于庆州之沼灵台，作诗曰：“昔在大明花丛里，今作东都第一闲。”诗成付于壁上，时当朝鲜成宗时期（1470—1494），成宗闻而奇之，名之曰“明臣”，并下谕指出：“花氏归来我国，以向化之义，赐姓化氏。”赠职都承旨，封庆城君。[②]

（四）明末自登州避乱朝鲜者浪础

浪础曾任崇祯朝兵部侍郎，屡有边功，因被奸臣所陷，去官归隐，谪居山东登州。甲申之变，崇祯殉于社稷，浪础亦欲蹈海而死，遂与其弟礎乘一木舟浮于海上，纵其所如，漂至黄海道，遇朝鲜瓮津县吕姓人渔于海滨，携归其家，使之留居，且以其女妻之，浪础遂居其地。后迁舒川，又分籍晋州。[③]

（五）明末自登州漂流朝鲜者胡克己

胡克己，宋文定公胡安国十五世孙，万历庚申进士，吏部尚书胡士表

---

① 《冯氏世稿·再造藩邦志》，载冯荣燮编：《大明遗民史》下卷，保景文化社 1989 年版，第 109 页。

② 《晋阳化氏世谱·晋阳化氏世系浚源录》，载冯荣燮编：《大明遗民史》上卷，保景文化社 1989 年版，第 439 页。

③ 《朝鲜氏族统谱》海东姓氏考，转引自牟元珪：《明清时期中国移民朝鲜半岛考》，载复旦大学韩国研究中心编：《韩国研究论丛》第 4 辑，1998 年，第 330 页。

之子，《皇明遗民传》中称其“好文章，晓天文地理、医药卜筮之术。”[①]崇祯十六年（1643）冬，自登州漂至朝鲜之凤山郡，流落北关。胡克己曾作《述怀》诗曰：“白云千万里，芳草故园春。登游大乘寺，身是楚乡人。故国千年泪，他乡万里身。清凉山夜月，有鸟恨王春。”[②]表达出对故国深深的怀思之情。

第三节　籍贯地理分布

麻蓬直在《东征将相遗后录》中曾经说过：“彼此俱以华人，不幸为海外羁旅之人，怀土之恋，栖遑之苦，尔我一般情。凡我华族，虽居各处，随其逢着，款若亲戚。虽百世之后，诸家子孙，共守此义。姻娅必求其类，祸福期于共济，一以示不忘本，一以示羁旅怀。噫，东来之意，亶出于避地，而宗国已亡，家族俱没，自念身世，即一天地间累人，苟全性命，不求荣达，庶可为自靖之道。采山钓水，随分优游，以送岁月。惟吾辈相勉相戒，至于子孙，勿替此义，同心合力，相依东土。”[③]以上所述各位赴朝移民，在移居朝鲜之前，主要生活在山东这一儒家思想的发源地，加之他们大多出身仕宦之家，自幼受到良好的教育，因而头脑中的忠君思想和民族意识都非常强烈。

这些有资料可考的赴朝山东移民在原籍分布上还有一个特点，即这些移民世居之地基本位于山东沿海或运河沿岸地区，属于对外交往的交通要

① 阙名朝鲜人：《皇明遗民传》卷 7，1936 年北京大学影印本。

② 《尊周汇编》，载冯荣燮编：《朝宗岩文献录后集》上卷，保景文化社 1987 年版，第 757 页。

③ 冯荣燮编：《大明遗民史》下卷，保景文化社 1989 年版，第 113 页。

道和南北方文化的融合之地，这样的籍贯分布对他们形成积极开放的心态，能够在特殊时期毅然选择离乡背井、移居海外，均具有一定的影响。

第四章　明代山东移民的家世考察

明朝时期，海禁政策曾盛行一时，这在很大程度上限制了国人走向海外、与海外进行交往的进程。在“海禁”的社会大背景下，除非是奉命出使，否则封建政府对于因避乱逃难移居海外者，均极力反对、一味禁止，更有甚者，因部分移民还有反满抗清的经历，清统一全国后更是将他们视为叛贼，甚至三代之内不能被收入国内族谱中，所以尽管他们出身仕宦家庭，但国内的正史、地志、文集中对他们却鲜有记载，对其父、祖的情况也讳莫如深，这就为详细了解他们的家世情况尤其是其父、祖辈的状况造成一定困难，所以对此问题的探讨，主要还是以韩国史料为依据。在此主要根据冯荣燮所编的《大明遗民史》《朝宗岩文献录》、吴庆元的《小华外史》与1936年北京大学影印本《皇明遗民传》中的记载，再结合韩国实录、文集等资料，对这些山东移民的家世情况进行考察，因资料所限，这一考察并不能及于移民群体中的每位成员。

第一节　家世个案考察

从笔者目前所掌握的资料来看，明代移居朝鲜的山东移民中，冯三仕、王以文、郑先甲、化明臣等人的家世资料相对比较丰富，在此仅对他们的家世情况进行个案研究，以期窥见这一移民群体在家庭出身和学术背景方面之显著特色。

一、临朐人冯三仕的家世情况

冯三仕出身于人称“北海世家”的山东临朐冯氏家族。临朐冯氏家族是明清时期的名门望族，也是一个蜚声海内外的文学世家。自明朝正德至清朝康熙年间，冯氏家族连续七代人中代有进士，家族成员仕途显赫，位至二品以上官职者四人，有八人在正史中有传。明万历年间的冯琦，官居礼部尚书，清康熙时期的冯溥，官至文华殿大学士；同时临朐冯氏文学成就突出，在诗歌、散曲、杂剧等方面成果颇丰，并形成了自己的家族特色，有四人的诗文集被收入《四库全书》。冯氏家族蜚声政坛、文坛，政事、文章并举，时人称为“北海世家”，有“以彼父子质行齐鲁，诸儒莫及”[①]之说。清初著名文学家王士祯评价为：“二百年来，海岱间推世学者，必首临朐冯氏。”[②]明朝末年，临朐冯氏后裔冯三仕跟随在清朝为人质的朝鲜世子东归，其后世遂在朝鲜繁衍生息。笔者首先以《冯氏家传》《冯氏世录》及正史、方志、文集等资料为依据，对身处国内的明清时期临朐冯氏家族中几位重要代表人物的政绩与文学成就进行钩沉梳理，之后根据韩国《临朐冯氏族谱》，对避居朝鲜的冯三仕父、祖的情况做出考察，以便较为全面地展示冯三仕这位赴朝山东移民的官宦出身和学者背景。

自明朝正德年间至清朝康熙时期，二百多年的时间里，临朐冯氏家族

① （明）李维桢：《大泌山房集》卷 65，《冯氏家传》，四库全书存目丛书集部第 152 册，齐鲁书社 1997 年版，第 116 页。

② （清）王士祯：《佳山堂诗集序》，见冯溥：《佳山堂诗集》，四库全书存目丛书集部第 215 册，齐鲁书社 1997 年版，第 14 页。

七代人中中进士者十二名、举人十一名，是其时著名的科举望族。《明史》中称：自冯裕以下，冯氏家族“累世皆进士”[①]。

冯氏祖籍山东临朐县仁寿乡盘羊（今盘阳），其家族兴盛自冯三仕六世祖冯裕开始。冯裕（1479—1545），字伯顺，号闾山，“以戍籍生于辽东。师事贺钦，有学行”[②]。弘治十七年（1504）举人，正德三年（1508）进士。冯裕先祖冯才兴是元代万户侯，明洪武二年（1369），“诏简山东之民三户徙一人戍辽”[③]，冯才兴的长子冯思忠应征赴辽东广宁左卫十三站五家屯守边关，任千户指挥佥事，入军籍。戍辽后，冯思忠生子福通（1402—1449），福通育有四子，除长子冯春（1417—1462）外，其余三子皆无后。冯春子冯振（1450—1490），字文景，赠奉直大夫、南京户部郎中，冯振生子冯裕，自冯思忠由临朐徙辽，传至冯裕五代，百余年间，冯氏族人只留冯裕一支。嘉靖六年（1527），冯裕调任甘肃平凉知府，受命后，携家人自南京赴任，路过青州，祭先祖之墓，大会乡党，复籍临朐，命长子惟健、五子惟讷与七子惟直陪同母亲留居府城益都，携次子惟重、四子惟敏至平凉赴任。正如《益都县图志》中所说：“（冯裕）道过青州，省先人冢墓，乃还旧籍而居益都焉，以后期改知石阡府。”[④]光绪《临朐县志》中亦载：“道出青，裕乃大治具上先人冢墓，会其乡党父老，欢洽道，故复还家临朐，命子惟健以眷属居郡城，而独之平凉，以后期改知石阡。”[⑤]据冯惟敏在《冯氏世录引》中记载，冯氏“嘉靖初复归于临朐，族之耆辈言：吾

① （清）张廷玉等：《明史》卷216，《冯琦传》，中华书局1974年版。

② （清）张廷玉等：《明史》卷216，《冯琦传》，中华书局1974年版。

③ 冯裕：《冯氏世录·冯氏先陇表》。

④ （清）张承燮修，法伟堂、孙文楷纂：光绪《益都县图志》卷49，《外传》，光绪三十三年刻本。

⑤ （清）姚延福修，邓嘉缉等纂：光绪《临朐县志》卷14，《人物》，成文出版社1976年影印本，第592页。

祖于前代为万户侯，有遗冢焉，今凌夷久矣，为某者宅其上，当质之官府云。府君愀然不应，宅之者固巨室也，然其故，固不可知矣。”[①]可以说，在冯思忠迁往辽东之前，冯氏在临朐的情况已不可详考，临朐冯氏家族的真正崛起是从始迁祖冯裕开始的。

冯裕自幼父母双亡，由叔祖母池氏抚养长大，他勤学苦读，于正德三年（1508）中进士，历官松江府华亭县知县、安徽萧县知县、晋州知州，所至多有惠政，尝谓“希宠者负君，媚人者负己，谋身者负人，生平盖三无负矣。”[②]正德十年（1515），冯裕升任南京户部湖广清吏司署郎中事员外郎，掌出纳。嘉靖六年（1527）调任甘肃平凉知府，次年改调贵州石阡知府，十三年（1534）迁任贵州按察司副使，上任不到一年即解官归乡，与石存礼、刘澄甫、陈经、杨应奎等人于青州北郭禅林寺结成“海岱诗社”。后来，冯裕曾孙、礼部尚书冯琦辑冯裕等人诗作为《海岱会集》十二卷，付梓传世，内收冯裕历年诗作一百二十八首，别为《方伯集》，又编入《五大夫集》与《北海集》中。冯裕育有七子，除三子、六子与七子庠生惟直早卒外，其余四子皆知名于时，人称“临朐四冯”。

冯惟健（1501—1553），字汝至，号陂门、冶泉，冯裕长子，嘉靖七年（1528）举人，弱冠即有文名，著有《陂门集》和《南征圣泉赋》等。冯惟重（1504—1539），字汝威，号芹泉，冯裕次子，“十岁属文，观书数行俱下，有会于心，辄手录之，弱冠补辽东广宁卫庠生。”[③]嘉靖初年随父还籍临朐，改郡庠生。嘉靖十三年（1534）中举人，十七年（1538），

① 冯惟敏：《冯氏世录·冯氏世录引》。

② （明）李维桢：《大泌山房集》卷65，《冯氏家传》，四库全书存目丛书集部第152册，齐鲁书社1997年版，第113页。

③ （清）姚延福修，邓嘉缉等纂：光绪《临朐县志》卷14，《人物》，成文出版社1976年影印本，第595—596页。

与五弟惟讷中同榜进士，留任京都，为行人司行人，有《大行集》传世。冯惟敏（1511—1578），字汝行，号石门、海浮，冯裕四子，嘉靖十六年（1537）举人。在整个冯氏家族中，其文学成就是最为突出的，是明代著名的散曲家，其散曲作品风格继承了元代豪放派的传统，有“曲坛上的辛弃疾”之称。作品有《山堂词稿》《击节余音》《石门集》等。同时冯惟敏还是一位杰出的剧作家，杂剧代表作有《梁状元不伏老》《僧尼共犯传奇》等。冯惟敏参与修订了临朐县第一部县志——嘉靖《临朐县志》，担任总纂官，历官直隶涞水知县、镇江府教授、保定通判，并修订万历《保定府志》。冯惟讷（1513—1572），字汝言，号少洲，冯裕五子。据《明史·冯琦传》记载：“惟重、惟健、惟讷皆有文名，惟讷最著。”[①]嘉靖十三年（1534）举人，十七年（1538）进士，历官宜兴知县、魏县知县、蒲州知州、扬州同知、松江知府、南京户部郎中等职，嘉靖三十年（1551）补兵部车驾郎中，出任陕西按察佥事，备兵陇右道，驻扎秦州。后升任山西布政司右参政，四十五年（1566）升山西按察使，随后历迁陕西右布政使、江西左布政使，隆庆五年（1571），以江西左布政使加光禄卿致仕。冯惟讷不仅在兄弟四人中仕途最显，而且其文学成就亦相当突出，著作有《冯少洲集》《光禄集》《楚辞旁注》《选诗约注》《文献通考纂要》《杜诗删注》等，他辑录的《古诗纪》156卷和《风雅广逸》8卷，并收入《四库全书》，修订青州第一部府志——嘉靖《青州府志》18卷。《渔洋诗话》中说：“冯氏自闾山先生起家进士，以诗名海岱间，有四子惟健、惟重、惟敏、惟讷，皆有诗名。”[②]惟健著有《陂门集》，惟重著有《大行集》，惟

① （清）张廷玉等：《明史》卷216，《冯琦传》，中华书局1974年版。

② （清）王士祯：《渔洋诗话》卷上，文津阁四库全书集部第496册，商务印书馆2005年版，第528页。

敏著有《石门集》，惟讷著有《光禄集》，四人诗作加上冯裕的《方伯集》，被冯琦辑为《五大夫集》与《北海集》。明万历进士、礼部尚书余继登认为，冯裕之子“四登科第，并以文章政事擅名于时，东海冯氏遂有声称于天下。”①

冯子咸（1548—1596），惟健次子，万历元年（1573）举人，著有《日进札记》《自警私录》《读礼抄记》《耕余笔谈》等。《明史》中记载，子咸“讲求濂、洛之学，尝曰：‘为学须刚与恒。不刚则隳，不恒则退。’治家宗颜氏家训。钟羽正称‘子咸信道忘仕则漆雕子，循经蹈古则高子羔’云。”②他重礼尚义，以昭明道统为己任，是冯氏家族中践行理学思想的代表。冯子履（1539—1596），字礼甫，号仰芹，冯惟重子，隆庆元年（1567）举人，次年中进士，历任直隶固安知县、兵部车驾司主事、职方司员外郎、山西按察司佥事、山西布政使司参议、山西按察司副使等职。万历十三年（1585）出任和州知州，后迁陕西按察使司佥事，治秦州，“尤多惠政，秦民为置生祠”③。万历十六年（1588）升山西参议，次年迁河南副使，二十一年（1593）迁河南参政。子履长子冯琦（1558—1603），字用韫，号琢庵，“幼颖慧绝人，授书日记千言，一经目终身不忘，十岁能文章，嗜学昼夜不辍。”④万历四年（1576）举人，五年（1577）中进士，随后即被选为翰林院庶吉士，万历七年（1579），授翰林院编修，十年（1582），授翰林院修撰，次年充经筵展书官，十四年（1586）任会试同考官，是年奉命

① （明）余继登：《淡然轩集》卷6，《墓志·明通奉大夫光禄寺卿少洲冯公墓志铭》，文津阁四库全书集部第431册，商务印书馆2005年版，第583页。

② （清）张廷玉等：《明史》卷216，《冯琦传》，中华书局1974年版。

③ （清）姚延福修，邓嘉缉等纂：光绪《临朐县志》卷14，《人物》，成文出版社1976年影印本，第614—615页。

④ （明）李维桢：《冯氏家乘》，清抄本。

编纂六曹奏章，值起居注。1587年，冯琦参与编撰《大明会典》告成，因功升侍讲学士，负责文官诰敕，次年任湖广乡试主考。万历十七年（1589），冯琦任经筵讲官，升右春坊右谕德，后历任左庶子、少詹事兼翰林院侍读学士、礼部右侍郎、吏部右侍郎、吏部左侍郎，官至礼部尚书，逝后赠太子少保，谥文敏。著作有《宗伯集》《五大夫集》《北海集》《两朝大政记》《唐诗类韵》《通鉴分解》《宋史纪事本末》《经济类编》《海岱会集》等，其中后三书并收入《四库全书》之中。

冯瑗（1572—1624），惟敏孙，字德韫，号栗庵，万历二十二年（1594）举人，次年中进士，历任湖广茶陵知州、泽州知州、户部贵州司员外郎、云南司郎中、山西参政、开原兵备道兼河南布政司使，著有《黄龙纪事》《冶源园居即事诗十首》、万历《开原图说》等。所纂《开原图说》二卷，为开原现存最早的志书。冯琦所纂《经济类编》一百卷，生前仅成手稿，粗分四类，冯琦去世后，由冯瑗复加整理，分类排比成书，定为帝王、政治、储宫、宫掖、臣、谏诤、铨衡、财赋、礼仪、乐、文学、武功、边塞、刑法、工虞、天、地、人伦、人品、人事、道术、物、杂言等二十三大类，事迹、文章均有收载，正史、杂史、诸子百家无不辑录，该书以其重要的史料价值成为官家经国济民之备。冯珣（1562—1604），惟讷孙，字季韫，号璞庵，历官长武知县、咸阳知县、交河知县、兴安知州、汉中府同知等职，著有《韫璞斋稿》。冯士标，惟健曾孙，字端明，号宗尼，崇祯进士，顺治二年（1645）任兵部武选司主事，后历官陕西按察司佥事、福建按察司副使，有《西征集》传世。冯士衡，惟讷曾孙，任孝丰知县，颇有政绩，逝后入祀孝丰名宦祠，有手迹《西苑诗》存世。冯溥（1609—1691），士衡次子，字孔博，号易斋、云海，崇祯十二年（1639）举人，清顺治四年（1647）中进士，授翰林院庶吉士，次年授编修，后升秘书院侍读学士，累官吏部右侍郎、吏部左侍郎、都察院左都御史、刑部尚书，康熙十年（1671）升文华殿大学士，兼理刑部，成为临朐冯氏家族中官职最高的一位，著有《佳山堂诗集》十九卷。

冯三仕为冯裕六世孙、二支冯惟重后裔，被韩国冯氏列为东迁始祖。冯三仕的父亲为冯秀，祖父冯士述、曾祖父冯瑗。韩国《临朐冯氏族谱》中对于冯瑗的记载是这样的："冯瑗，字德韫，庚辰（明万历八年，西纪一五八〇）进士，户部左侍郎，山东科都官。配青松李氏，子一士述。"[①] 祖父惟重，父子履。国内的临朐冯氏族谱中也有关于冯瑗的记载，但与上述说法不同的是，这里的冯瑗虽然同样字德韫，却是万历二十三年（1595）进士，祖父惟敏，父子升。两人出自冯氏不同的支系，且中进士的时间与仕途经历亦不相同，可见不是同一个人。冯三仕因曾经反满抗清，而清朝最终统一全国，三仕又避走朝鲜，所以自冯三仕以上三代，包括其曾祖父冯瑗、祖父冯士述和父亲冯秀，均未能被收入国内的临朐冯氏族谱中，这也就能够解释为什么国内的族谱中冯惟重一支没有关于冯瑗的记载，只是同辈人中出现名和字完全相同的两个人，却是不常有之事。冯三仕的祖父冯士述和父亲冯秀未被列入国内的临朐冯氏族谱中，但根据韩国族谱，仍然可以了解其大致情况。"士述，字肃度，壬辰（明万历二十年，西纪一五九二）进士，吏部科都给事兼春坊左赞善。配陇西李氏，子一秀。""秀，字茂哉，号山光，丙午（明万历三十四年，西纪一六〇六）进士，兵部侍郎兼左副都御史都察院。配蒲州杨氏，户部尚书俊珉（按：应为'民'，杨俊民，1531—1599，字伯章，号本庵，嘉靖四十一年进士，历官户部主事、礼部郎中、河南提学副使、太仆少卿、兵部左侍郎、户部尚书、太子少保、太子太保，逝后赠少傅兼太子太傅。）之女，子一三仕，女适麻舜

① 冯荣夔编：韩国《临朐冯氏族谱》，保景文化社 1989 年版，第 69 页。

裳，父岩、祖承恩、曾祖贵丁酉再乱东援，子蓬直、孙绢蚕。仁祖五年丁卯，舜裳东来，贯上谷。”①

从以上所述冯氏家族各位成员的政绩和文学成就来看，冯氏族人，为官者称得上是勤政爱民、吏才突出，为学者亦可谓文采显耀、颇具诗名，他们针砭时弊，关心百姓疾苦，且政治、文学才能突出，冯三仕出身于这样一个仕宦家庭，长辈们的德行、吏能和才学，或多或少地都会渗透于对他的日常教育中，对他的为学为人产生深远影响。

二、济南人王以文的家世情况

王以文之父为兵部职方清吏司员外郎王忠推，字礼守，母为河南杨氏，吏部尚书杨有仪之女。祖父王楫，字济川，又字梦符，号利川，崇祯年间名臣。王楫中万历四十七年（1619）进士，与崇祯初年担任兵部尚书兼右副都御史的袁崇焕同榜，历官柘城知县、安邑知县，后升任户部主事，负责司理军饷。“山海关兵变，阁部及道蒙难，楫独全。”崇祯皇帝赞誉为“噪怨不及，操守可知。”②迁固原道，旋即升宁夏巡抚、都察院右佥都御史。③崇祯九年（1636）二月，宁夏兵变，王楫“以廉介执法忤悍将”，不幸遇害，“朝野伤之”，④其后兵备副使丁启睿捕斩首恶六人，兵乱乃定。⑤其弟王槚，字从川，以孝闻。

---

① 冯荣燮编：韩国《临朐冯氏族谱》，保景文化社 1989 年版，第 69 页。

② （清）徐宗干修，蒋大庆等纂：道光《泰安县志》卷 9，《人物 · 王楫传》，道光八年刻本。

③ （明）高承埏：《崇祯忠节录》卷 26，清抄本，收入北京图书馆出版社古籍影印室辑：《明代传记资料丛刊》第一辑，第 14 册，北京图书馆出版社 2008 年版，第 212 页。

④ （清）徐宗干修，蒋大庆等纂：道光《泰安县志》卷 9，《人物 · 王楫传》，道光八年刻本。

⑤ 印鸾章、李介人修订：《明鉴》卷 8，据 1936 年世界书局版影印，中国书店 1985 年版，第 543 页。

王楫年少时读书青岩居，师从明代著名学者宋焘。宋焘（1571—1614），字岱倪，号绎田、青岩，山东泰安肥城县宋孝门村（今肥城市汶阳镇宋孝门村）人，《明史》中有传。

宋焘于万历二十九年（1601）中进士，随即被选为庶吉士、翰林院编修，后改任御史，巡按江南，兼督学政，力纠当时文坛靡靡之风，其道德文章皆为时人所推崇。因言事而罢官归田，设青岩居著书讲学，与东林党人相往复，清末名士缪润绂作诗赞誉他："绎田肩道义，志与东林俱。"万历四十年（1612），宋焘撰《泰山纪事》三卷刊行，该书"一卷曰《天集》，记天神事；二卷曰《地集》，记古迹；三卷曰《人集》，记名宦人物。"[①]《明史·艺文志》中载该书有十二卷，[②]有误。他搜寻古迹，考订史实，著成《州志补遗》一书，另有诗集《青岩居草》《落花全韵》等。万历四十二年（1614）五月卒于家，年四十四岁，葬于城西八里上旺村凤凰岭下。清人周文光曾作《拜绎田先生墓》一诗，曰："山环水抱郁层丛，马鬣高眠太史公。浩荡泉流先正派，萧飕岭木古遗风。怀殷著述青岩下，羁脱趋陪紫绶中。莫向东林生感慨，清光犹射夕阳红。"[③]宋焘被后世尊为"泰山五贤"之一，天启初，赠光禄少卿。[④]崇祯七年（1634），王楫作《宋绎田先生传》，寄托对先生深切的哀思。[⑤]

---

① （明）宋焘：《泰山纪事》，附《四库全书总目·泰山纪事三卷》提要，四库全书存目丛书史部地理类第232册，齐鲁书社1996年版，第633页。

② （清）张廷玉等：《明史》卷97，《艺文志二》，中华书局1974年版。

③ 参见喜阅网之《泰山晨刊》第20090424期，http://epaper.xplus.com/papers/tsck/20090424/n121.shtml。

④ （清）张廷玉等：《明史》卷230，《宋焘传》，中华书局1974年版。

⑤ 葛延瑛等修，孟昭章等纂：《重修泰安县志》卷12，《艺文志·选著一（下）》，民国十八年泰安县志局铅印本。

明代史籍中多处显示，王楫是明代泰安州人[①]，其故里在今范镇柴家庄，逝后葬于村西汶河边，柴家庄北道旁原有王楫神道碑，文革中被毁。天启六年（1626），时任户部主事的王楫还为家乡撰《重修庙学记》一文。[②]《韩国人的族谱·济南王氏》中记载，王以文之祖王楫曾担任陕西按察使、巡抚使兼都御史，战死于宁夏大战。[③]笔者经查阅山东省方志资料，再结合中韩古籍中关于王楫的记载，发现只有泰安人王楫符合“崇祯名臣”“宁夏遇难”等一系列说法。在朝鲜的王氏后裔曾向朝鲜国王进《万历三科便览》，言其家世，及先祖王楫科考情况，文中清楚表明，王以文祖父王楫，“登己未（1619）科，与袁公崇焕同门生，官至陕西按察使”[④]，所以可以确定泰安人王楫当是王以文的祖父。然而《大明遗民史》中明确记载，王以文的故里在山东济南府。根据嘉靖《山东通志》可知，明朝时期，泰安州属济南府，[⑤]所以依笔者推断，如果《大明遗民史》中所载无误，那么王以文的籍贯济南很可能是从大的概念范围来讲的，还有另一种可能就是王楫子孙在其身后迁至济南府地，当然这只是笔者的推测，还需要查阅王氏族谱等资料以做进一步证明。

---

① （明）高承埏：《崇祯忠节录》卷26，清抄本；印鸾章、李介人修订：《明鉴》卷8，据1936年世界书局版影印，中国书店1985年版；（清）徐宗干修，蒋大庆等纂：道光《泰安县志》卷9，《人物·王楫传》，道光八年刻本。

② 《肥城县志》卷5，《学校志》，光绪十七年刻本。

③ 冯荣燮编：《大明遗民史》上卷，保景文化社1989年版，第134页。

④ 李麟祥：《凌壶集·三科便览跋》，载冯荣燮编：《大明遗民史》下卷，保景文化社1989年版，第46页。

⑤ （明）陆釴等纂修：嘉靖《山东通志》卷2，《建置沿革上·泰安州》，四库全书存目丛书史部地理类第187册，齐鲁书社1996年版，第740页。

三、琅琊人郑先甲的家世情况

郑先甲之父为无锡知县、钦差河南巡按升吏科给事中郑应聘，母为兖州朱氏，南宫知县升吏部考功郎中朱士儒之女。祖父郑勋，汝宁知府。曾祖郑文谦，进士，初为嘉靖年间翰林院庶吉士，转翰林院编修，后升任詹事府左春坊太学士、吏部左侍郎。[①]

四、化明臣的家世情况

化明臣本姓花，名光新，朝鲜成宗为其改名“明臣”，并赐姓化氏，出身官宦世家，明朝中叶自山东琅琊浮海而东，避乱朝鲜。明臣六世祖花云龙，明开国功臣、大司马、大将军、领尚书事，谥号忠庄公；五世祖花善，尚书令、燕王太傅，谥号文敬公；玄祖花圣春，同平章事、礼部尚书，谥号元正公；曾祖花拨，太子侍郎；祖父花蓁，礼部侍郎迁赵王相；父花枰，字文吉，吏部尚书，封安国公，谥号诚信公。[②]

---

① ［朝鲜］金平默：《重庵集·九义士传》，载冯荣夔编：《大明遗民史》下卷，保景文化社1989年版，第245页。

② 《晋阳化氏世谱·晋阳化氏世系浚源录》，载冯荣夔编：《大明遗民史》上卷，保景文化社1989年版，第439页。

第二节　家世特征分析

这一山东移民群体中的大多数人出身官员家庭，虽然此处只论及四人的家世情况，但结合前文论述可知，这些移居朝鲜的山东移民，本人或父祖辈大都曾有为官经历，有的甚至官居高位。

明清时期以科举为选拔官员的一种主要形式，尤其是明中期以后，官员的选拔多由进士出身，这些赴朝山东移民的祖、父辈能够在朝为官，一般就是以科举进入仕途。山东历来教育、文化氛围浓厚，士子们十年寒窗、勤学苦读，尤其适应这种以科考定胜负的应试教育制度，所以当时以诗书起家的官宦家庭较多。这些家庭中的成员因刻苦攻读在科举考试中脱颖而出，进入仕途，自然会格外重视对子女的教育，所以可以想见，这些赴朝山东移民自幼即拥有家庭所提供给他们的良好的教育环境，具有较高的文化基础，同时父慈子孝、兄友弟恭及修身、齐家、治国、平天下的理念早已根植于他们心中，而长辈们为人、为官、为学的经验也对他们造成潜移默化的影响，耳濡目染，必然对他们个人才学和能力的培养起到关键作用。而另一方面，这种作用和影响世代相承、延续相继，使得这些身处朝鲜的山东移民在子女的教育问题上自然也会借鉴其父祖辈的经验，以儒家传统的思想道德观念为指导，将子女培养成与他们同样的忠贞仁厚、侠义果敢之人，以致这些移民的后裔们虽自小即身处异域，却仍对祖国怀有深厚的感情。同时，他们继承了父祖辈的家学传统，自幼诵读诗书、习文作赋，拥有文化上的优势，而且自年少时即受到长辈们为人处世经验的熏陶，对其学识和能力的发展不无裨益。

九义士之中的冯三仕、王以文、郑先甲等人皆出身仕宦之家，父祖均为明代名臣。冯三仕是山东临朐冯氏这一名门望族之后，王以文是崇祯名臣王楫之孙，郑先甲是嘉靖间吏部左侍郎郑文谦曾孙、崇祯年间的进士，避居朝鲜后，他们拒绝了朝鲜孝宗出仕的请求，却积极帮助孝宗谋划北伐大计，由此可见其坚毅忠贞、忠君爱国的性格特征，而这也和他们的家庭出身、自幼所受的教育不无关系。

第五章　移居地对明代山东移民的政策与态度

这些山东移民之所以选择朝鲜为移居地，除了地理条件的便利、文化习俗的相近等因素外，还有一个重要原因就是朝鲜君臣的事大主义和尊周思明[①]理念。终明之世，朝鲜对明朝怀有强烈的尊崇和感恩之心，正是基于这样的形势，他们对这些居留朝鲜的山东移民及其后代采取了宽容友好、尊重优待的态度，称他们为皇朝人、皇朝人子孙，免其钱粮兵役、厚赐衣廪，并专门设立忠良科，使其可以通过科举考试晋身仕途。可以说，这些皇朝人成为朝鲜王朝对明朝报恩思想和实践的见证者。朝鲜社会对他们在朝鲜半岛的留居给予了政治上的保护和生活上的优待，而这种保护和优待是和朝鲜政府对明王朝的尊崇与报恩理念密切相关的，所以要探究朝鲜对赴朝山东移民的政策与态度，必须首先从朝鲜政府的这一理念谈起。

第一节　移居地对明王朝的政策与态度

洪武二十五年（1392），高丽权知国事李成桂欲更其国号，遣使请命于明朝，明太祖认为："东夷之号，惟朝鲜之称最美，且其来远矣！宜更

① 关于朝鲜的尊周思明政策，有南开大学孙卫国教授《大明旗号与小中华意识——朝鲜王朝尊周思明问题研究（1637—1800）》（商务印书馆 2007 年版）一书可作参考。

其国号曰朝鲜。”[①] 其后又历经万历年间明神宗下令出兵救援及明朝末年崇祯皇帝欲派兵救援的两次事件，所以在朝鲜君臣的心目中，明朝对朝鲜有三大恩，即明太祖赐国号朝鲜乃如同立国之恩、明神宗出兵救援乃再造藩邦之恩、崇祯皇帝在内忧外患之际仍欲出兵救援的悯念属国之恩，“有此三大恩而不思崇奉，则岂可曰礼义之国也哉？”[②]

朝鲜馆学儒生金迬曾经说过：“我国处于偏裔，而重礼义之称，敦于中华者，以其有敦仁之教，而明三纲五常之伦也。自箕圣以来，数十年间，虽有治乱之相乘，而亦莫不率是道而行焉！……二百年臣事之义，可谓无君臣之分乎？壬辰拯济之恩，可谓无父子之仁乎？……君臣上下，虽当危亡之日，三纲五常之伦，不可以不明，以为维持纪纲之地。……殿下思神宗再造之恩，念祖宗事大之义，亟寝助兵之议，以明天理民彝于既彰，不负于神皇，而无忝于祖宗矣！”[③] 他以儒家纲常礼教和明朝的再造藩邦之恩为由，反对清朝对朝鲜的助兵伐明要求，可见尊周思明、事大至诚的思想，在朝鲜君臣的心目中是根深蒂固的。

朝鲜王朝从中国春秋时期的尊周思想延伸开来，坚持在思想文化上认同明朝、以明朝为本位，崇奉儒家春秋大义的观念，对纲常礼教、礼节名分格外重视，并基于这样的思想，产生了对明崇奉、对清复仇的心理，坚决拥护明朝的中华正统地位，视清朝为夷狄之邦，正如金庆门《通文馆志》中所载：“我东方文化，慕拟中华，上自学士大夫，下至委巷之贱，莫不知尊周之为重，以血诚服事皇明数百年。至龙蛇之变，受神皇再造之恩，浃人骨髓。一自沧桑变易，陵谷贸迁之后，华夏文明之地，变为腥秽

---

① 《明太祖实录》卷223，洪武二十五年闰十二月乙酉。

② 冯荣燮编：《朝宗岩文献录》，朝宗岩再建推进会1977年版，第8页。

③ 《承政院日记》第66册，崇祯十一年八月乙亥，转引自魏志江：《中韩关系史研究》，中山大学出版社2006年版，第212页。

之区，数千里箕封山河，亦带牛后之耻。义人志士，掩抑悲伤，低回慷慨，常抱朱夫子所谓‘含冤忍痛’四个字于胸中者多矣。”① 柳麟锡亦曾明确指出：“尊华攘夷，天地之大经也，我国屈于清，清，夷狄也，犹可说也，然而外屈而心不屈，士大夫明尊攘之义三百年。”② 明朝的中华正统地位在朝鲜君臣的心目中不可动摇，加之朝鲜世代对明朝所怀有的强烈感恩之情，使其在政治生活中选择了慕华崇明政策，极力尊崇明朝。柳重教（1832—1893）曾作《吾东之祠飨明皇帝》一文，明确指出：“吾东本海外荒服，虽早被父师八条之教，而其后千有余年贸贸焉，夷也，至我高皇帝视同内服，敦施礼教，始得一洗前陋，而为堂堂华夏之邦矣；然龙蛇之难，不有我显皇帝动天下之兵以保护之，则吾东几乎复为漆凿之国矣，宗社之既墟而复存，犹属私故也；至丙子之役，烈皇帝又命陈洪范、金日观、楚继功等悉发山东之众，分两道出师以救之，及闻本国下城之报，严谴诸将以不及时之罪，……盖此三恩者，政使异日，吾东得中国之义主而服事之，其追感图报之情，当万世无替也。”③

正是基于对明朝的崇奉和感恩思想，使得朝鲜王朝在明亡清兴之后，依然甘冒政治风险，在国内的官私文献中不书清朝年号，继续坚持以明朝年号纪年，以体现他们奉明朝为正朔的决心。韩国学者徐荣洙曾经说过：“一般说来，典型而实质的朝贡关系，是以政治臣属为前提，这一点见于历法或年号的采用，以象征和表示从属关系。”④ 根据清朝与朝鲜之间订立的三田渡盟约规定，朝鲜应使用清朝年号，“去明国之年号，绝明国之交

① ［朝鲜］金庆门：《通文馆志》卷1，朝鲜光武二年重刊本。

② 冯荣燮编：《朝宗岩文献录》，朝宗岩再建推进会1977年版，第379页。

③ ［朝鲜］柳重教：《省斋文集》卷38，《杂著》，载冯荣燮编：《朝宗岩文献录》，朝宗岩再建推进会1977年版，第366页。

④ 转引自魏志江：《中韩关系史研究》，中山大学出版社2006年版，第205页。

往，献纳明国所与之诰命册印”[①]，然而在实际执行过程中，朝鲜却并未完全依此遵行。崇祯十六年（1643），朝鲜国王仁祖下谕指出：“我国犹不忍背弃大明，凡祭祝之文及公家藏置文书，皆书崇祯年号。”[②]《李朝仁祖实录》和《承政院日记》等就一直以崇祯纪年。直到顺治七年（1650），朝鲜孝宗即位之后，对清文书才正式改奉清朝年号，只是除这种官方文书使用清年号外，朝鲜国内文书、奉祀祭祝之文、碑石等，皆以“有明朝鲜”冠之，并继续使用明崇祯、永历年号。《李朝肃宗实录》中载：“凡官文书外，虽下贱无书清国年号者”[③]。宋殷宪（1876—1946）说：“皇京屋社之后，吾东士大夫守义者，仍旧号纪年，……仍以旧君为吾君，以俟天下义主之兴也。年号一款，岂非义之重且大，而不得不以死守之者乎？”[④]直到光武元年（1897）之后，朝鲜才停止使用明朝年号，正如崔益铉所说：“自光武建元以后，则旧日用崇祯、永历年号者，亦皆弃不复用。”[⑤]

朝鲜肃宗三十年（1704）十一月，大报坛设立后，“命坛所文书勿书清国年号”[⑥]。纯宗二十六年（1826），将吏曹参议李奎铉削职，“以皇坛享官单子误书清年号也”[⑦]。王德九作《新历改印永历纪元以志慨怀》一文，将坚持使用明朝年号视为“遗臣万世必报之义”[⑧]。

朝鲜学界对依旧使用明朝年号的做法十分认同。朴趾源在其《热河日记·渡江录》中称：“曷为后三庚子？记行程阴晴，将年以系月日也。曷称

---

① 《清太宗实录》卷33，崇德二年正月戊辰。

② 《李朝仁祖实录》卷44，仁祖二十一年十二月戊寅。

③ 《李朝肃宗实录》卷3，肃宗元年四月丁酉。

④ 冯荣燮编：《朝宗岩文献录》，朝宗岩再建推进会1977年版，第310页。

⑤ 冯荣燮编：《大明遗民史》下卷，保景文化社1989年版，第483页。

⑥ 《李朝肃宗实录》卷40，肃宗三十年十一月辛酉。

⑦ 《李朝纯宗实录》卷28，纯宗二十六年二月庚辰。

⑧ 冯荣燮编：《朝宗岩文献录》，朝宗岩再建推进会1977年版，第348页。

后？崇祯纪元后也。曷三庚子？崇祯纪元后三周庚子也。曷不称崇祯？将渡江故，讳也。曷讳之？江以外，清人也，天下皆奉清正朔，故不敢称崇祯也。曷私称崇祯？皇明，中华也，吾初受命之上国也。崇祯十七年，毅宗烈皇帝殉社稷，明室亡，于今百三十余年。曷至今称之？清人入主中国，而先王之制度，变而为胡，环东土数千里，划江而为国，独守先王之制度，是明明室犹存于鸭水以东也。虽力不足以攘除戎狄，肃清中原，以光复先王之旧，然皆能尊崇祯以存中国也。”[①] 体现出当时朝鲜在使用年号时的明确态度。

柳重教则具体分析使用明年号纪年的特殊意义：“窃谓崇祯、永历，同是皇明之正统，均是我国之所君，其用遗号也，或据本国奉朔之岁，以明怀旧德之情，尤深于此，或举南朝迄运之年，以明大一统之义，必至于此，意各有主，俱无不可，但在逮事未远之日，则怀旧德之情为切，在历时既久之后，则明大统之义为重，此合有少异者矣！”[②]

柳麟锡曾经说过：“皇明屋社之后，天下无华而我国有华，特其以有华而尊之，地虽非中华，道其为中华。……今倭洋所称之帝，岂可以吾君为倭洋同等也？吾故不敢称皇，用年号而独异于世，所以尊吾君也。”[③] 在朝鲜君民的心目中，明朝的中华正统地位无可替代，朝鲜坚持以明崇祯、永历年号纪年，正是对明王朝的崇奉之心使然。

除此之外，朝鲜对明朝的尊崇与报恩思想还体现在史书与文集的编纂方面。

英宗四十九年（1773），英宗下令重刊《皇华集》。据《李朝英宗实录》

① ［朝鲜］朴趾源：《热河日记》，载冯荣燮编：《大明遗民史》下卷，保景文化社 1989 年版，第 483 页。

② 冯荣燮编：《大明遗民史》下卷，保景文化社 1989 年版，第 483 页。

③ 冯荣燮编：《大明遗民史》下卷，保景文化社 1989 年版，第 484 页。

记载："皇明诏使之出来也，其唱酬诗文，每录为一帙，名曰《皇华集》，岁久散逸，上以为皇朝事迹不可湮没，遂命搜辑合帙重刊之。"①

正宗十九年（1795）三月，《皇朝人本朝忠臣目录》成册，正宗下令，此后"每年三月请出修整，着为式。"②

次年，正宗下令编著《尊周汇编》，"以寓尊周之意"。"首揭列圣朝疏论及御制诗文中表章春秋大义者，次以一时忠臣志士阐明义理之作，无论疏章与诗文，并为编入，至于以忠节被旌者，祠院所在及事迹本末，一一具载"，此书编成之后，"可以昭大义于天下矣。"③是年三月二十日，正宗御制《尊周汇编序》，其略曰："使夫数十大义，永有赖于竹帛余芬，而悠久不泯者，是予苦心至意也。……春秋尊攘之义，天地之常经也，在吾东尤有光焉。当仁庙之初，以斥和为事，君臣上下，专心一力，上尊皇朝，虽妇孺亦知大义之不可犯、大分之不可逾。及孝庙时，丧乱虽平，冠履易置，朝野怨情愧恨，讴吟思明室，而上方励薪胆之志，斥逐顽钝嗜利之辈，进用山林宿德之士，将以伸大义于天下，于是士皆欲执殳荷戈，有北首争死之意。及肃庙、英庙之时，皇统已绝，天下安于夷狄，而感其煦濡之恩，不可以有为，于是乎竭力于崇奉之节，效诚于祀享之仪，北苑坛墠，有辞于千秋。……使后之见者，亦有以感叹嘘唏，无或忘春秋之义者，此汇编之所以作也。"④此书至正宗二十四年（1800）编成，记载自光海君十一年（1619）至正宗二十四年这一百八十二年间皇朝人及其后裔的事迹、家族的发展变迁及朝鲜政府对皇朝人的优待政策等。

除官方所修史著外，朝鲜学界亦有多人通过为"皇朝人"作传，彰显

① 《李朝英宗实录》卷120，英宗四十九年六月癸巳。

② 《李朝正宗实录》卷42，正宗十九年三月丁巳。

③ 《李朝正宗实录》卷44，正宗二十年三月丙寅。

④ 冯荣燮编：《大明遗民史》下卷，保景文化社1989年版，第473—474页。

皇朝遗民精神，表达其尊周思明理念。金平默（1819—1891）《重庵集》中有《九义士传》，宋秉璇《渊斋集》中有《皇朝遗民传》，均是为明代的遗民所作，作者对明遗民忠义精神的景仰之情跃然纸上，实则是借此宣扬明朝的正统地位，抒发其崇奉感恩明朝的思想。另外，论及朝鲜学人所作明朝遗民传记，还有一部《皇明遗民传》不可不提。

《皇明遗民传》本是北京大学中文系教授魏建功于汉域偶然邂逅所得，当时魏氏所得仅为手抄本，“书凡三册，松纸，墨书，间有朱字，盖钞自数手，而校由一人。”[①]1936 年由北京大学影印，孟森为影印本作序[②]。魏建功推测该书“成书时代当在清乾隆五十六年至嘉庆五年间”，只是“撰著姓氏不详，……是则余读此传至于卷末，而又不能遽断其著者乃愿为明臣之鲜人也，抑逃为鲜人之明臣邪？”[③]孟森在其所作序言中称该书为“朝鲜人所著”，谢国桢在其编著的《增订晚明史籍考》中提到此书时，记为“朝鲜佚名撰”[④]。南开大学孙卫国教授于朝鲜学者成海应的文集《研经斋全集》中发现该书，经过分析，断定该书作者即为成海应。[⑤]该书卷七收录了东去朝鲜的明遗民十余人，详载其事迹，“其明亡避地入朝鲜者，乃类列于最后，盖自居甚谨。”[⑥]对明遗民精神的颂扬，体现出作者心目中根深蒂固的尊周思明理念。

安东人金祖淳（号枫皋，1765—1831）在其《枫皋集》中说：“明春

① 魏建功：《影印皇明遗民传跋》。

② 孟森：《皇明遗民传序》，载《明清史论著集刊》，中华书局 2006 年版，第 189—191 页。

③ 魏建功：《影印皇明遗民传跋》。

④ 谢国桢编著：《增订晚明史籍考》卷 17，《传记上》，上海古籍出版社 1981 年版，第 763 页。

⑤ 孙卫国：《成海应及其〈皇明遗民传〉》，载《大明旗号与小中华意识——朝鲜王朝尊周思明问题研究（1637—1800）》，商务印书馆 2007 年版，第 301—328 页。

⑥ 孟森：《皇明遗民传序》，载《明清史论著集刊》，中华书局 2006 年版，第 190 页。

秋之义，若夫备奉室之仪，别阙字之牌，设龙湾之坛，赐汉旅之称，编尊周之录。”[①] 概括出朝鲜王朝为崇奉、感恩明朝所采取的一系列措施和举动。上述几部官私史著、文集即是朝鲜君臣所编“尊周之录”，而所谓“龙湾之坛”的设立，即朝鲜政府对明王朝的崇祀，亦是朝鲜在慕华崇明方面的重要举措。

第二节　移居地对明王朝的崇祀

孟森在为影印本《皇明遗民传》所作的序言中说：“朝鲜之思明，所有‘大报坛’‘万东祠’皆见于传文中，则为吾国纪载所无，士夫之所未道及。今自朝鲜实录行世，乃知朝鲜之于明历久而不渝其忠爱，于清则始终以胡目之。”[②] 朝鲜对明朝的崇祀，具体体现在朝宗岩、大报坛、万东庙及宣武祠、武烈祠的设立方面，不同的崇祀地点，来自于朝鲜不同阶层的崇祀者，崇祀对象亦从明朝皇帝到大明征倭将领不等，但明确表达出的是对明朝相同的尊崇与感恩之情。

“（朝鲜）显义王之设大报坛于北苑，而享神宗显皇帝；宋文正之营万东庙于华阳，而祀神毅二皇帝者，莫非朝宗之义也。而若夫许李二忠，则先于朝宗岩下筑坛，每值毅皇殉社之日，北望痛哭，拟建神皇庙事虽不就，然其于朝宗之义，则亦深切矣！”[③] 李齐杜、许格与白海明三人创设的朝宗岩，代表了朝鲜民间对明王朝的崇祀，并以其鲜明的“朝宗”之义，凸显

① 冯荣燮编：《朝宗岩文献录后集》中卷，《朝宗岩志》附录，保景文化社 1987 年版，第 860 页。

② 孟森：《皇明遗民传序》，载《明清史论著集刊》，中华书局 2006 年版，第 190 页。

③ ［朝鲜］柳始秀：《朝宗岩铭》，载冯荣燮编：《朝宗岩文献录后集》中卷，《朝宗岩志》卷下，保景文化社 1987 年版，第 838 页。

出其藩属国的地位。

一、朝宗岩——朝鲜地方官员和普通士人对明王朝的崇祀

朝宗岩创设于朝鲜肃宗十年（1684），其设立之目的，乃是“一以明春秋尊攘讨复之大义，一以报明军救援壬乱之厚恩”[①]。所谓“朝宗”，其含义为：“万流灌海海为王，王者之事，莫尊于朝诸侯，故江汉之东之号曰朝宗，自《禹贡》始，《春秋》作，而其义乃著，所以大一统也。夫操空名以呼号于天下后世，而人莫不悲咤感愤，若将投袂而起者，是孰使之然哉！此朝宗岩所由名也。”[②]朝宗岩最初只是李齐杜、许格、白海明三人岩刻以尊周思明的场所，三人于岩石上摹刻文字以表达对明朝的缅怀之情，并没有具体的奉祀对象。

京畿道加平郡西乡有大涧，东流入于汕水，达于海，遂乡名为“朝宗”，当地山岩称为“朝宗岩”。1684 年，加平郡守李齐杜与处士许格、乡士白海明相谓曰：“此天下干净地也，明社已墟，吾属寓慕无所，今于此得之。”于是三人就涧上岩面奉刻明毅宗皇帝御书“思无邪”三大字、朝鲜宣祖御笔“万折必东，再造藩邦”八大字，又刻朝鲜孝宗批语“日暮途远，至痛在心”八字，由宣祖之孙、朗善君李俣亲篆“朝宗岩”之额名以赐之。

李齐杜，字汉卿，让宁大君李禔之后。父敏厚，为邑以清白著称，赠吏曹参判。李齐杜初为司马筮，仕典七邑，皆有治绩，后为加平郡守。他

① ［朝鲜］金容肃：《朝宗岩文献录后集序》，序之第 5 页。

② ［朝鲜］赵镇宽：《朝宗岩记实碑》，载冯荣燮编：《朝宗岩文献录后集》中卷，《朝宗岩志》卷下，保景文化社 1987 年版，第 831 页。

常痛“丁丑城下之盟，寤寐一念，在于京周”[1]，其后与许格、白海明共同选中朝宗岩一地，作为其崇祀明朝之所。李齐杜作《朝宗岩诗》曰：“县号朝宗又此岩，川流其下碧于蓝。潺潺放海如江汉，一片皇明鸭水南。至痛人间说甲申，神州何日扫燕尘。一岩剞劂留千古，至此英雄泪满巾。”[2]

朝宗岩下澄潭之上又置小坛，每逢崇祯殉社之日，三人辄至，北望拜哭。[3] 乡人名此坛为二忠坛，又名澄潭为二忠潭，后人亦称李齐杜为忠潭先生。肃宗三十四年（1708），李齐杜之子、县监李相休上疏奏陈尊攘大义，请印朝宗岩石刻，最终不果。其孙李廷𤪌赠吏曹判书，谥曰忠献。

李齐杜曾致书宋时烈，商议于朝宗岩摹刻之事，宋时烈对他的想法甚是鼓励，并寄赠毅宗“思无邪”条幅和亲笔所书“大明天地，崇祯日月”八字，以示对其尊周思明之举的支持，宋时烈说：“可谓阳春一脉，寄在天地间也。毅皇宝墨，谨模付呈，奉刻此岩，正合义理也。谁肇此岩名，以待今日吾人耶？‘大明天地，崇祯日月’八字，亦如戒书送，须为镌刻，则实为干净之地，而岂非志士幽人之所寄怀者乎？”[4]

处士许格与赴朝山东移民郑先甲私交甚厚。许格，字春长，自号沧海处士，阳川人，文贞公许琮之五世孙，《李朝英宗实录》中说其“尚节义，能文章”，曾有诗曰：“天下有山吾已遁，域中无帝子谁朝？”[5] 又作《感吟

① ［朝鲜］金平默：《朝宗岩三贤传·李齐杜传》，载冯荣燮编：《朝宗岩文献录后集》中卷，《朝宗岩志》卷上，保景文化社 1987 年版，第 822 页。

② 冯荣燮编：《朝宗岩文献录》，朝宗岩再建推进会 1977 年版，第 429 页；冯荣燮编：《大明遗民史》下卷，保景文化社 1989 年版，第 480 页。

③ ［朝鲜］金平默：《朝宗岩三贤传·许格传》，载冯荣燮编：《朝宗岩文献录后集》中卷，《朝宗岩志》卷上，保景文化社 1987 年版，第 822 页。

④ 《宋子大全续拾遗》，载冯荣燮编：《大明遗民史》下卷，保景文化社 1989 年版，第 479 页。

⑤ 《李朝英宗实录》卷 40，英宗十一年三月丁酉。

诗》曰："中宵起坐众星繁，历历皆知北极尊。开辟从来几宇宙，帝王今古各乾坤。君臣忍屈崇祯膝，父老犹含万历恩。青史莫论当世事，天无二日仲尼言。"[①]许格年八十四而卒，逝后文纯公朴世采使书铭旌曰"大明处士"，后来岭南儒生权万亨等上疏请求为之旌褒，朝廷赠职吏曹参议，教旨书崇祯纪元，未书清朝年号，依忠正公洪翼汉等人之例。[②]

白海明，字重晦，水原人。崇祯末年隐于加平山中，后与许格、李齐杜摹刻于朝宗岩，三人又商议于此建庙崇祀神宗皇帝，宋时烈致书李齐杜，认为当并祀毅宗。肃宗三十年（1704）正月，领议政申琓还曾提及此事："臣曾闻先朝时有白姓士人，居嘉平，以县有朝宗为名之地，故欲建神皇庙，以书问于尤庵云。其议以为，为神皇立庙，当并享毅皇云。盖自古未有不亡之国，而国君之死社稷，未曾有焉，毅皇身殉社稷，为可并祀也。"[③]遗憾的是，建庙之事最终未能实现。白海明逝后，朝廷赠职工曹参议。[④]

正宗八年（1784），黄昇源任加平郡守，因感慕李齐杜、许格之忠义，特于朝宗岩对面构筑精舍六楹，建成朝宗庵，"以寓风泉之感"[⑤]，当是对他们以岩刻方式尊周思明的一种支持。

朝宗岩虽然是朝鲜民间崇祀明朝之所，其创设者也仅为朝鲜一名小小的地方官员和两位普通士人，可是却依然引起了大批学者的关注，并为其赋诗作文。李埈在《朝宗岩》一诗中写道："鹃血空山泪湿新，穷阴是处

① 冯荣燮编：《朝宗岩文献录》，朝宗岩再建推进会1977年版，第588页；冯荣燮编：《大明遗民史》下卷，保景文化社1989年版，第480页。

② 《李朝英宗实录》卷40，英宗十一年三月丁酉。

③ 冯荣燮编：《大明遗民史》下卷，保景文化社1989年版，第480页。

④ ［朝鲜］金平默：《朝宗岩三贤传·白海明传》，载冯荣燮编：《朝宗岩文献录后集》中卷，《朝宗岩志》卷上，保景文化社1987年版，第822页。

⑤ 王俶说：《朝宗岩故实年表》，载冯荣燮编：《朝宗岩文献录后集》中卷，《朝宗岩志》卷上，保景文化社1987年版，第828页。

见王春。苔碑不泐尊周字，茅屋犹逢祭楚人。肉骨恩深东土遍，薙头羞切溥天均。未劳琬琰传云汉，呵护岩川自有神。”[①] 华西李恒老先生曾于纯宗二十四年（1824）与数位友人同游朝宗岩，本欲在澄潭上方建一小亭，后不果，故此他还作《游朝宗岩》一诗：“欹岩蚀藓只么青，志感风泉着处形。心法手滋千古肃，山名水号一区灵。春风落日无终极，游客闲愁谩醉醒。商略东巅奇绝处，何由突兀起扁亭？”[②] 高宗十一年（1874），柳重教与李会植、柳基一等人赴朝宗岩奉祀，于李恒老欲建亭处撰书“见心亭”三字，镌之岩面。洪大心在其《入朝宗岩敬次华西先生韵》中写道：“大报山光万古青，尊周义理此中形。苍崖焕烂先王笔，行庙陟降皇帝灵。烈士忠魂千载恨，老天醉梦几时醒？流水东驰朝日上，悠然来坐见心亭。”[③] 南宫浚的同名诗则道：“一片崖岩万古青，微阳动处物流刑。红罗日月天将辟，碧藓烟霞地亦灵。感慨临风歌反啸，实昏当夜梦谁醒？遗墟着落彷徨立，心上犹存起榭亭。”[④] 沈东镇亦作《敬次华西先生韵》：“斋室挑灯阅史青，风泉悲感个中形。万折东流朝宗里，一坛北筑太祖灵。血诚谁有生民济，鹑梦嗟迟上帝醒。阳复微机如不信，请看岩壁见心亭。”[⑤] 李泽昇同名诗则云：“大报山深草木青，此中风物好流形。焕烂穹岩留御笔，尊严行庙临皇灵。要看两丈遗文记，况若诸生醉梦醒。告尔杖兮归莫促，洞门更

① 冯荣燮编：《朝宗岩文献录后集》中卷，《朝宗岩志》卷下，保景文化社 1987 年版，第 832 页。

② 冯荣燮编：《朝宗岩文献录后集》中卷，《朝宗岩志》卷下，保景文化社 1987 年版，第 832 页。

③ 冯荣燮编：《朝宗岩文献录后集》中卷，《朝宗岩志》卷下，保景文化社 1987 年版，第 838 页。

④ 冯荣燮编：《朝宗岩文献录后集》中卷，《朝宗岩志》卷下，保景文化社 1987 年版，第 838 页。

⑤ 冯荣燮编：《朝宗岩文献录》，朝宗岩再建推进会 1977 年版，第 326 页。

上见心亭。”[①] 而对于李齐杜三人之义行，朝鲜学者同样不惜笔墨，如金平默就著有《朝宗岩三贤传》，详载三人之生平事迹。

朝宗岩是朝鲜王朝最早岩刻以崇祀明朝之地，相对于随后设立的万东庙、大报坛等场所来说，朝宗岩可谓“开风气之先”，同时又创立出一种尊崇、感恩明朝的特殊模式。朝宗岩建庙之议也为万东庙、大报坛祭祀开其先兆，诚如金平默所言：“文纯公权尚夏以宋先生遗命，建万东庙于华阳山中，而元孝王因设大报坛于禁苑，则是三人之事为之根本也。”[②]

二、万东庙——朝鲜儒林对明王朝的崇祀

万东庙位于朝鲜忠清北道槐山郡青川面华阳洞。围绕华阳洞所在之华阳山，文正公尤庵宋时烈先生曾经作过一首诗：“华阳山与首阳山，万古纲常树此间。客到试看千仞壁，腥尘天地别人寰。”[③] 诗中将华阳山与商末周初伯夷叔齐隐居之首阳山相提并论，可以看出此地承载的多是宋时烈尊周思明之理念。肃宗十五年（1689），宋时烈临终之前，遗命门人文纯公权尚夏建草舍于华阳洞，以祭祀明神宗、明毅宗两位皇帝。1704 年，万东庙建成，“取‘朝宗之水，万折必东’之义”[④]，士人皆谓朝宗建庙之议为其

---

① 冯荣夔编：《朝宗岩文献录后集》中卷，《朝宗岩志》卷下，保景文化社 1987 年版，第 846 页。

② ［朝鲜］金平默：《朝宗岩三贤传·许格传》，载冯荣夔编：《朝宗岩文献录后集》中卷，《朝宗岩志》卷上，保景文化社 1987 年版，第 821—822 页。

③ 冯荣夔编：《朝宗岩文献录》，朝宗岩再建推进会 1977 年版，第 279 页；冯荣夔编：《大明遗民史》下卷，保景文化社 1989 年版，第 476 页。

④ 孟森：《皇明遗民传序》，载《明清史论著集刊》，中华书局 2006 年版，第 190 页。

先兆。[①]权尚夏门人蔡三患将朝宗岩“万折必东”四字，奉刻于华阳洞壁。

万东庙是朝鲜儒林崇祀明朝皇帝之所，其祭祀规格虽不及朝鲜国王设立之大报坛，却同样十分鲜明地体现出朝鲜民众的崇明报恩情怀。大院君掌权后，万东庙祭祀遭撤废，朝鲜学者李恒老、任宪晦、崔益铉与宋秉璇等人还曾上疏请求复享。李恒老所上《请复万东庙疏》中写道：

> 孔子作春秋，大义数十而尊周最大，朱子修纲目亦然。此义也，有一民之不讲，一日之不明，则三纲沦，九法斁，礼乐崩而夷狄横，几何其不为禽兽也。……至龙蛇之役，神宗皇帝动天下之兵，再造土宇，则义虽君臣，而恩实父子，东韩千里，草木禽兽之微，孰非帝德之所濡也？……况甲申以后，天地翻覆，冠履倒置，……孝宗大王以天纵上圣，励志修攘，……仙驭上宾而事皆瓦解，则西归之思，无地可泄，故先正临殁，教其高弟文纯公权尚夏，创立万东庙。盖天地腥膻，而王春一脉，独守于此。……皇庙之建，其义固已俟百世而不惑矣！……倘使我国之士民，家家而讲尊攘之义，人人而讲尊攘之义，则夷狄无所容身，而孝庙之志伸矣！孝庙之志伸矣，则华夏之运启矣！然则只此肖然一宫，岂不足以有辞于天下后世哉？……欲强此之襄而艰彼之进，则凡尊攘所系，讲明施设正宜，靡不用极，虽曾前未遑者，亦当追举，岂宜辍其已举之仪乎？……殿下渊然深思，涣发德音，亟命复享，则国人知攘夷之义，而洋寇怀畏惮之心，其风声气势，反有过于三军之威矣！……家国之安危存亡，皆决于此，可不念哉？[②]

---

① 王俶说：《朝宗岩故实年表》，载冯荣燮编：《朝宗岩文献录后集》中卷，《朝宗岩志》卷上，保景文化社 1987 年版，第 828 页。

② 冯荣燮编：《大明遗民史》下卷，保景文化社 1989 年版，第 476—477 页。

高宗十一年（1874），万东庙得以复享，朝鲜官员亦前往奉祀。“今此复设之举，当自朝家主管。庙室重建，该道臣令本邑遵旧制，斯速举行，而该牧使仍以庙令例兼享祀仪节，依前磨炼，而祭官以本牧近邑守令自营差送，守仆等自本邑量宜别定，以为守护之意。”[①] 隆熙二年（1908）七月，迫于日本压力，万东庙再遭停祀。

三、大报坛——朝鲜政府为感恩明朝而设

大报坛又称报恩坛，承载的是朝鲜对明朝的感激之情，是朝鲜政府为感恩明朝而设。孟森《皇明遗民传序》中说：“大报，取礼经‘大报天而主日’之义。祀明三帝，太祖为敕许朝鲜建国之主，神宗为日本兵侵时有拯救之恩，思宗则纪其殉国之烈。坛祀世世不改，至国亡乃已。”[②] 李光涛在《记〈朝鲜实录〉中之大报坛》一文中记载：皇坛名为“大报”，亦有其意义，据朝鲜《尊周汇编》引大提学宋相琦之言有曰：“坛号曰大报，以寓郊天报德之义。”而《英宗实录》所载，则为：“皇坛之设，乃所以大报再造之盛念也。”又“大报坛”当设立之初，本为神宗而起，厥后乃并及高帝和毅宗，实共祀三皇，因为高帝于朝鲜，曾经“特许封典，锡以国号”，而后者毅宗之崇祯九年，当朝鲜之遭逢“丙子虏祸”，曾有“命将东援之事”。总而言之，三皇并祀，其大义所在，正是东国“以德报德”不忘大明而已。[③] 大报坛最初是为祭祀明神宗而设立，诚如朝鲜肃宗所说：“神宗皇帝于我国，有万世不忘之功矣。当壬辰板荡之日，苟非神宗皇帝

① 《李朝高宗实录》卷 11，高宗十一年二月十三日。

② 孟森：《皇明遗民传序》，载《明清史论著集刊》，中华书局 2006 年版，第 190 页。

③ 李光涛：《明清档案论文集》，台北联经出版事业公司 1986 年版，第 832 页。

动天下之兵，则我邦其何以再造而得有今日乎？”[①] 朝鲜英宗年间，大报坛祭祀范围扩大至明太祖、明神宗、明毅宗三帝。

1644 年明朝的灭亡，对朝鲜是一个巨大的打击，“及闻此报，虽舆台下贱，莫不惊骇陨泪。”[②] 朝鲜肃宗三十年（1704），正值明朝灭亡一周甲之际。是年正月，肃宗感慨：“今年即甲申也，大明以是岁三月亡，历览前史，亡国何限？而独于崇祯皇帝革世处，有呜咽不忍读者矣！”他念及“（朝鲜）自立国初，受皇朝恩，锡号朝鲜，视同内服，列圣相承，至诚事大。壬辰之变，宣庙远狩龙湾，至欲内附，神宗皇帝竭天下之力，东出兵救之，得以再造邦家，吾东方昆虫草木，何莫非皇灵所被也”，“我国之得有今日，莫非神皇之力，而深仁厚泽，无地酬报，予心感慨尤切于是年矣。杨镐、邢玠以东征帅臣，亦有祠宇，而尚无为神皇建庙事”[③]，于是与臣下商议报答明朝的举措。他自宜春门诣禁苑坛，以太牢祭祀崇祯皇帝，又下令“设坛于上苑，以寓尊周之义”[④]，是为大报坛，以祭祀明神宗。

英宗二十五年（1749）时，将大报坛祭祀范围扩大为明太祖、明神宗、明毅宗三帝。是年三月，初定神宗、毅宗并享大报坛之仪。英宗认为，“此举继述尊周之大义，其宜追思忠烈之臣，皇坛亲祀之后，遣礼官致祭宣武祠，及江都忠烈祠、南汉显节祠，奉祀孙毋论支嫡，未立朝者令该曹录用。”[⑤] 数日后，更定太祖、神宗、毅宗三皇并享大报坛之仪。左参赞元景夏奏言：“太祖皇帝特赐朝鲜之号，锡以冕服，朝鲜即箕子旧号也，以此锡号，岂非百世不可忘之恩乎？”英宗亦认为，“并祀三皇，实合尊周之

① 《李朝肃宗实录》卷 18，肃宗十三年二月辛亥。

② 《李朝仁祖实录》卷 45，仁祖二十二年五月甲午。

③ 《李朝肃宗实录》卷 39，肃宗三十年正月庚戌。

④ 《李朝正宗实录》卷 26，正宗十二年七月癸未。

⑤ 《李朝英宗实录》卷 69，英宗二十五年三月壬戌。

义。……高皇有大造之恩，神皇有再造之恩，……一坛三皇，皇朝之日月，将复照于朝宗之邦。”[①] 四月，英宗下令编辑《皇坛仪节》[②]。

“‘大报’字出于《礼记·郊特牲》，亦是郊天之义，而兼有报德之意。”[③] 大报坛建立后，肃宗曾作两首述怀诗，其一曰：“莫须建庙更持疑，德海恩山忍忘之？况是重丁圣祚绝，永怀一倍黍离悲。蓈宗大义伸无处，崇报微诚为在兹。岂特平生吾愿遂，宁陵志事庶几追。”又曰：“薪胆于今二十年，壮心未遂苦悯缠。尊周大义何时举，快把龙泉定四埏。”[④] 肃宗三十一年（1705）三月，肃宗在大报坛举行第一次祭祀，九义士后裔受邀参加，此后每年的祭祀成为惯例。

英宗时扩建大报坛，九义士后裔冯雄汉、王斗端、王始等人受命监督扩建工程。大报坛增修后，三皇帝并祀，英宗御制《皇坛增修仪序》，其文曰：

> 於戏粤昔，皇朝太祖高皇帝，于我圣祖开创之初，特许封典，锡以朝鲜之号，礼遇眷顾，隆厚我东，君臣蒙被字小之恩。逮于神宗皇帝，再造之恩，昊天罔极，而於戏丙子之岁，尚忍言哉？伊时毅宗皇帝悯小邦之穷迫，命总兵而东援，奉览皇朝史，涕泪沾襟。於戏！大小之邦，何代无之，而吾东之偏被皇恩，……粤在甲申，我圣考恫中州之陆沉，思神皇之大恩，先祀毅宗皇帝于禁苑，又设坛以祀神宗皇

① 《李朝英宗实录》卷69，英宗二十五年三月辛未。

② 《李朝英宗实录》卷69，英宗二十五年四月己丑。

③ 《李朝肃宗实录》卷40，肃宗三十年十一月辛酉。

④ 冯荣燮编：《朝宗岩文献录》，朝宗岩再建推进会1977年版，第19页；冯荣燮编：《大明遗民史》下卷，保景文化社1989年版，第474页。

帝，猗欤盛哉，此正我圣考继述圣祖尊周之大义。[①]

大报坛建于昌德宫禁苑西北集成门外，为朝鲜国王宫中后苑。坛制仿社稷坛之制，高四尺，广纵二丈五尺，英宗朝增修之后，将坛增高为五尺，广三丈九尺，纵增为三丈，祭祀明太祖、明神宗和明毅宗三位皇帝，设三黄帐房，以安放三帝神位。祭祀礼节多用明朝礼仪，祭祀时间最初定在每年三月十九日，即崇祯帝殉于社稷、明朝灭亡之日，至英宗二十七年（1751）时，将祭祀时间确定为每年三月十九日毅宗忌辰、五月初十日太祖忌辰和七月二十一日神宗忌辰，每至这些时间，朝鲜国王均会亲率世子、群臣及明朝遗民后裔和朝鲜忠臣后裔赴大报坛行望拜礼。正宗二十年（1796），大报坛陪享席次以轩架东西分定。“皇朝人子孙及本朝忠臣子孙陪享之班在百官后，殊非虞实在位之仪，自今为式，以轩架东西分定。”[②]祭祀时，明遗民后裔是地位很高的陪享人员，朝鲜君臣对他们的尊重进一步揭示出大报坛崇明报恩的意义。

大报坛祭祀在朝鲜被列为大祀，采用祭天之礼，地位高于朝鲜的宗庙祭祀，是朝鲜王朝最为重要的祭祀活动，历届国王都非常重视。《李朝英宗实录》中记载：“凡于忌辰晓，上必斋洁，率皇朝人遗裔及丙子立节诸臣子孙，望拜于正殿陛上，岁以为常。”[③]

英宗曾对臣下说：“皇朝陵庙，不血食过百年，今将并享三皇于一坛，列圣事大之诚，可以伸矣。”[④]他于大报坛祭祀时作述怀诗曰：“朝宗门内营

① 冯荣燮编：《朝宗岩文献录》，朝宗岩再建推进会 1977 年版，第 25 页；冯荣燮编：《大明遗民史》下卷，保景文化社 1989 年版，第 473 页。

② 《李朝正宗实录》卷 44，正宗二十年三月戊申。

③ 《李朝英宗实录》卷 87，英宗三十二年正月壬午。

④ 《李朝英宗实录》卷 69，英宗二十五年四月丁亥。

何事，我为精禋拓界宽。俨若朱门翠柏里，飘然黄帐彩云间。三皇血食再东国，五圣至诚一北坛。何幸微忱述昔日，小邦大报今辰完。”①

正宗亦有感念大报坛创设与增修的御制诗：“玉辂东巡怳见亲，依依坛木寄王春。山河极北沦诸夏，牲醴吾东享祀陈。数十麟经淹日月，三千鲽域葆冠巾。齐衣肃穆监明水，万折余诚志事遵。”②

纯宗于大报坛行望拜礼时亦作述怀诗：“天启圣图眷大明，赖皇威德小邦平。敬遵故事皇坛拜，忽觉匪风感慕生。”③

翼宗御制《斋居感赋》诗：“匪风思古帝，何处是中原？内苑三坛屹，千秋感旧恩。”④

哲宗御制诗：“大报坛高日月明，顾瞻周道砥如平。斋居肃穆洋洋在，寓慕风泉百感生。”⑤

自肃宗朝开始，大报坛就一直是历代朝鲜国王崇祀明朝皇帝的祭坛，直到隆熙二年（1908）七月遭撤废。朝鲜王朝通过大报坛祭祀来表达其尊崇、感恩明朝之情，而另一方面，这种祭祀明朝皇帝的方式，采用的又是祀天之礼，上至朝鲜国王、下至文武百官的参与，亦进一步明确了朝鲜对于正统之传承与发展。

任宪晦曾经说过：“盖大报坛、万东庙之设，咸出于前王不忘之恩、

---

① 冯荣夒编：《朝宗岩文献录》，朝宗岩再建推进会 1977 年版，第 100 页；冯荣夒编：《大明遗民史》下卷，保景文化社 1989 年版，第 474 页。

② 冯荣夒编：《朝宗岩文献录》，朝宗岩再建推进会 1977 年版，第 101 页；冯荣夒编：《大明遗民史》下卷，保景文化社 1989 年版，第 475 页。

③ 冯荣夒编：《朝宗岩文献录》，朝宗岩再建推进会 1977 年版，第 72 页；冯荣夒编：《大明遗民史》下卷，保景文化社 1989 年版，第 475 页。

④ 冯荣夒编：《朝宗岩文献录》，朝宗岩再建推进会 1977 年版，第 72 页；冯荣夒编：《大明遗民史》下卷，保景文化社 1989 年版，第 475 页。

⑤ 冯荣夒编：《朝宗岩文献录》，朝宗岩再建推进会 1977 年版，第 75 页；冯荣夒编：《大明遗民史》下卷，保景文化社 1989 年版，第 475 页。

春秋一统之义，使环东土数千里之人，得免于夷狄禽兽之归者。……盖自壬辰再造之后，我东一草一木，罔非皇恩攸救，欲报之德，虽家尸户祝，未为不可，此所以在朝家既有盛举，在私民亦伸私诚者也。”①

大报坛、万东庙和朝宗岩代表了上至朝鲜国王、下至朝鲜普通士人对明朝的崇奉和感激，三地同样是为慕华崇明而设，却又各有侧重，意义稍有不同。“北苑之设，我朝祖宗率其陪臣而伸拱北之诚者也；西原之设，我朝先正（即宋时烈）率其士民而展必东之忱者也；朝宗之设，皇朝人遗裔率其诸族而伸楚人茅屋之义者也，是皆各有意义，不可阙一者也。春秋之法，王人虽微序于诸侯之上，推此义也，则朝宗之设，其事体尤有所重大者也。其在东峡士民，则北苑之坛形格势禁，万东之庙道途绝远，优延而可以寓慕者，惟在于朝宗矣！”②1831 年，王以文五世孙王德一、王德九兄弟在朝宗岩创建大统行庙和九义行祠，奉祀明太祖和九义士，使朝宗岩真正成为奉祀明朝皇帝的场所。柳麟锡有诗曰：“大报万东大统享，贯三百岁一精诚。谁闻振古吾邦似，这义争多日月明。特绝古今三大节，非徒彰著五伦光。争禽竞兽一天下，有曰朝鲜礼义邦。国步曾年困岛夷，神宗赫怒降皇师。蒙恩再造如天大，环域江山草木知。御苑儒林坛庙成，滔滔江汉亿年情。君臣父子兼恩义，上下言兹贯一诚。尊中攘外天常经，拱北必东民本情。惟曰晦明斯义际，伊人伊兽便相争。”③而在大报坛、万东庙祭祀均被撤废之后，朝宗岩便成为朝鲜王朝唯一尊周思明的场所。

① ［朝鲜］任宪晦：《皇庙停享事疏》，载冯荣燮编：《大明遗民史》下卷，保景文化社 1989 年版，第 477—478 页。

② ［朝鲜］柳重植等：《朝宗——皇坛助财通文》，载冯荣燮编：《朝宗岩文献录后集》中卷，《朝宗岩志》卷下，保景文化社 1987 年版，第 843 页。

③ 冯荣燮编：《大明遗民史》下卷，保景文化社 1989 年版，第 482 页。

四、宣武祠、武烈祠等——朝鲜对明代援朝征倭将领的崇祀

万历年间明神宗下令出兵救援朝鲜的义举，一直被朝鲜君臣视为再造藩邦之恩，正如朝鲜肃宗所说："神宗皇帝于我国，有万世不忘之功矣。当壬辰板荡之日，苟非神宗皇帝动天下之兵，则我邦其何以再造而得有今日乎？"[①]只是，他们不仅感激明神宗派兵拯救朝鲜于水火，对于其时赴朝的明代征倭将士也同样充满了感激之情。他们将英勇无比的明朝军队称为"天兵"，认为正是依赖天兵之力，朝鲜才最终得以保全。《李朝宣祖实录》中有"小邦之兵恃天兵而贾勇""贼退专倚天兵"的记载，朝鲜学者李廷馥曾作《闻天兵破贼》诗三首，收入其《退忧堂集》中。其一曰："狂虏闻风胆已寒，天兵十万出长安。刘陈麻董同时举，直捣倭桥破釜山。"又曰："电击风驰此一年，长缨悬馘似鱼穿。凯歌声振鲸波息，白首孤臣喜欲颠。"再曰："事大诚深动上天，诸公效力不徒然。东人感戴知无报，惟愿皇图更万年。"[②]李尚吉亦有《闻天兵大捷》诗，收入其《东川集》中，其诗曰："巨猾滔天恶贯盈，南蛮百万壮兵声。鲸鲵授首妖氛息，遐迩同欢海岱平。"[③]郑澈则作五言古诗一首，以表达对援朝御倭将士的感激之情，其略曰："尔来龙湾城，对床寒暑易。一语三发叹，山河异畴昔。经年戎马窟，玉辇黄砂碛。衣冠污犬羊，杀气天地积。吾君有至诚，天子垂恩泽。须臾扫腥秽，顾眄扫疆场。传闻两王子，归与沈游击。又闻宋经略，功成罢兵革。老而不死幸，再睹王业赫。沾巾呜咽泪，喜倒悲欢极。"[④]

① 《李朝肃宗实录》卷18，肃宗十三年二月辛亥。

② 冯荣燮编：《朝宗岩文献录》，朝宗岩再建推进会1977年版，第466页。

③ 冯荣燮编：《朝宗岩文献录续集》，保景文化社1982年版，第543页。

④ 冯荣燮编：《朝宗岩文献录》，朝宗岩再建推进会1977年版，第509页。

为奉祀明代援朝征倭将士，朝鲜政府设立了宣武祠、武烈祠和愍忠坛等场所，祭祀于隆熙二年（1908）被废止。

宣祖二十六年（1593），朝鲜于汉城建成愍忠坛，以专门祭祀明代东征阵亡官军，牌位则藏于奉常寺。[①]宣祖三十一年（1598），于汉城南门内太平馆西创建宣武祠，崇祀明兵部尚书邢玠和右佥都御史杨镐，宣祖御书"再造藩邦"四字匾额以揭之。[②]英宗三十六年（1760）六月，建祠于宣武祠之东，将明朝东征阵亡官军神位移置其中，春秋致祭。[③]

正如宣祖三十三年（1600）平安道观察使徐渻驰所说："壬辰之变，宗社灰烬，车驾西迁，国势岌岌，莫保朝夕，而赖圣上平日事大至诚之效，特蒙圣天子钦恤下国之至恩，兴复疆域，保有宗社。自今以后，国家千万年之业，实是天朝所赐。至于军少则请兵，饷竭则请粮，天朝户兵衙门不以藩邦猥屑之请闭关绝之，有请必从，无愿不遂，不知调遣几十万兵，放散几百万银，漕转几千万谷。汉唐之际虽设都护，而特被皇朝之恩典者，无如我朝鲜之厚且大矣。"[④]在朝鲜君臣的心目中，明神宗的派兵之举值得感恩，而援朝征倭将领谨遵圣谕、全力拯救的恩情同样值得尊崇。三十六年（1603）[⑤]，武烈祠建成，祠设平壤府西门内，崇祀力主援朝的明兵部尚书石星、提督李如松等人。肃宗三十五年（1709）时，肃宗曾谕令臣下，"武烈祠即宣庙朝为明朝诸将创建者，尚无致祭之事，实为欠典，遣礼官

① 《增补文献备考》卷64、《春官通考》卷44，分别载于冯荣燮编：《大明遗民史》下卷，保景文化社1989年版，第68、71页。

② 《春官通考》卷44，载冯荣燮编：《大明遗民史》下卷，保景文化社1989年版，第69页。

③ ［朝鲜］吴庆元：《小华外史》卷8，白岳山房文库，崇祯纪元后五戊辰刊；《尊周汇编》，载冯荣燮编：《大明遗民史》下卷，保景文化社1989年版，第28页。

④ 《李朝宣祖实录》卷131，宣祖三十三年十一月丙辰。

⑤ 《增补文献备考》卷64中作"宣祖二十六年"，详见冯荣燮编：《大明遗民史》下卷，保景文化社1989年版，第68页。

致祭，申饬守护，其后自国家春秋降香祝行祀。”[①]

除此之外，朝鲜还有杨镐将军去思碑、李如松望日思恩碑、游击将军蓝公种德碑、明委官林济碑和游击将军季公清德碑等纪念性石碑，均是为感恩明朝、奉祀明援朝将领而建。

朝鲜王朝通过创设朝宗岩、万东庙、大报坛及宣武祠、武烈祠等场所，奉祀明朝皇帝和援朝征倭将领，表达对明朝的尊崇和感激之情，这种崇明报恩的理念具体到赴朝山东移民及其后裔的身上，则是一系列优待政策的推行和完善。这其中，既有免除钱粮兵役、赏赐米帛、提供衣食之资等行为，又有专设忠良科、录用移（遗）民子孙为官等举措，使得这些皇朝人、皇朝人子孙在保障经济生活的同时，政治地位也不断得以提高。

第三节　移居地对明代山东移民的优待

朝鲜王朝的优待政策并不是作用于所有的明朝移民，其主要的影响范围是原本在明朝有一定社会地位的阶层，也就是通常所说的“皇朝人”这一类，至于其他移居朝鲜的避乱漂流民，朝鲜称之为“向化人”，是得不到特别优待的。《李朝肃宗实录》中说：“所谓向化人者，古昔华人之漂到我地，因为我民者也。入我地，作我民，不知几百年，而每称向化。”对于这些向化人，朝鲜政府并没有给予他们免除钱粮兵役的特权，“水业者、农作者，并无身役。宜使其所居官考其帐籍，限其年代，在浦边者充水军，在陆地者定陆军，则可得数万精兵，而少有补于物故之代矣。”[②] 按照“向

① 《增补文献备考》卷64，载冯荣燮编：《大明遗民史》下卷，保景文化社1989年版，第68页。

② 《李朝肃宗实录》卷34下，肃宗二十六年十月辛未。

化子孙，有同编民”的原则，向化人仍然要“依例军役”[①]。

朝鲜君臣对明朝始终怀有强烈的感恩之心，因而他们对留居朝鲜的皇朝人、皇朝人子孙也采取了宽容友好、尊重优待的态度，这其中当然就包括明朝时期移居朝鲜的山东移民。“皇朝人”这一说法最早应用于朝鲜孝宗为九义士及其家人所建的皇朝人村。九义士到朝鲜后，凤林大君下令在宫邸南墙外建成皇朝人村，请九义士住居其中。“大君新坠储位，命筑诸公室于朝阳楼之南墙外，厚赐衣食之资。”孝宗继位后，将九义士拨归宫中内需司管理，同时，“朝廷赐田民、给衣食”[②]，提供其生存之资。九义士心怀北伐之志，希望能追随孝宗，实现反清复明的愿望，之后因孝宗赍志而没，北伐之事随之搁浅，九义士先后忧愤成疾，郁郁而终，“诸公念国仇之不得以报也，家乡之不得以归也，先王之恩不能忘也，而偷生异域无以为心，自时厥后，或行吟泽畔，或闭户悲歌，后先没世”[③]。

九义士及其后裔始终以皇朝人自居，他们世代居住于孝宗为其筑建的皇朝人村，“诸公先后没世，子孙仍籍焉。国人称其居曰皇朝人村。”[④]后来，皇朝人这一概念的外延有所扩大，并非仅仅用来指称九义士，而是包括了奉使而留居朝鲜者、援朝征倭将领及其后代、跟随朝鲜质子入朝者等的一个特殊的赴朝群体，他们要么在国内时出身仕宦之家，要么本人或祖、父辈曾对朝鲜做出过一定贡献，也有的是二者兼备，对于他们和他们的子孙，朝鲜君臣给予了充分的尊重和优待。

① 《李朝成宗实录》卷 282，成宗二十四年九月壬寅。

② 阙名朝鲜人：《皇明遗民传》卷 7，1936 年北京大学影印本。

③ 王德九：《九义行祠仪序例 · 祠号》，载冯荣燮编：《朝宗岩文献录后集》中卷，《朝宗岩志》卷上，保景文化社 1987 年版，第 808 页。

④ 冯学祖：《冽泉直中录序》，载冯荣燮编：《朝宗岩文献录》，朝宗岩再建推进会 1977 年版，第 581 页。

英宗三十年（1754）六月，英宗下令指出："中朝人混录于向化成册，其涉不察，当该道臣从重推考，以此诸道另加申饬，而若是下教之后，不可不一番厘正，令礼曹汉城府相考帐籍，卞其真伪，精抄成册，名曰《华人录》，一件置礼曹，一件置本道，世世免役，永勿征布。"[①]

正宗二十二年（1798），针对朝鲜社会混淆皇朝人与向化人称谓、皇朝人待遇日差的问题，正宗提出："近来名教日晦，事有关于春秋大义。为官长者，不识扶植之方，其害及于无告之向化村，岂非寒心之甚乎？皇朝人之流寓我国者，名之以'向化'，极不成说。诸凡文书，饬其勿复袭用'向化'二字。湖南则尚今称之，可谓贸贸，此后以'皇朝人村'改称。京外所在，帐籍邑志，依此厘正。"[②]皇朝人的身份使其享有了更高的社会地位，而这种地位的提高也是同朝鲜王朝尊周思明的理念紧密联系在一起的，朝鲜君臣越是感激明朝、对明朝的报恩心理越强烈，皇朝人及其后裔的社会地位也就越发得以凸显，待遇也不断得以提高。

肃宗元年（1675）闰五月，登州渔民韩登科、金长生、刘太山三人，因生活困苦，请求朝鲜政府赐给衣食，"俱以中原飘零之人，寄托本国，已过四十余年，值此大无，沟壑迫头，臣登科年八十、太山五十九、长生六十，异国之人，日薄西山。登科，壬辰征倭时备御韩宗功之孙，岂无微劳之可纪乎？"户曹奏请"酌给衣食之资"，肃宗当即允之。[③]肃宗六年（1680），又命赐给韩登科等人衣物，"复赐大明流来人韩登科、刘太山等衣资，仍命限生前给料。两人曾于乙卯并蒙衣食之赐，至是复上言丐恩。"[④]户曹以登科年老，奏请只给登科赏赐，肃宗以同是流落之汉人，特命一并

① 《中朝人收用传教》，载冯荣燮编：《大明遗民史》下卷，保景文化社1989年版，第59页。

② 《李朝正宗实录》卷49，正宗二十二年九月辛酉。

③ 《李朝肃宗实录》卷4，肃宗元年闰五月丙申。

④ 《李朝肃宗实录》卷10，肃宗六年十月丁酉。

赐给。[①] 二十五年（1699），肃宗专门降旨，给予跟随凤林大君到朝鲜的崔回姐以特别优待："甲申之事，尚忍言哉？其时皇朝女人之仳离托身殊方者，不啻一二人，而皆已身故，只有崔回姐一人，而侍卫累朝，年迫八十，宜有别样轸念之道"，令吏曹特赐尚宫，亦令地部优给衣资食物。[②] 三十年（1704）二月，再次下旨赐予崔回姐衣食，"尚宫崔氏，以皇朝宫女，年迫八十，今遇运移皇祚之岁，尤宜轸恤，其令该曹优给衣资食物。孝宗大王在沈中时，值皇朝新亡，内人皆奔窜，得二宫女以归，置之宫中，常在矜恤，一人先病死，崔氏独存，至是，上特命赐赍，闻者感激。"[③] 次年崔回姐病故，肃宗特命礼曹"丧需从优"，厚葬之。[④]

九义士虽先后逝去，然而朝鲜王朝对明朝的感激之情和对明代移（遗）民的优待政策却远没有结束，"惟此东土一隅，虽地偏力弱，含冤忍痛，而为皮币之役，文物之盛，得保先王之制，坛设大报，庙立万东，上自国君，下至士民，为旧君明大义者，历代以来，所未有也。"[⑤] 肃宗三十年（1704），即明朝灭亡六十周年之际，肃宗在昌德宫后苑建大报坛，崇祀明神宗，以王以文之孙为领役将。[⑥] 三十一年（1705）三月，肃宗于大报坛行望拜礼时，命冯三仕之子冯宝通等人参班，并特赐御诗："大报坛成肇祀亲，时惟蚕月属和春。衣冠济济班行造，磬筦将将醴币陈。昔被隆

---

① 《皇朝人事迹·国朝宝鉴别编》，载冯荣燮编：《大明遗民史》下卷，保景文化社 1989 年版，第 43 页。

② 《李朝肃宗实录》卷 33，肃宗二十五年十一月丁巳。《皇明遗民传》卷 7 中亦载此事，所记稍有不同。

③ 《李朝肃宗实录》卷 39，肃宗三十年二月壬辰。

④ 《李朝肃宗实录》卷 42，肃宗三十一年五月壬辰。

⑤ 王德九：《九义行祠仪序例·祠号》，载冯荣燮编：《朝宗岩文献录后集》中卷，《朝宗岩志》卷上，保景文化社 1987 年版，第 808 页。

⑥ 阙名朝鲜人：《皇明遗民传》卷 7，1936 年北京大学影印本。

恩铭在肺，今瞻神座涕沾巾。追思岂但微诚寓，切愿宁陵圣志遵。”[①] 英宗时期，又将大报坛崇祀对象增加为明太祖、明神宗和明毅宗。每次大报坛祭祀之后，英宗均会召见皇朝人子孙，或赐物，或试射，或面授官职，同时蠲免其徭役。这里所说的皇朝人子孙自然不止包括九义士后裔。二十五年（1749）三月，英宗召见皇朝人子孙，试艺、施赏，置守仆二人守大报坛。[②] 二十七年（1751）三月，英宗召见皇朝人子孙，特命兵判记录其祖姓名及陪从始末。[③] 十月，英宗又于皇朝人村召见九义士后孙，说：“此皇明遗民，圣祖所尝爱恤者也，今过此地，追慕之怀，匪风之思，益切于中”，特命惠厅从厚顾恤。[④] 三十年（1754）三月，英宗召见皇朝人子孙，亲询姓名，赐馔，命户曹给米，令军门调用。次日试射，分别赏赐，并命户曹各给米五斗。[⑤] 是年，英宗下诏指出：“皇朝人楚、田、潘三姓，世世免役。楚海昌孙特为免贱，李萱令军门调用。向化人成册，不可不一番厘正。”命礼曹调查皇朝人情况并登记造册，编成《华人录》，免除皇朝人子孙徭役，永不征收。[⑥] 三十一年（1755）十二月，英宗命军门调用皇朝人子孙，“岁首依父老例赐馔”[⑦]。三十四年（1758），英宗召见皇朝人子孙，

① 《李朝肃宗实录》卷41，肃宗三十一年三月癸卯。

② 《皇朝人事迹·裴氏家乘》，载冯荣燮编：《大明遗民史》下卷，保景文化社1989年版，第33页。

③ 《皇朝人事迹·裴氏家乘》，载冯荣燮编：《大明遗民史》下卷，保景文化社1989年版，第33页。

④ ［朝鲜］吴庆元：《小华外史》卷8，白岳山房文库，崇祯纪元后五戊辰刊。

⑤ 《皇朝人事迹·裴氏家乘》，载冯荣燮编：《大明遗民史》下卷，保景文化社1989年版，第33页。

⑥ 《李朝英宗实录》卷81，英宗三十年六月庚申。

⑦ 《皇朝人事迹·裴氏家乘》，载冯荣燮编：《大明遗民史》下卷，保景文化社1989年版，第33页。

录用其中一些人为官，并“令惠厅食物从厚题给”，[①] 其后又特别下令，“命皇明人子孙勿充军役，其身役纸束，亦为荡除。”[②] 三十六年（1760）七月，召见皇朝人及功臣子孙，试射、宣馔。[③] 三十七年（1761）五月，英宗御崇政殿，行大报坛望拜礼，说：“昔年孝庙率汉人而来，命居本宫墙外汉村，尚今存焉”，特令惠厅给予九义士后裔衣食，以示追恩昔年之意。[④] 三十八年（1762）十月，下令特给九义士后孙食物。[⑤] 三十九年（1763），英宗特别提出：“此岁将暮，明年即甲申也。于义洞汉人即昔年率来命留者也，予当召见，其令惠厅赐米有差”[⑥]。

英宗还为皇朝人子孙提供科举入仕的机会。四十年（1764），英宗下令皇朝人后孙年七十者，各加一资，[⑦] 同时为九义士及援朝征倭将领的后代开设忠良科，“命以仲春设科，惟显节、忠烈两祠配享人之孙及皇朝人之裔赴于科名，其科曰忠良。”并明确提出，为顾及明遗民后裔的感情，在忠良科发榜时不得使用清朝的年号。[⑧] 是年忠良科开考时，英宗亲赴考场举行“大射礼”，其后，他下令给忠良科及第之人授予武职。[⑨] 七月，英宗亲临皇朝人村召见九义士子孙，令惠厅各给米三斗。[⑩] 四十一年（1765）

---

① 《李朝英宗实录》卷 91，英宗三十四年六月己未。

② 《李朝英宗实录》卷 92，英宗三十四年七月己丑。

③ 《皇朝人事迹 · 裴氏家乘》，载冯荣燮编：《大明遗民史》下卷，保景文化社 1989 年版，第 33 页。

④ 《李朝英宗实录》卷 97，英宗三十七年五月戊申。

⑤ 《皇朝人事迹 · 裴氏家乘》，载冯荣燮编：《大明遗民史》下卷，保景文化社 1989 年版，第 34 页。

⑥ 《李朝英宗实录》卷 102，英宗三十九年十月辛亥。

⑦ 《李朝英宗实录》卷 103，英宗四十年正月丙辰。

⑧ 《李朝英宗实录》卷 103，英宗四十年正月壬申、二月戊子。

⑨ 《李朝英宗实录》卷 103，英宗四十年三月戊辰。

⑩ 《皇朝人事迹 · 裴氏家乘》，载冯荣燮编：《大明遗民史》下卷，保景文化社 1989 年版，第 34 页。

三月，英宗再御皇朝人村，命九义士子孙赴忠良科，于训炼院试射，二中直赴殿试，一中赴初试。九月，御隆武堂召见皇朝人子孙，宣馔。四十五年（1769）五月，英宗御隆武堂，命皇朝人子孙试射，其不解操弓者，命官试炮，施赏有差。七月，御隆武堂，命皇朝人子孙试射，二中者直赴殿试，其余施赏有差，仍行宣馔。四十六年（1770）三月，命皇朝人子孙试射、施赏。五月，英宗召见皇朝人子孙，其无料闲散及儿弱者，各赐米五斗。七月，召见皇朝人子孙，各赐米二斗。[①] 英宗四十八年（1772）三月壬子，英宗御隆武堂试射，皇朝人子孙赏赐不等。次日，御德游堂召见皇朝人子孙，各赐米五斗，有职名者赐弓一张，成冠以上皆参望拜礼，十五岁以上未成人者，令该曹助给婚需，使之及时婚娶。[②] 七月，英宗御崇政殿月台，行望拜礼，召见皇明人子孙。四十九年（1773）闰三月，英宗又召见皇朝人子孙，在隆武堂为忠良科举行试射之礼，"皇明人子孙或赐第，或加资，或赐马、赐弓矢，其余儿弱赐米，未婚者令该厅助给婚需。"[③] 六月，英宗御德游堂，召见皇朝人子孙，赐米。[④] 五十年（1774）七月，英宗召见皇朝人子孙，于中日厅行试射之礼。[⑤] 五十一年（1775）三月，英宗御隆武堂，命皇朝人子孙试射，二中者直赴殿试，一中者赐弓一张。

正宗时，在大报坛祭祀之后，依然会召见皇朝人子孙，对其赐物或任用也多在此时进行，许多皇朝人的后裔通过参加忠良科考试进入了仕途。正宗二年（1778）五月，命皇朝人子孙儒生及武有职名出身者与闲散参

① 《皇朝人事迹·裴氏家乘》，载冯荣燮编：《大明遗民史》下卷，保景文化社 1989 年版，第 34 页。

② 《李朝英宗实录》卷 118，英宗四十八年三月壬子、癸丑。

③ 《李朝英宗实录》卷 120，英宗四十九年闰三月己酉。

④ 《李朝英宗实录》卷 120，英宗四十九年六月壬辰。

⑤ 《李朝英宗实录》卷 123，英宗五十年七月壬申。

班。[①]三年（1779），正宗命录用皇朝人后孙。[②]八年（1784）三月，下令录用皇朝人子孙，“其中可合奖用人，观其身手才谞，令兵判及时原任将臣各荐一二人，以为收用之地。”[③]九年（1785），皇朝人及朝鲜忠臣后孙试射施赏。[④]十二年（1788）正月，在大报坛望拜礼之后，正宗依照惯例召见皇朝人后裔，问其姓名世系，“命庠生王尚文五世孙愿忠、按察使王楫六世孙道成、侍郎郑文谦五世孙昌仁、庠生冯三仕六世孙庆文，令军门将官调用。尚书田应扬七世孙世丰、康世爵五世孙尚尧，时在乡里，待上京，令兵曹启禀收用。又命提督李如松后孙光遇除守令，钱塘太守黄功曾孙世中为五卫将。二王氏及郑、冯、黄三姓，孝宗在沈阳时随跸东来者也。田、康二姓，崇祯丙子前流寓人也。”[⑤]十五年（1791），正宗于大报坛行望拜礼后，召见皇朝人子孙及朝鲜忠良后孙等。[⑥]二十年（1796）五月，于北苑行皇坛望拜礼，命参班皇朝人及忠良人子孙应制试射，合格者召见施赏。[⑦]

忠良科的设立为皇朝人子孙开创了一条通过科举晋身仕途的道路，明征倭提督麻贵九世孙麻夏帛于宪宗八年（1842）忠良科及第，此后历任宣传官、训炼部监哨官、训炼院主簿、折冲将军、佥知中枢府事兼五卫将、训炼院判官、通政大夫行厚州都护府使等职。[⑧]

英宗二十五年（1749），置守仆二人，由九义士子孙充任，以守护大

---

① 《皇朝人事迹·裴氏家乘》，载冯荣爕编：《大明遗民史》下卷，保景文化社 1989 年版，第 35 页。

② 《尊周汇编》，载冯荣爕编：《大明遗民史》下卷，保景文化社 1989 年版，第 29 页。

③ 《李朝正宗实录》卷 17，正宗八年三月甲午。

④ 《尊周汇编》，载冯荣爕编：《大明遗民史》下卷，保景文化社 1989 年版，第 29 页。

⑤ 《李朝正宗实录》卷 25，正宗十二年正月乙亥。此段记载中，王尚文应为王文祥之误，冯庆文是冯三仕的曾孙，并非六世孙。

⑥ 《李朝正宗实录》卷 32，正宗十五年三月癸巳。

⑦ 《李朝正宗实录》卷 44，正宗二十年五月甲寅。

⑧ 冯荣爕编：《大明遗民史》上卷，保景文化社 1989 年版，第 290 页。

报坛。四十九年（1773）六月，英宗在大报坛行望拜礼之后，还特给守仆赏赐。[①] 正宗十四年（1790），设立大报坛守直制度，以九义士子孙充任大报坛守直官，负责大报坛的保护和管理工作，属兵曹管辖。[②]

清朝初年朝鲜质子被释放回国，“皇朝人黄功、王凤冈、王文祥、冯三仕、王美承、杨福吉、郑先甲、柳溪山、裴三生等陪驾东来，孝庙使居潜邸朝阳楼下。其后，独美承无后，诸人子姓甚繁，谓之随龙八姓。”[③] 正宗十四年（1790）三月，正宗在行毅宗皇帝忌辰望拜礼时，感念九义士后裔“虽或有蒙恩，拔擢入预宿卫、出典州郡者仅一二数，余皆甘处下流，不堪其苦”，特于春塘台召见九义士后孙，命置大报坛守直官三员，同时，改汉人牙兵为汉旅。《李朝正宗实录》中载：“汉人之陪归东土者，孝庙朝命使之寄接于宫底，及登宝位，属之内需司，计口给粮，旋又编管训局牙兵，色渔业资生，此汉人牙兵设置之颠末也”[④]，此时正宗决定改牙兵为汉旅，置汉旅三十名，属训局管辖，入直于朝宗门内，坛享时行奉神榻、设馔、撤馔等事。[⑤] 大报坛守直官是专为九义士后裔设置的职位，“令兵曹以随龙八姓拟差，八姓无可合人，流寓人后孙通拟，随品付军职”[⑥]，只有在九义士子孙中无适合人选时，才可以从其他皇朝人子孙中选择。

正宗二十二年（1798）七月，正宗感叹东来皇朝人之后裔，“而今也飘零百年之后，习俗之贱之愈甚，玉佩文章，尚矣无闻，名编行伍，负薪

① 《李朝英宗实录》卷120，英宗四十九年六月丙申。

② ［朝鲜］吴庆元：《小华外史别编》卷1，《大报坛志》上，白岳山房文库，崇祯纪元后五戊辰刊。

③ ［朝鲜］吴庆元：《小华外史》卷8，白岳山房文库，崇祯纪元后五戊辰刊。

④ 《李朝正宗实录》卷29，正宗十四年三月己亥。

⑤ ［朝鲜］吴庆元：《小华外史》卷8，白岳山房文库，崇祯纪元后五戊辰刊。

⑥ ［朝鲜］吴庆元：《小华外史别编》卷1，《大报坛志》上，白岳山房文库，崇祯纪元后五戊辰刊。

不封，真所谓淮橘为枳，宁不恻然而伤心？……其嗣胄落在乡曲，尚不沾禄，岂不是欠事？”[①] 于是下令给予皇朝人子孙赏赐。纯宗二十七年（1827）三月，王世子诣大报坛行春享之礼，命守直官以下施赏。[②] 数日后，兵曹判书金鲁敬奏言：“皇朝人子孙，朝家每示优待收用，与他自别，……此后皇朝人子孙中，虽非出身，升资无碍，举拟于五卫将之意，定式施行。”[③] 纯宗采纳了此一建议，任用皇朝人子孙为官。

《尊周汇编》中载：“宣祖大王至诚事天朝，未尝背西而坐；仁祖大王虽在南汉围城中，圣节正朝必望皇朝行礼；自肃宗大王设坛享之后，每岁无故必亲享，英宗大王亦如之。五月十日，高皇帝忌辰也；七月二十一日，显皇帝忌辰也；三月十九日，烈皇帝忌辰也。每当是日，或诣坛所行望位礼，或于后苑行望拜礼，又于三皇帝即位日及南汉下城之日，追感皇恩，则亦皆行礼。正宗大王尝教曰：‘丙申以后，如无难强之端，必躬自行礼者，体先祖尊周之圣意，且欲使我子孙知此日应行之礼，至于儒武试取为忠良后裔，亦不无观感者存，此乃列圣朝家法然也。至若诸臣之旌褒与其后孙之恩恤等诸恩典，又皆由是而推之，即亦爵禄庆赏，成诸宗庙之义也。’”[④]

朝鲜王朝通过设立朝宗岩、万东庙、大报坛等场所来表达崇明报恩思想，并对皇朝人、皇朝人子孙采取了一系列尊重和优待政策，免其钱粮兵役、厚赐衣廪，设立忠良科，使其可以通过科举考试晋身仕途，并为九义士子孙专设大报坛守直制和汉旅制等等，然而在一些朝鲜学者看来，朝鲜

① 《李朝正宗实录》卷 49，正宗二十二年七月己丑。

② 《李朝纯宗实录》卷 28，纯宗二十七年三月壬午。

③ 《李朝纯宗实录》卷 28，纯宗二十七年三月乙酉。

④ 《尊周汇编》卷 9，《皇坛年表》，载冯荣夔编：《大明遗民史》下卷，保景文化社 1989 年版，第 28 页。

政府的这些优待政策，作为尊周思明的具体表现形式，还远远不够。金平默就曾提出，九义士之忠义大节，与明朝之史瞿诸公及朝鲜之修攘诸贤，显晦不同而其归则一，“当就其家特降不祧之典，朝宗私荐之外，别用宣武祠之例，不然郊关内外，使诸生择地立祠，而宣赐恩额，画给田民，祠外设书院，为讲业之地，而仍以胡翰林并享，以致崇报之礼。”①

同时，他还感慨皇朝人子孙没有得到足够的尊重与优待，“中国士大夫东来，为显族者甚众，姑以浅陋所记言之，如延安之李、碧珍之李、唐城之洪、执事之先，世皆门族高贵，世为甲乙大家，而独此皇明之末东来之人，若九义士，若胡翰林，忠义名节，百世可诵者，至其子若孙，屈辱而为中路褊氓，使不得齿于本国士夫之列者，果何义欤？路马可式也，屋乌可爱也，况于天朝之贵族、忠义之家世，而谓路马屋乌之不若耶？春秋之法，王人虽微序于诸侯之上，推此义也，则此数姓者，在所贵乎？在所贱乎？如此而谓之尊周，百世之下，谁肯信之？属之都监，付之牙兵，名之汉旅，此今日微贱之所由也，以祖宗尊周之诚，断不应如是。”在他看来，“北苑守直之官，改为士夫初仕之窠，使斥和人子孙及九义士、胡翰林之后，通同拟望，西原庙官亦然，而九义士、胡翰林之后，入于仕籍者，随其才学，无官不拟，一与本国士夫无毫发差殊，都监汉旅之垢蔑，一齐改正，十分洗涤，不惑于疑，似不挠于众口，持之如金石，信之如四时，则少间泯然一色矣！”② 由此可见朝鲜对于明朝报恩思想之强烈。

柳麟锡《毅庵集》中载：“皇明屋社后，圣朝设大报坛于御苑，士林

① ［朝鲜］金平默：《与任全斋书》，载冯荣燮编：《朝宗岩文献录后集》中卷，《朝宗岩志》卷下，保景文化社 1987 年版，第 840 页。

② ［朝鲜］金平默：《与任全斋书》，载冯荣燮编：《朝宗岩文献录后集》中卷，《朝宗岩志》卷下，保景文化社 1987 年版，第 841 页。

建万东庙于华阳洞，王朝九义士子孙设大统庙于朝宗川，为之崇奉享祀。”①万东庙、大报坛等地的祭祀于1908年撤享，王以文后裔在朝宗岩建大统行庙和九义行祠，中间虽也曾遭停享，但在冯荣燮、王世均、王益均等山东移民后裔的努力下，最终能够奉享至今。虽然这种祭祀很大程度上属于民间行为，但其在朝鲜的存在本身已能够充分显示出朝鲜尊周思明理念之强烈和持久。

朝鲜“尊周之义，洌泉之感，实出于继述盛德，而凡于皇朝人遗裔、忠臣子孙，其顾念庇护之道，靡不用极，至若汉人以中朝荐绅之裔，为今日卑贱之役，特垂矜恻之念，每轸矫救之方矣”，于是每值皇坛望拜之日，朝鲜国王均“下询于皇朝人后孙处，爰命有司之臣商其便否，量其事势，俾从其所欲，亦遂其自愿，厘革之道，拯拔之恩，于是乎并行，甚盛意也。”②朝鲜王朝对皇朝人、皇朝人子孙的种种优待当然不止及于赴朝山东移民及其后裔，但是说山东移民是这些皇朝人中的典型代表却并不为过。韩登科、刘太山和崔回姐等人均曾有过被朝鲜国王顾恤、施赏的经历。九义士之中因为山东籍人士占多数，使得其后代中充任大报坛守直官、汉旅和五卫将等职的比比皆是。朝鲜王朝的慕华崇明理念和其强烈的报恩思想是这些皇朝人中的山东移民能够在朝鲜保持正常生存以至门丁兴旺、门第不堕的一个重要原因。

---

① ［朝鲜］柳麟锡：《毅庵集》卷3，《崇明三义》，景仁文化社1973年版。

② 冯荣燮编：韩国《临朐冯氏族谱》，保景文化社1989年版，第229页。

第六章　明代山东移民在移居地的情况

明代赴朝山东移民多数出身于官员家庭，这些家庭以诗书起家，以科举进入仕途，因而十分重视对子女的教育，这样的家风和家族传统也为这些赴朝移民所继承，对于他们的后代来说，虽然生于异域、长于他乡，但自幼良好的教育环境、文化环境和忠孝节义的家族文化传承为他们的成长与成才创造了有利的条件。另一方面，朝鲜君臣对明朝的尊崇与感恩又使他们对这些避居朝鲜的山东移民采取了尊重和优待的政策，不仅提供衣食之资，还设立忠良科，使其有机会通过科举考试进入仕途，并专为九义士后裔设置大报坛守直官、汉旅等职位，使其能够在朝鲜拥有一定的社会地位。

基于以上内、外两方面的原因，这些赴朝山东移民的后裔开创了世代在朝鲜为官的局面。虽然只有其中少数几人做到较高职位，多数人只是一般的低级军职，但联系他们的移民身份和其时所处的明清社会大背景，可以看出，这一局面的取得已实属不易。在此主要以《大明遗民史》《朝宗岩文献录》等史料为依据，依然按照赴朝方式与路线的分类标准，依次阐述赴朝山东移民后裔在朝鲜的任职情况、人口数量和分布地区，梳理赴朝山东移民在朝鲜繁衍发展的情况，探讨这些移民及其后裔对朝鲜的贡献与影响。虽然因为资料所限，多数情况下只是对赴朝山东移民后裔所任职位简单述及，而没有进一步分析，难免给人浅尝辄止之感，但通过历数移民后裔中的知名人物，可以较为清晰地梳理出明代赴朝山东移民在文化、思想、政治、学术、教育等方面对朝鲜社会产生的积极影响，以及为推动儒家思想在朝鲜的传播、促进中朝文化交流做出的历史贡献。同时，通过对赴朝移民本人和他们的后辈各自婚姻状况的对比，说明“姻娅必求其类，祸福期于共济”[①]的移民特色。

第一节 任职情况、人口数量与分布地区

一、奉命出使而留居朝鲜者后裔

（一）青州史氏后裔

史繇在奉使高丽之前是明朝的礼部尚书，到高丽后仍旧受到高丽政府的优待，其后世子孙中也有多人在朝鲜为官，世系显赫。史繇之子史重，字千里，号竹亭，朝鲜世宗时期任庆尚左道观察使，世宗十一年（1429）对马岛之役，征伐倭寇有大功。史繇孙克明，字仁明，掌隶院判决事，正三品。《大明遗民史》中载：“出身史鸿经十六世祖、礼部尚书繇，则投在槠岑，托根已久；十二世祖、左岭伯重，值丙子之变，义不屈于强胡，身立殣于危乱，仁庙嘉奖，特竖神道，则丹心素节，炳如日星矣！”[②]除此之

① 麻蓬直：《东征将相遗后录》，载冯荣燮编：《大明遗民史》下卷，保景文化社 1989 年版，第 113 页。

② 《苏州贾氏大同谱序·石湖公上赵相国书》，载冯荣燮编：《大明遗民史》下卷，保景文化社 1989 年版，第 346 页。

外，史氏后裔中亦多有出仕者。四世史义淡为平泽县监。五世史得孙为监察。六世史宗为通仕郎；史尚珣为参奉。七世史麒麟为都事；史鹤寿为主簿。史远勋，字近溟，号林泉，曾担任工曹参议一职。八世史孟连为刑曹佐郎；史龙为司宪府监察；史逊东，字敬者，历官通政大夫、同知中枢府事。九世史英周为资宪大夫、刑曹佐郎。十世史允福与史慎贞（字敬之）均为通仕郎，史大福为庆州府尹，史种男为训炼院主簿，等等。另外，还有一些史氏后人，《大明遗民史》中并未详载其世系，在此亦将其任职情况简列如下：史应轩为户曹佐郎，史仁宫为庆州府尹，史庆元为兵曹参判，史福尚为工曹参议，史天德为户曹参判，史汉龙为军资监正，史五奉为汉城府尹，史圣周、史顺起、史有元、史锡桓、史凤龙、史修章、史一淳、史良弘、史铎奎等人曾任同知中枢府事，史海龙与史厚种中进士，史光龙为参赞，史守凤与史文寿为龙骧卫副护军，史命益为佥知中枢府事，史继元为训炼院判官，史谊观为五卫都总府副总管，史鸿经与史相日、史淑淳、史瓒淳、史弘燮、史江淑为副护军，史应度为都总管，史得良、史润赫为户曹参判，史定、史宣、史东奎为五卫将，史宬为司宪府监察，史观壹、史明淳与史正元为工曹参议，史希淳与史相执为五卫都总管，史勇极与史保淳为义禁府都事，史锡奎与史兴淳为敦宁府都正，史孟得为汉城左尹，史龙燮为副司果，史国淳为忠勤府都事，等等。①

近代以来，在朝鲜的史氏后裔中，知名人士有：曾经担任大法判事、中央选举管理委员长的史光郁；青山中学校长史东郁；前京畿道议员、辩护士史埈；音乐家史相弼；忠南大学校教授史在东；朝鲜大学校教授史得

① 《韩国人的族谱》编纂委员会编：《韩国人的族谱》，日新阁1977年版；韩国姓谱编纂委员会编：《韩国人的姓谱》，三安文化社1986年版；《韩国姓氏大百科·姓氏的故乡》，中央日报社1989年版，分别载于冯荣燮编：《大明遗民史》上卷，保景文化社1989年版，第129、156、227页。

良；社长史成燮；前农协中央会支所长、公认仲介士史仲镇；平安北道知事史秉权；贸易会社社长史基德、史智焕；农协中央会课长史相源；蔚珍西面长史昌业；地籍协会支所长史英淳；蔚珍邑副邑长史太镇；仁川市课长史宗浩；国土统一院事务官史淳文；洪川郡守史教镇，等等。[①]

《韩国人的族谱》一书中记载，根据1930年调查显示，其时青州史氏在韩国共有179户，分别为：京畿道坡州郡月笼面苇田里87户，京畿道杨州郡17户，江原道洪川郡化村面长坪里75户。[②] 据1987年12月韩国经济企划院调查统计局公布的1985年11月1日第13次人口调查姓氏及本贯人口数字显示，在韩国的青州史氏后裔共计6532人，其中汉城1514人，釜山324人，大邱214人，仁川332人，京畿道1308人，江原道787人，忠北道408人，忠南道421人，全北道124人，全南道255人，庆北道529人，庆南道305人，济州11人。[③]

（二）孔氏后裔

《李朝正宗实录》中载："孔氏入我朝，登第者为四人。盖孔绍即先圣五十三代（按：应为'五十四代'）孙也，元时随鲁国公主出来。其后又有孔頫者，至太宗朝为太学士。至于孔瑞麟，蔚为己卯名贤，冠冕世世不绝。……取考帐籍及其家所藏族谱，仍为溯考于中原文献，则世派与来历分明符合矣。"[④] 根据这段记载可知，孔绍后裔孔頫在李朝太宗时，曾任太

① 《韩国姓氏大观·史氏》，创造社1971年版；《韩国姓氏大百科·姓氏的故乡》，中央日报社1989年版，分别载于冯荣燮编：《大明遗民史》上卷，保景文化社1989年版，第97、227—228页。

② 《韩国人的族谱》编纂委员会编：《韩国人的族谱》，日新阁1977年版，载冯荣燮编：《大明遗民史》上卷，保景文化社1989年版，第129页。

③ 《韩国姓氏大百科·姓氏的故乡》，中央日报社1989年版，载冯荣燮编：《大明遗民史》上卷，保景文化社1989年版，第226页。

④ 《李朝正宗实录》卷35，正宗十六年八月丁亥。

学士。而在世居朝鲜的孔氏后裔中，以孔瑞麟名声最著，“为己卯（1759）名贤”，至英宗朝时官至大司宪。此后，孔氏后裔“冠冕世世不绝”。孔瑞麟七世孙孔学洙，朝鲜王朝曾拟任为官吏，后未果。孔学洙之子孔源仁，其孙孔胤恒，亦为学人，曾任殿讲讲生。另外，孔明烈与孔胤道均为朝鲜名儒，孔明烈著有《东国阙里志》二卷，孔胤道居于善山，亦有著述留存于世。至正宗朝时，孔氏后裔中为官的有孔允东，任庆基殿参奉。

孔氏后裔在朝鲜世代繁衍，人丁旺盛。正宗十六年（1792），正宗召见孔允东时，曾问及孔氏后裔在朝鲜半岛的居住情况：“自尔孔之东来，世居水原，墓址宛在，坛杏成乔，诚非偶然。以圣人后裔，若能自勉，以诗礼见称，则世道之幸也。孔姓之居水原者几家？散在他处者几派耶？”孔允东回答：“居水原者三十余家，而间多流寓于龙仁。至于岭南，则孔姓者甚多矣。”[①]《朝鲜华侨史》一书中认为，根据孔允东所述，可知当时在朝鲜居住的孔子后裔至少有 50 户，每户以 3 口人计算，则至少有 150 人。[②]而根据 1987 年 12 月韩国经济企划院调查统计局公布的 1985 年 11 月 1 日第 13 次人口调查姓氏及本贯人口数字，其时在韩国的孔氏后裔有 72,382 人。[③]目前韩国仍有数万的孔子后裔，仁川的唐人街至今还保有一座建于 1127 年的孔庙。

---

① 《李朝正宗实录》卷 35，正宗十六年九月辛丑。

② 杨昭全、孙玉梅：《朝鲜华侨史》，中国华侨出版公司 1991 年版，第 39 页。

③ 冯荣燮编：《大明遗民史》附录，保景文化社 1989 年版。

二、明代援朝征倭将领后裔

（一）征倭将领麻贵曾孙麻舜裳

麻舜裳善治蚕绵，曾详述中国养蚕种绵之事，曰："南方养蚕者，六七月多采桑叶，干之，积置室中，使无漏湿、烟熏之患，翌年蚕出三眠后，浥水饲之，则蚕盛而丝多。木绵有雌雄，叶多而茎粗者为雌，叶细而茎小者为雄。初生三寸许，拣去雄者，而只留雌者，掐其中茎，则甚盛多花云"，其诀多传于湖南。[①] 正宗二十四年（1800）五月，正宗感念"（麻贵）孙舜裳（按：应为曾孙，《皇明遗民传》中亦说麻舜裳为麻贵之孙，皆有误。）因难来投，后承或云流落湖南"，令京外访问以闻。[②]《李朝正宗实录》中也说："舜裳与冯王诸人因难来投，又与故相文贞公金堉论南方养蚕事，其详在于《文贞日记》，而于今百有五十年之间，都督后承或云流落湖南，而未闻其在何地，令京外访问，必求其后承以闻。"[③]

麻舜裳曾作《上谷麻氏通判公吟咏》，其词曰："南京通判八欹斜，变服东来所向何？国破君亡族被害，不居仇地来此家。异域一村有我缘，大同故土见何年。伤心永历年如昨，泪洒南风鸭绿边。万历名将姓曰麻，亡命东来回回麻。天朝华阀落东土，扶植王春一叶麻。藩邦再造是天缘，谁识我祖奉命年。鏖战素砂除卉服，无穷皇泽海东边。思家步月几夜立，心送故园未归身。鸭绿江水流滔滔，长带吾心咽万春。提督先祖讨倭缘，三叶孙枝七十年。忍说崇祯翻覆事，皇明日月照何边。头上日月万古仇，眼

① ［朝鲜］吴庆元：《小华外史续编》卷 2，《皇朝遗民录·避地东来诸人》，白岳山房文库，崇祯纪元后五戊辰刊。

② ［朝鲜］吴庆元：《小华外史》卷 8，白岳山房文库，崇祯纪元后五戊辰刊。

③ 《李朝正宗实录》卷 54，正宗二十四年五月辛卯。

下江山一世仇。三千八百年王孙，与天不共戴天仇。余有亡国避地泪，长泣不枯四五年。今日北面右卫县，感旧万洒春风前。追忆大同按黄图，皇明世界宛在输。燕赵侠客鸣剑叹，吴楚神僧把毫模。天意宁忘千年夏，人情堪愧一代无。遥瞻鸭水朝会路，故国如今是谁都。”[①]他在留居朝鲜的第二年，就立下《子孙训教书》，告诫自己的子孙“一不言朝廷利害是非，二不言他人之长短，虽金枝玉叶，万里孤踪，难免得辱，且为不知死生，守口如瓶，言忠信，行笃敬，处处无咎，世世慎之。”[②]

麻舜裳子麻蓬直，字中扶，号北望子，取“北望故国”之意，《皇朝遗民录》中有《北望集》[③]，载其事迹。崇祯末年，蓬直痛清人之僭号，遂驾扁舟，往来海滨，及京师变，转达淮安，闻弘光皇帝立，将兵从督师史可法，未几，南都又陷，因复东还，客于湖西泰安郡。[④]宋秉璇《渊斋集·皇朝遗民传》中亦说其“见中原腥秽东来，客于湖西”[⑤]，转之石城县，县中士民为其买田宅以居，惟日事钓鱼以资生，有时登高西望恸哭，及闻皇朝人来寓王京，来与交游，至其晚年，游于关东，不知所终。[⑥]麻蓬直曾为《皇朝人东来记》作序，又作《潮州石氏东来记》《东征将相遗后录》等文，记录皇朝遗民事迹，亦借此表达对故国的怀念之情。朝鲜学者申曼曾作《赠都指挥使麻蓬直公》一诗，其文曰：“十年西望未归人，万死东

① 冯荣燮编：《大明遗民史》上卷，保景文化社 1989 年版，第 75 页。

② 冯荣燮编：《大明遗民史》上卷，保景文化社 1989 年版，第 79 页。

③ 冯荣燮编：《大明遗民史》下卷，保景文化社 1989 年版，第 114 页。

④ [朝鲜] 吴庆元：《小华外史续编》卷 2，《皇朝遗民录·避地东来诸人》，白岳山房文库，崇祯纪元后五戊辰刊。

⑤ [朝鲜] 宋秉璇：《渊斋集》卷 48，《皇朝遗民传》，载冯荣燮编：《大明遗民史》下卷，保景文化社 1989 年版，第 228 页。

⑥ [朝鲜] 吴庆元：《小华外史续编》卷 2，《皇朝遗民录·避地东来诸人》，白岳山房文库，崇祯纪元后五戊辰刊。

来只一身。何日燕关通道路，至今辽塞暗胡尘。三春旅梦闻鸡早，半夜悲歌抚剑频。尔祖吾邦勋业在，相逢离乱更伤神。”① 该诗亦被收入《麻氏家乘》中。

宪宗九年（1843），麻贵后裔麻夏帛于忠良科及第后被任命为吏。《大明遗民史》中载：“前营将麻夏帛九世祖、提督贵，则丁酉倭寇再犯之日，统领天将，剿残凶贼，武略超迈，勃业卓伟矣！”② 朝鲜君臣因为感念麻贵在援朝御倭战争中的贡献，对其后裔也给予了特别优待。

根据韩国经济企划院调查统计局 1987 年 12 月发表的统计报告显示，截至 1985 年 11 月 1 日，在朝鲜的麻氏后裔共计 527 人，其中汉城 122 人，釜山 39 人，大邱 47 人，仁川 14 人，京畿道 71 人，江原道 11 人，忠北道 4 人，忠南道 13 人，全北道 34 人，全南道 72 人，庆北道 16 人，庆南道 73 人，济州 11 人。③

（二）化氏后裔

朝鲜化氏除花光新被赐姓化氏形成的一支外，还有万历丁酉征倭军中军化燮到朝鲜后延续下来的一支。因为在征倭援朝战争中的重要贡献，化燮被朝鲜政府授予宣武一等功臣称号，逝后获谥英襄公。

化燮之子化奉祥，字正旭，英宗时官至嘉善大夫。三世化英俊为通政大夫。五世化日长，字佑贤，资宪大夫；化日熙，字永原，嘉善大夫；化日就因功获封扬武原从一等功臣，历官嘉善大夫、同知中枢府事。六世化允泽为通德郎。七世化东辉为折冲将军。后裔中还有化德凤，字亭赞，任

① 冯荣燮编：《大明遗民史》上卷，保景文化社 1989 年版，第 76 页。

② 《苏州贾氏大同谱序·石湖公上赵相国书》，载冯荣燮编：《大明遗民史》下卷，保景文化社 1989 年版，第 346 页。

③ 《韩国姓氏大百科·姓氏的故乡》，中央日报社 1989 年版，载冯荣燮编：《大明遗民史》上卷，保景文化社 1989 年版，第 223 页。

参奉；化廷汉，字云瑞，为五卫将；化应汉，为五卫将；化锡汉，字圣化，为参判；化万宣与化明吉为晋州乡校典校等。①

根据1987年12月韩国经济企划院调查统计局公布的1985年11月1日第13次人口调查姓氏及本贯人口数字可知，在韩国的化氏后裔共计1592人，其中汉城291人，釜山239人，大邱71人，仁川81人，京畿道159人，江原道56人，忠北道37人，忠南道88人，全北道83人，全南道73人，庆北道50人，庆南道358人，济州6人。②

三、九义士及其后裔

朝鲜肃宗建大报坛崇祀明神宗，英宗时将崇祀对象增加为明太祖、明神宗及明毅宗三帝，朝鲜君臣通过祭祀明朝皇帝来崇奉明朝、表达对明朝的感恩之情。在祭祀时，皇朝人子孙尤其是九义士后裔受到相当的重视，是地位很高的陪享人员。

大报坛设立之初，只是由礼官主管，正宗时为九义士子孙专设大报坛守直制度，置大报坛守直官三员，负责大报坛的具体管理、保护工作，又置汉旅三十名，入直于朝宗门内，坛享时行奉神榻、设馔、撤馔等事。③九义士后裔长期担任大报坛守直官，世代都与朝鲜王朝崇祀明朝皇帝的活动联系在一起，同时因为九义士多为山东人，所以赴朝山东移民的后裔中，出任大报坛守直官一职的代不乏人。

---

① 冯荣燮编：《大明遗民史》上卷，保景文化社1989年版，第272、441页。

② 《韩国姓氏大百科·姓氏的故乡》，中央日报社1989年版，载冯荣燮编：《大明遗民史》上卷，保景文化社1989年版，第270页。

③ ［朝鲜］吴庆元：《小华外史》卷8，白岳山房文库，崇祯纪元后五戊辰刊。

（一）济南王氏后裔

王以文育有五子，三子震圣，赠通训大夫、司仆寺正；震圣子海俊，赠通政大夫、承政院左承旨兼经筵参赞官；海俊子汉翊，字汝表，赠嘉善大夫、户曹参判兼同知义禁府事、五卫都总府副总管；汉翊生道郁、道源。道郁，字天宝，官至司宪府监察；道源，字泉首，拜同知中枢府事。道郁无子，以道源长男德一为子。

王德一（1779—1854），字子精，号磐川，“幼而端重，言笑不妄，既长，笃学力行于义理，晓其大体”[①]。正宗二十三年（1799）任大报坛守直官。纯宗三十一年（1831），王德一与其从弟王德九移居朝宗岩，于此创建大统行庙和九义行祠，奉祀明太祖和九义士。

王德一非常重视对家族成员的教育和家族文化的传承。他参与族谱的修撰工作，并亲自制定家训：“凡我诸族，各相劝戒，孝于父母，友于兄弟，睦于同宗，姻于外亲，任于朋友，恤于贫乏，无或慾堕，以忝所生”。每年的三月三日，王德一均会率领族人拜谒先祖王以文之庙，召开花树会。[②]程颐认为，“凡人家法，须令每有族人远来，则为一会以合族，虽无事，亦当每月一为之。古人有花树韦家宗会法，可取也。然族人每有吉凶嫁娶之类，更须相与为礼，使骨肉之意常相通。骨肉日疏者，只为不相见，情不相接尔。”[③]朱熹在其所编《近思录·治法》中还专门收录了程颐

① ［朝鲜］金平默：《磐川沧海二王先生传·王德一》，载冯荣燮编：《朝宗岩文献录后集》中卷，《朝宗岩志》卷上，保景文化社 1987 年版，第 824 页。

② ［朝鲜］金平默：《磐川沧海二王先生传·王德一》，载冯荣燮编：《朝宗岩文献录后集》中卷，《朝宗岩志》卷上，保景文化社 1987 年版，第 825 页。

③ （宋）程颢、程颐著，王孝鱼点校：《二程集·河南程氏遗书》卷 1，《二先生语一》，中华书局 2004 年版，第 7 页。

关于花树会的主张。[①] 花树会的召开增强了王氏家族的凝聚力。他淡泊名利，躬行笃厚，平生素爱竹，遍植阶砌，间取其节为带，乡人呼为竹带丈人，哲宗五年（1854）卒，年七十六岁。王德一逝后，由王德九嗣守朝宗岩洌泉斋。

王德九，字子范，王道源之子，正宗十二年（1788）生，自号沧海居士。他自幼志气慷慨，曾任大报坛守直官、户曹参判等职。金平默作《奉呈朝宗岩王先生德九》诗曰："白首空山赋匪风，红萝日月寄斯翁。苍茫海域三千里，一水泱泱万折东。"[②] 哲宗十四年（1863）十一月，王德九卒于洌泉斋，年七十六岁。德九育有三子，长子景说，曾任云山郡守；次子暨说，三子旨说。德九卒后，王德一之子、曾任大报坛守直官的王俶说嗣守朝宗岩大统行庙。后来，王俶说还撰成《朝宗岩故实年表》，历数朝宗岩创建缘起、经过及相关人物事迹与史实等。王俶说之后，其子王济夏、孙王昌植，相继守护大统行庙，对明朝皇帝和九义士的祭祀活动得以传承下来。

大统行庙建立之后，得到朝鲜士人的大力支持，他们对王氏兄弟的行为大加赞赏。加平郡守李种永认为，王德一、王德九兄弟"学行志节，既足以范俗垂后，而其创祀先皇以及九公，遂永矢于其下讲服春秋朱宋之大义者，言足听闻。昔卢仝抱春秋，究终始，止于泛讲古经，而昌黎犹曰子孙当世宥，今二王氏之于春秋，实当天地翻覆之后，有如玄冬积分之阳，则昌黎复起，岂但曰世宥而已乎？"建议朝廷褒赠台宪之官，以为裨补世

---

① （宋）朱熹编，张伯行集解：《近思录》卷 9，《治法》，中华书局 1985 年版，第 254—255 页。

② ［朝鲜］金平默：《重庵集》，载冯荣燮编：《朝宗岩文献录》，朝宗岩再建推进会 1977 年版，第 211 页。

教之地。[①]对此，金平默亦有相似之论：兄弟二人“学行志节，不可泯没。昔卢玉川但能抱春秋，究终始，而韩文公称述甚盛，至有子孙世宥之说，况今二王氏所讲所守，专在于君亲忠孝、夷夏尊攘，而此外悠悠泊然，不入于心。当此天地翻覆之世，其亲切警醒而可以裨世程者，又非泛讲古经之比也。当考行摭实，特赐褒赠之典。”[②]柳重教作《九义行祠从享二王公议》，认为以二人之德行，当享祀九义行祠。高宗十八年（1881），王德一、王德九兄弟从享九义行祠。

赴朝济南王氏以王以文五世祖王儒为始祖，以王以文为东迁始祖。自第六世起排字辈分为：德、说、济、植、熙、均、锡、洙、秉、然、在、铉、源、根、炫、基。

七世王在说，字德汝，司果。八世王济膺，字推受，典圜局帮办；王济肯，字仲教，弘文馆校理。高宗二十一年（1884）三月，高宗至大报坛行礼，教曰：“副司果王济肯，皇朝人后裔也，弘文馆修撰除授。”[③]王济万，字士善，中枢院议官。九世王瑾植，字元玉，中枢院议官；王廷植，字敬有，中枢院议官；王瑗植，字爰玉，中枢院议官；王瑜植，字俞玉，陆军大将。[④]十世王熙弼，协同冯荣燮呼吁九义士子孙，劝募修建与九义士相关的古迹，并为冯荣燮的《九义士传》作序。另外，还有几位王氏后裔世系不详。如：王汉祯，曾任郡守；王启畴，字乃心，任县监；王殷畴，五卫将；王宗镐，字谨镐，为虞候；王景进，字子益，任司宪府监察；王景

① ［朝鲜］李种永：《朝宗岩志后叙》，载冯荣燮编：《朝宗岩文献录后集》中卷，《朝宗岩志》，保景文化社 1987 年版，第 800 页。

② ［朝鲜］金平默：《与任全斋书》，载冯荣燮编：《朝宗岩文献录后集》中卷，《朝宗岩志》卷下，保景文化社 1987 年版，第 841 页。

③ 《李朝高宗实录》卷 21，高宗二十一年三月二十日。

④ 韩国姓谱编纂委员会编：《韩国人的姓谱》，三安文化社 1986 年版，载冯荣燮编：《大明遗民史》上卷，保景文化社 1989 年版，第 172 页。

说，字公慕，任吏曹参判，等等。

《韩国人的族谱》一书中记载，根据1930年调查显示，济南王氏在韩国的分布状况为：京畿道加平、杨州、杨平、高阳等地共150户，江原道横城、原州等地共30户，忠北清州、忠南大田等地共40户。[①] 根据韩国经济企划院调查统计局1987年12月发表的统计报告显示，截至1985年11月1日，散居于韩国各地的九义士后裔有近三千人，其中济南王以文后裔800人，分别为：汉城386人，釜山30人，大邱10人，仁川54人，京畿道174人，江原道24人，忠北道11人，忠南道20人，全北道16人，全南道26人，庆北道12人，庆南道32人，济州5人。[②]

王以文父祖以科举进入仕途，皆为朝廷显臣，所以在王以文避居朝鲜之前，济南王氏家族称得上是仕宦之家。因为生活在山东这一儒家思想的发源地，所以儒家传统文化对家族成员的影响是深刻而具体的。到朝鲜后，由于王以文子孙众多，而且在多数情况下，以文拒绝接受朝鲜政府的接济和优待政策，以致生计日窘，但王氏家族的家风和家族传统却依然传承和保留下来。忠君爱国、父慈子孝、兄友弟恭，这样的家族传统体现了儒家思想在这一家族中的渗透和影响。王德一、王德九兄弟创设大统行庙与九义行祠，发起了民间祭祀明朝皇帝和九义士的活动，并世代相承，与朝鲜王朝崇祀明朝皇帝的行为相结合。可以说，王氏后裔对儒家正统观念与明遗民精神在朝鲜王朝的传扬，做出了显著的贡献。

① 《韩国人的族谱》编纂委员会编：《韩国人的族谱》，日新阁1977年版，载冯荣燮编：《大明遗民史》上卷，保景文化社1989年版，第134页。

② 《大明遗民人口分布状况表》，载冯荣燮编：《大明遗民史》下卷，保景文化社1989年版，第750页。

（二）临朐冯氏后裔

韩国冯氏以冯三仕为东迁始祖。根据韩国《临朐冯氏族谱》，可以清楚地了解其后世子孙的为官经历和著述情况：三世冯翊汉为将仕郎，赠通训大夫、司仆寺正。四世冯庆大任大报坛守直官；冯庆文除单付加设哨官、御侮将军行训练院主簿，赠通政大夫、承政院左丞旨兼经筵参赞官，曾有诗曰："义筑皇壝享必亲，一隅北苑保王春。百年举目江河异，三月齐明俎豆陈。古礼犹存殷黼冔，遗仪不改汉衣巾。东溟万折朝宗路，一是宁陵志事遵。"冯庆瑀历任大报坛守直官、活人署别提、大吏通训大夫、重林道察访，曾作诗道："皇坛礼享圣君亲，义桷仁欜万世春。轩帝乔陵亏剑远，昭王茅屋豆笾陈。仰瞻北极星惟拱，忾我西悲泪满巾。流落腥尘几百载，崇祯旧礼至今遵。"五世冯载厚任大报坛守直官；冯载恒、冯载修任宣武祠守直官；冯载俭历任大报坛守直官、宣略将军、龙骧卫副司，赠嘉善大夫、户曹参判，兼同知义禁府都事、五卫将都总府副总官，亦有诗作传世："北苑祼将玉趾亲，三坛大报又深春。遗民尚有云仍在，明享恭瞻俎豆陈。左海风云留本邸，大明日月照簪巾。洌泉门里昭回地，不替年年旧礼遵。"六世冯学祖历任宣略将军、龙骧卫副司、大报坛守直官、佥知中枢府事、忠壮卫将、折冲将军、龙骧卫副护军兼五卫将，赠嘉善大夫、同知中枢府事，著有《洌泉直中录》《皇坛配享诸臣目录》《皇坛参班遗臣诸家录》《皇朝遗民世系源流图》《皇朝遗民谱》《东溟稿》，参与族谱的修订。曾因怀念故国，作诗两首，其一曰："崇祯殉社是何辰，运尽皇明四甲申。视死如归三学士，离亲蹈海九遗民。痛哉中国堪薙发，猗矣东方保汉巾。白首孤吟慷慨思，河清几日洗腥尘。"又曰："天地无私岁已侵，酣歌一曲少知音。居乡自勉耕云志，忧国空劳捧日心。赤县堪行胡正朔，青丘惟着汉衣簪。中原消息凭谁问，回首斜阳泪满襟。"冯宪祖任《庠生公年谱》编修、《临朐冯氏世谱》编修；冯愿祖历任宣武祠守直官、通政大夫兼折冲将军、佥知中枢府事、五卫将；冯念祖历任宣武祠守直官、龙骧卫副司，推进朝宗岩修建，撰《朝宗岩立庙文》；冯述祖、冯近祖为汉旅成员；冯承祖汉旅未付。七世冯世周历任大报坛守直官、宣略将军、龙骧卫副司、通政大夫、中枢府事、折冲将军、龙骧卫副护军兼五卫将，著有《风泉集》；冯世镐历任大报坛守直官、宣略将军、龙骧卫副司、宣武祠守直官，著有《风泉录》《皇朝遗臣胡学士实迹》；冯世万任大报坛守直官；冯世龙历任宣武祠守直官、大报坛守直官、效力副尉、龙骧卫副护军；冯世凤与冯世鹤历任大报坛守直官、宣略将军、龙骧卫副司；冯世百为大报坛守直官，汉旅未付。八世冯锡龟历任大报坛守直官、宣略将军行龙骧卫副司、通训大夫、典设司别提、缮工监主簿、司宪府监察、长兴库主簿、礼宾寺主簿、通礼院引仪、尾署别提、司导寺主簿、狼川县监兼铁原镇官、狼川兵马节制都尉、活人署别提、昌陵令、康陵令、献陵令、永陵令、惠陵令、仁陵令、靖陵令、明陵令、显隆园令、英陵令、徽庆园令；冯锡骥历任大报坛守直官、通训大夫、长兴库主簿、司圃别提、东部令、典设司别提、南部令、司宪府监察；冯锡鹏赠通政大夫、秘书院秘书丞旨，著有《皇坛仪轨抄》。九世冯鹤淳任洪陵魂院参奉；冯教淳历任大报坛守直官、宣略将军行龙骧卫副司、通政大夫、中枢院议官。十世冯柱厦任砂防管理所长；冯柱屹历任花树会长、奖学会长，曾与冯柱永等人于 1929 年合作《大统坛享祀协助通文》。十一世冯仁燮为国民学校教师；冯荣燮（1920—2004），十六岁时即参与族谱的修订工作，早年执教于京畿道加平郡中学和仁川府中学，1945 年后至东中山林高等学校设立运动参划，任庶务课长。曾任杨州郡教育委员会委员、副议长、杨州郡农业协同组合监事和山林组合监事等职，著有《朝宗岩文献录》《朝宗岩文献录续集》《朝宗岩文献录后集》《大统庙复享再建志》《九义士传》《增补九义士传》《增修九义士传》《朝宗岩与九义士》《大明遗民史》《临朐冯氏族谱》《临朐冯氏世稿》等书。1959 年，冯姓花树会组织族谱修撰工作，冯荣夔是主要负责人。1978 年任《杨州郡志》编纂委员参划，1982 年任南杨州文化院创设顾问。他为先祖立“冯义士纪绩碑”，编纂反映朝鲜对明朝报恩思想及与九义士等明朝移民相关的书籍，重建朝宗斋和大统庙，组织成立朝宗岩保存会、明义会和为大统庙筑墙立门及朝宗岩扩建等，为移民精神的留存和发展做出了重要贡献。

冯氏后裔的忠君爱国之举得到了朝鲜士人的普遍赞誉，他们纷纷以诗文表达对冯氏后人的敬佩之情。赵缙镐为六世冯学祖作《赠冯东溟》一诗：“知君先世逐胡尘，中华衣巾保一身。西望故园多感慨，青丘永作未归人。”① 金箕祚亦为其作《赠冯中枢》一诗：“男儿交道孰无情，僚谊于君闻宿名。雅正风仪迢俗态，雍容肝胆语平生。世派犹以鲁连感，志操能教陶令惊。临别慇懃问故事，永心一片在皇明。”② 马翰良作《赠冯守直官》一诗：“伤心欲问九公奇，二百年前东渡时。岛树能传田民义，山薇犹带伯夷悲。胡尘嗟满中州土，汉日昭临列圣诗。多谢诸君裕后志，皇坛祇守永为期。”③ 朴齐性则为七世冯世镐作《赠冯竹坞》一诗：“风计林泉意不踈，与君携手喜同居。幽村日务时闻鹤，深谷春迟懒治畬。辛酉年来同茅宅，甲申岁去旧车书。清溪山下城南里，朴氏冯君意自如。”④

《韩国人的族谱》一书中记载，根据 1930 年调查显示，临朐冯氏在韩国的分布状况为：京畿道杨州郡榛接面八夜里 17 户，京畿道利川郡长湖

① 冯荣夔编：《朝宗岩文献录》，朝宗岩再建推进会 1977 年版，第 536 页。

② 冯世周：《风泉集》，载冯荣夔编：《朝宗岩文献录》，朝宗岩再建推进会 1977 年版，第 184 页。

③ 冯荣夔编：《朝宗岩文献录》，朝宗岩再建推进会 1977 年版，第 238 页。

④ 冯荣夔编：《朝宗岩文献录》，朝宗岩再建推进会 1977 年版，第 252 页。

院邑 12 户，京畿道安城郡元谷面 15 户，忠北道堤川郡锦城面 15 户，忠北道丹阳郡丹阳面 15 户，庆北道荣州郡安定面安心洞 13 户，江原道宁越郡宁越邑 16 户。[①] 根据韩国经济企划院调查统计局 1987 年 12 月发表的统计报告显示，截至 1985 年 11 月 1 日，散居于韩国各地的九义士后裔有近三千人，其中临朐冯三仕后裔 361 人，分别为：汉城 65 人，釜山 22 人，大邱 9 人，仁川 4 人，京畿道 189 人，江原道 14 人，忠北道 19 人，忠南道 7 人，全北道 6 人，全南道 5 人，庆北道 21 人。[②]

作为山东临朐冯氏这一名门望族之后，自明末清初冯三仕跟随朝鲜质子赴朝，至今已传至十余代，其子孙中有多人在朝鲜为官，而从他们所著多部著述来看，又依稀可以看出临朐冯氏文学世家的浸润和影响。明清时期的山东临朐冯氏家族，作为一个累世簪缨、代有人才的名门望族，家学相承，其家族成员不管身处何地，都以自己的行为践行着冯氏家族为官清廉、为文质朴、为人坚毅忠贞的家风和家族传统。

（三）琅琊郑先甲及其后裔

据《通文馆志》记载："闵相国鼎重深虑译语之卤莽，务恢劝课之方，广选四学年少有才者，名以偶语厅。"[③] 偶语厅是朝鲜肃宗时期设立的专门培养翻译人才的机构，设汉、清、蒙、倭四学，晚年的郑先甲曾经在汉学偶语厅中担任汉语训长，为朝鲜王朝培养了一批优秀的汉语翻译人才。

"译语，事大先务，关系非轻。"[④]《李朝世宗实录》中亦载："自三韩至

---

① 《韩国人的族谱》编纂委员会编：《韩国人的族谱》，日新阁 1977 年版，载冯荣燮编：《大明遗民史》上卷，保景文化社 1989 年版，第 140 页。

② 《韩国姓氏大百科·姓氏的故乡》，中央日报社 1989 年版，载冯荣燮编：《大明遗民史》上卷，保景文化社 1989 年版，第 266 页。

③ ［朝鲜］金庆门：《通文馆志》卷 8，《故事》，朝鲜光武二年亶刊本。

④ 《李朝世祖实录》卷 3，世祖二年四月戊申。

于高丽，世世事大。高丽设汉语都监及司译尚书房，专习华语，其时汉人来寓本国者甚多，至国初置司译院”[①]。因为对中华文化的仰慕和两国之间交往的需求，朝鲜王朝专门设立了教授汉语、培养翻译人才的机构。1393年，即李氏朝鲜建立的第二年，朝廷就设立规模庞大的翻译机构“司译院”，培养翻译人才。正如《李朝成宗实录》中所说，“我国邈在海表，与中国语音殊异，而朝聘贡献往来陆续，以为译学不可以不重，故设司译院，以专其事。”[②]《通文馆志》中亦载，“高丽忠烈王二年始置通文馆，习汉语，恭让王三年改为汉文都监，国初置司译院，掌译诸方言语，其属官有蒙倭女真学，通为四学，属礼曹。”[③]“本朝有司译院，专掌事大交邻之事。上下数千年间朝聘应对，有能以纾患当时、垂法后来者。”[④]《李朝太祖实录》中则说：“置司译院，肄习华言。”[⑤]肃宗八年（1682），为扭转译官几近消失的局面，肃宗下令设置偶语厅，厅内设汉、清、蒙、倭四学，招生百余人。其中，汉学偶语厅招年少有才者五十人，在此担任汉语教师的正是明朝末年移居朝鲜的山东琅琊人郑先甲及其好友文可尚。

文可尚为庐陵（今属江西吉安）人，父荣光，崇祯乙亥（1635）漂至朝鲜殷栗县，后遭遇丙子之乱，移居恩津。文可尚是南宋信国公文天祥之后裔，自少无心科举、绝意仕进，独居深山之中，布衣箪食。崇祯末年，可尚因事至武定，适逢清军入侵，无家可归，流寓利津。明亡之后，可尚漂海东抵关西宣川府，闻郑先甲逗留宁边地，来见，执手潸然曰：“吾辈不能复君父之仇，生何为哉？”因与之居，每终夜不寐，泣血长嘷或逍遥

① 《李朝世宗实录》卷93，世宗二十三年八月乙亥。

② 《李朝成宗实录》卷67，成宗七年五月丁巳。

③ ［朝鲜］金庆门：《通文馆志》卷1，《沿革·官制》，朝鲜光武二年重刊本。

④ ［朝鲜］金庆门：《通文馆志·通文馆志序》，朝鲜光武二年重刊本。

⑤ 《李朝太祖实录》卷4，太祖二年九月辛酉。

于岩泉焉。尝有《怀乡诗》曰："流落腥尘万事非，圣朝文物梦依俙。江南庾信平生恨，塞北苏郎几日归？三十年来风异响，八千里外月同辉。华音已变毡裘弊，谁识山东旧布衣？"可尚手录《华语》三卷，进于朝，授通政阶。[①]

因为文可尚本人身份特殊，加之对朝鲜汉语教学做出的重要贡献，使其赢得了朝鲜君臣的尊重和感激，但其后世子孙的情况，却湮没无闻，为此，在正宗二十四年（1800）五月，正宗还专门命人查访以奏。据《李朝正宗实录》记载，正宗感念"文可尚以信国之孙，值辽沈之难，航海东归，其意气之伟然可知。且观于异乡看月之诗，自令人有燕市歌筑之想。而编进《华语》，特拜三品阶，当时逋播诸人中，可谓杰然著见者。独其后无闻焉，不得参于望拜之列，隶于汉旅之伍，甚是阙典欠事"，下令京兆搜问以奏。[②] 关于文可尚后裔的情况，史书中并未见有记载，今已无从查考。

文可尚、郑先甲二人任教于朝鲜肃宗时期设置的汉学偶语厅，他们为朝鲜王朝的汉语教学与研究做出了突出贡献，为朝鲜培养了为数众多的翻译人才，这些人在中朝交往中发挥了重要作用，同时他们修订了《译语类解》，对朝鲜的汉语教育贡献是很大的，促进了朝鲜汉语教学的发展。据《李朝英宗实录》记载，英宗六年（1730）十一月，右议政赵文命奏："盖汉学偶语厅，即故相臣闵鼎重（1628—1692）所创设，而以汉人郑先甲、文可相（按：应为'尚'）定为训长，课习生徒，故其时大有成效，即今译辈中善为汉语者，亦其支流矣。今则偶语厅徒有其名，无其实效。"[③]《李朝肃宗实录》中亦载，领议政许积、兵曹判书金锡胄曾以流寓汉人文可尚、

① ［朝鲜］吴庆元：《小华外史续编》卷2，《皇朝遗民录·避地东来诸人》，白岳山房文库，崇祯纪元后五戊辰刊。

② 《李朝正宗实录》卷54，正宗二十四年五月辛卯。

③ 《李朝英宗实录》卷28，英宗六年十一月庚寅。

郑先甲等善华语，疏请赐予二人军职，供其衣食之资，购屋以处之，令译官辈就学。至肃宗三年（1677）三月，金锡胄又奏请给予两人衣资，曰："非为其善华语也，贵其为明朝人也。"[①]

郑先甲有《侨居感怀》诗曰："异国淹留已自悲，每逢寒食涕先垂。闲云聚散人生老，流水浮沉世路危。千里客怀尝冷酒，一场离恨强裁诗。伤心最是春三月，岭海归鸿独去时。"又有诗曰："三角山南汉水东，寂寥谁与此身同。君亲永隔乾坤外，师友分离道路中。乡梦有蛩容易觉，尺书无雁极难通。未成归计关河阻，空望青霄意不穷。""风尘零落几经秋，时事感来不自由。兄弟分为千里雁，室家散作九江鸥。思亲魂绕孤云阁，恋主心缠五凤楼。胡乃流今顽石命，祇应回首泪沾裘。"[②] 表达了对故国和明君的深切缅怀之情。

郑先甲与朝鲜朝宗岩的创设者之一、处士许格为文酒之会，私交甚厚。许格曾为郑先甲作诗两首，其一曰："中州万里一儒生，已客青丘白日明。要待山河氛祲豁，应须升帛大名成。殷墟歌作箕多忍，燕将飞书鲁有情。瓯脱已容胡□久，秦皇无赖筑长城。"又曰："久客何须泪湿衣，辽东应更学令威。张骞远略西夷报，苏武曾从北海归。邦运定随天运复，今人哪与古人违。贼壕屈指官军铲，万里中原露布飞。"[③] 朝鲜肃宗时期的领议政徐宗泰亦为先甲作诗道："海隅今日喜逢公，忍说皇明宝历终。一片大东冠带地，遗地相对泣神宗。"[④]

---

① 《李朝肃宗实录》卷 6，肃宗三年三月戊戌。

② 冯荣燮编：《朝宗岩文献录》，朝宗岩再建推进会 1977 年版，第 524 页。

③ [朝鲜] 许格：《沧海集》，载冯荣燮编：《朝宗岩文献录》，朝宗岩再建推进会 1977 年版，第 588 页。

④ [朝鲜] 徐宗泰：《晚静堂集》，载冯荣燮编：《朝宗岩文献录》，朝宗岩再建推进会 1977 年版，第 260 页。

郑先甲在晚年担任朝鲜王朝的汉语教师，为朝鲜的汉语教学和研究做出了贡献。而从他的择友观念上来看，与他交往的士人，大都对明朝和明帝保有深刻的怀念之情，故国、明君，在郑先甲及其友人看来，是穷其一生都要尊崇和拥戴的，这一点，从他们所作的诗文中就可以清楚地看出。

移居朝鲜的琅琊郑氏以郑先甲为东迁始祖，其后世子孙中有多人在朝鲜政府为官。先甲之子郑垕为忠武卫副司果，郑垕之子敬周为忠武卫副司果、守门将。先甲另外一孙郑翊周则为训炼都监。

英宗二十年（1744），因郑翊周之祖为“皇朝显职”，英宗命兵曹调用。据《李朝英宗实录》记载：“翊周，中朝人也。其祖善甲，自皇朝沦亡，心痛剃发，与我国被虏人作伴出来，而晦其家世。及其子赴举，始言其世系云。至是下询训炼大将金圣应，命取其户籍以来。仍教曰：其祖、曾外祖俱是皇朝显职，必是士夫，无异于田万秋矣。遂有是命。”[①]《郑氏家乘》中亦载：“英宗乙亥（1755）十二月初三日，皇朝人子孙入侍时，传曰：明年在近，风泉之心一倍，召见皇朝人孙，其中闲散人令兵曹军门即为调用，岁首依老人例，特为赐馔，以示兴感明年之意。万历（按：疑为嘉靖之误）进士、吏部左侍郎郑文谦五代孙翊周，曾前都监哨官时，其见多矣，登耆老科，今三年后召见，年今七十”，特为加资。[②]英宗四十一年（1765）闰二月十二日，传曰：“前佥使郑翊周，予嗣服后因以都监哨官见之久矣，而皇朝侍郎之孙闻亦熟矣，今日乃闻其祖先甲，昔年自沈阳率来，给家居之于龙兴旧邸之旁，先甲亦与崇祯处士许格相亲，取览帐籍，给事中应聘之名，尚在朝鲜户口之中，长子昌仁（按：郑翊周长子名昌大，昌

① 《李朝英宗实录》卷60，英宗二十年九月己卯。

② 《皇朝人事迹·郑氏家乘》，载冯荣夔编：《大明遗民史》下卷，保景文化社1989年版，第42页。

仁为其次子，曾任宣传官。）既登忠良科，而军门将官问于兵判，武兼今适有窠云，升六特差，以示予风泉之意。”[①] 四十三年（1767）四月十四日，传曰：“资宪郑翊周，以中朝人孙，渠之曾祖皆中朝名宦也，登科之后屡经推恩，其资至此无异常，调武臣，其岂匪风下泉之义乎？知中枢特为作阙，除授。”[②] 同日，传曰：“知事郑翊周谢恩之后，此人昔年襄者，岂循常例？况其即推恩，然后两代可继其曾祖之后。”四十五年（1769）七月，英宗御隆武堂，召见皇朝人子孙，试射，特命予郑翊周加资。[③] 此外，郑氏后裔中，六世郑锡璜与郑锡玹均为佥知中枢府事；七世郑完淳为义禁府都事，郑炯淳为五卫将，郑羲淳为甲山府使，郑洪淳为佥知中枢府事，郑成淳为龙骧卫副护军；八世郑宽植为将仕郎；十世郑淑为幼学。哲宗四年（1853）三月，哲宗御大报坛行礼，郑致淳等十三人直赴殿试。高宗十四年（1877），郑先甲后孙梅山郑锡一作《朝宗岩图》，一本藏于朝宗斋，又有数本分藏士友诸公家。《朝宗岩图》现存于忠北道中原郡严政面新万里柳省斋玄孙柳然浩之宅。金平默曾有《郑梅山画朝宗山水感而作》诗三首，其一曰：“鲁连蹈海老青邱，回首宁陵涕泗流。留得云孙燕赵气，悲歌叱咤蓟门秋。”又曰：“洪武君王陟降峰，东流高涧日淙淙。山窗岁暮无余事，一幅丹青夺化工。”“鹑首不醒二百年，华阳筹策付陈编。未须落魄伤怀抱，南至新雷更信天。”[④] 郑锡一于同年著成《琅琊郑氏传家宝览》，亦由金平默

① 《皇朝人事迹·郑氏家乘》，载冯荣燮编：《大明遗民史》下卷，保景文化社 1989 年版，第 42 页。

② 《皇朝人事迹·郑氏家乘》，载冯荣燮编：《大明遗民史》下卷，保景文化社 1989 年版，第 42 页。

③ 《皇朝人事迹·郑氏家乘》，载冯荣燮编：《大明遗民史》下卷，保景文化社 1989 年版，第 43 页。

④ ［朝鲜］金平默：《重庵集》，载冯荣燮编：《朝宗岩文献录》，朝宗岩再建推进会 1977 年版，第 211 页。

作序。

《韩国人的族谱》一书中记载，根据1930年调查显示，琅琊郑氏在韩国京畿道的分布状况为：议政府市龙岘洞15户，抱川郡抱川面雪云里20户，加平郡雪岳面访逸里15户。① 而根据韩国经济企划院调查统计局1987年12月发表的统计报告显示，截至1985年11月1日，散居于韩国各地的九义士后裔有近三千人，其中琅琊郑氏后裔共计871人，分别为：汉城263人，釜山96人，大邱43人，仁川24人，京畿道107人，江原道43人，忠北道19人，忠南道66人，全北道42人，全南道51人，庆北道57人，庆南道51人，济州9人。②

郑先甲是明代赴朝山东移民中的典型代表，他出身仕宦之家，身为明臣之后，满怀反清复明之志避走朝鲜，拒绝了朝鲜国王出仕的请求，却在晚年为朝鲜的汉语教学贡献了自己的一份力量。郑氏后裔有多人在朝鲜政府为官，他们凭借自身的努力得到了朝鲜社会的认可与尊重。

（四）青州王氏后裔

王文祥子孙现居地不明，1987年12月韩国经济企划院调查统计局公布的第13次人口调查结果中也没有关于王文祥后裔的人数统计情况。现根据《大明遗民史》，将青州王氏在朝鲜的世系传承情况列表附后。

---

① 《韩国人的族谱》编纂委员会编：《韩国人的族谱》，日新阁1977年版，载冯荣燮编：《大明遗民史》上卷，保景文化社1989年版，第135页。

② 《韩国姓氏大百科·姓氏的故乡》，中央日报社1989年版，载冯荣燮编：《大明遗民史》上卷，保景文化社1989年版，第247页。

四、因避乱而漂流朝鲜者后裔

明末自登州漂流朝鲜者胡克己后裔。胡克己之侄胡尚德，庠生。据《大明遗民史》记载：“前幼学胡敬周九世祖、吏部尚书士表，则其子翰林克己，奉使漂到，时值沧桑，义不忍北，仍居东土，孝庙朝特赐御札，待以宾礼。翰林之长侄尚德，年甫十三，间关东来，始抱仲连之志，终守伯夷之节，洁身蹈海之迹，无愧于古人，调用给料之教，昭在国典矣！”[①]胡克己之孙胡斗弼，于英宗元年（1725）上书，请求守护华阳洞万东祠。英宗仍给斗弼衣食之资，并录用其族有才者，亲书胡克己姓名于万东庙锦屏。此事在《李朝正宗实录》中亦有记载。正宗十一年（1787）五月，茂山幼学胡昌祖上言：其五代祖胡尚德，“皇朝翰林士表之孙也，世值沧桑，意在蹈海，逃入我东，仍居于茂山。先朝乙巳，特命收其子孙，付料，置之京，又下录用之命，乞令该曹付料。”正宗下令：“此后胡氏后孙，如无授禄窠，不待下教，直为给料。”[②]

这些赴朝山东移民在移居朝鲜之初，为表明自己对故国、明君的忠贞和深刻的怀念之情，同时亦为躲避清朝政府的“刷还”政策，一般会绝意仕途，选择一种隐姓埋名、默默无闻的生活方式，正如麻蓬直在《东征将相遗后录》中所说：“东来之意，亶出于避地，而宗国已亡，家族俱没，自念身世，即一天地间累人，苟全性命，不求荣达，庶可为自靖之道。采山钓水，随分优游，以送岁月。惟吾辈相勉相戒”[③]。《大明遗民史》中亦载：

① 《苏州贾氏大同谱序·石湖公上赵相国书》，载冯荣燮编：《大明遗民史》下卷，保景文化社1989年版，第346页。

② 《李朝正宗实录》卷23，正宗十一年五月丁卯。

③ 冯荣燮编：《大明遗民史》下卷，保景文化社1989年版，第113页。

“扶义东来之初，耻为薙发左衽之氓，专意小华礼义之方，携手东归，遁世无闷，不图宦达矣！”[①]冯三仕曾告诫自己的子孙：“今虏蹂轹中国，三帝为贼所弑，此天下万世之必报仇也。东邦士君子屏迹不仕，况吾家子孙宁可仕耶？幸有云仍寝苫尝胆以待廓清，即我家法矣，虏未灭之前，宜勿赴举也。”[②]《麻氏家乘·子孙训教书》中甚至还说：“惟我子孙，世世称提督公东征时遗腹子孙，而不出科宦、不为入籍，以免大祸，是所望焉。若不然，则危如一发，子孙谨受此教，……二百年后，大明文物复为恢复，当其时，后孙入去中国，遍寻宗族，以此世谱相为凭考，仍居中国，世为华人，岂不美哉？”[③]所以这些初到朝鲜的山东移民多未出任官员，即使有和朝鲜国王关系密切如九义士诸人，也多次拒绝了朝鲜孝宗出仕的请求，但至其子孙辈中，已逐渐开始在朝鲜政府为官，只是这些移民后裔所出任的职位，大都是与朝鲜王朝崇祀明朝皇帝的活动相联系，或者是与朝鲜政府对皇朝遗民后裔的优待政策有关，如大报坛守直官一职就是专为九义士子孙所设。此处对赴朝山东移民后裔任职情况的探讨，涉及人员众多，多数情况下只是简列其职位，并没有进一步展开论述。

笔者目前可以查阅的只有1930年和1985年这两次人口调查的结果，通过对二者的比较可以看出：一方面，赴朝山东移民后裔的数量在逐渐增多；另一方面，这些山东移民初至朝鲜时，主要聚居地是在王京汉城及其附近地区，相对来说比较集中，后来因为自身生存和发展的需要，其后世子孙开始向京城之外的地区扩散。根据1985年第13次人口调查显示，此时的山东移民后裔已分散朝鲜各地，说明随着人口数量的增加，其流动性

① 《苏州贾氏大同谱序·石湖公上赵相国书》，载冯荣燮编：《大明遗民史》下卷，保景文化社1989年版，第346页。

② 冯荣燮编：韩国《临朐冯氏族谱》，保景文化社1989年版，第212页。

③ 冯荣燮编：《大明遗民史》上卷，保景文化社1989年版，第79页。

也在不断增强。

第二节 婚姻关系考察

这些赴朝山东移民大多出身仕宦之家，他们的夫人也多为读书人之后，知书达理，深明大义，不仅具有一定的知识背景，而且性格刚烈，在面临国破君亡的危难时能够以大局为重。

冯三仕的夫人历城李氏，乃翰林院编修李照南之女，万历四十四年（1616）七月生于山东青州府临淄县。根据韩国《临朐冯氏族谱》中的记载可知，崇祯十一年（1638），清兵攻入山东，冯三仕应征从戎，李氏率家人避兵于长山岛，后来冯三仕被俘，长山岛陷落，李氏欲引刀自刎，侍婢春喜夺其刀，泣而谓之曰："主君遇害则已，今闻留于敌阵，幸或相见，……不然则伊时循义，尚未晚也。"不久，得与三仕相遇，李氏曰："夫主勿以妾为虑，竭忠报国，以雪今日之辱。"[①]言讫即欲自尽，清兵大惊，救之，不久李氏与冯三仕同被送于沈阳，关入监狱。三仕后成为凤林大君管下，李氏亦于质子馆侍奉仁宣王后。顺治二年（1645）二月，九义士诸人陪从朝鲜质子东渡，李氏与济南庠生王以文的夫人黄氏及宫女崔回姐、柔姐、紧姐、屈姐等同赴朝鲜，居于朝阳宫南墙外皇朝人村，朝鲜肃宗四年（1678）正月卒，年六十三岁。

王以文之妻黄氏，青州人，户部给事中黄允茂之女，朝鲜著名学者金平默赞其"有淑慎之行"[②]。她与王以文一同进入沈阳质子馆，侍奉仁宣王

---

① 冯荣夔编：韩国《临朐冯氏族谱》，保景文化社1989年版，第78页。

② ［朝鲜］金平默：《重庵集·九义士传》，载冯荣夔编：《大明遗民史》下卷，保景文化社1989年版，第247页。

后，“周旋服劳，而常以利刀自随，备其不虞。”① 王以文与凤林大君交情甚厚，纯文王生于质子馆中，以文与黄氏尽心抚养。后来黄氏亦于馆中生子，凤林大君对王以文说：“吾两人今有添丁之喜，两儿长大，能雪今日之耻乎！”② 到朝鲜后，黄氏仍侍仁宣王后，尝从帘隙窥贺班，金冠象笏，玉珮声琅然，叹曰：“吾家昔尝服是服矣，不意复见于此。”③ 朝鲜政府所赐衣廪虽厚，然而子孙众多，以文又不营产业，以故家计常窘，而黄氏处之裕如。在对子女的教育问题上，出身仕宦之家的黄氏也起到了关键性的作用。据《九义士传》记载，黄氏经常口授子女小学书，曰：“此吾兄之所授于我者也。”④

郑先甲之妻为全州李氏，进士李千奉之女。王文祥之妻曹氏，家世情况无从知晓。麻舜裳娶临朐冯秀之女，其子都指挥使麻蓬直在《皇朝人东来记》序言中曾说：“冯公三仕即兵部侍郎秀之子，侍郎公即我先君之岳翁，于吾为外祖，而冯公为吾外叔也。”⑤

可以看出，这些赴朝山东移民由于多数出身官员家庭，其长辈在为他们选择婚配对象时基本遵循了门当户对的原则。在政治生活中，婚姻关系往往被当作集合政治力量的一种工具，官僚家庭之间的互相联姻，对于各自家族的兴盛和发展是十分重要的。

---

① ［朝鲜］金平默：《重庵集·九义士传》，载冯荣燮编：《大明遗民史》下卷，保景文化社 1989 年版，第 246—247 页。

② ［朝鲜］金平默：《重庵集·九义士传》，载冯荣燮编：《大明遗民史》下卷，保景文化社 1989 年版，第 247 页。

③ ［朝鲜］吴庆元：《小华外史续编》卷 2，《皇朝遗民录·避地东来诸人》，白岳山房文库，崇祯纪元后五戊辰刊。

④ ［朝鲜］金平默：《重庵集·九义士传》，载冯荣燮编：《大明遗民史》下卷，保景文化社 1989 年版，第 247 页。

⑤ 冯荣燮编：《大明遗民史》下卷，保景文化社 1989 年版，第 111 页。

关于这些山东移民赴朝之后后世子孙的婚姻情况，由于笔者目前所掌握的资料中，只有冯荣爕所编韩国《临朐冯氏族谱》中的记载较为详细，所以在此以临朐冯氏为个案，考察赴朝山东移民后裔的婚姻状况。

这些移民在进入朝鲜之初，其子孙中多有通婚现象，就韩国冯氏来说，一直传至第十一世子孙，依然存在与九义士其他成员之后裔联姻的情况，这一点通过韩国冯氏族谱亦可以清楚地体现出来，之所以出现这种局面，多数情况下是为保持他们自己的皇朝血统。根据韩国《临朐冯氏族谱》中的记载，笔者将冯氏子孙与九义士其他成员之后孙间的通婚情况列表如下：

冯氏子孙与九义士后裔婚姻关系表

冯氏成员	婚配对象	家世	籍贯
三世冯贵汉之女	黄世哲	曾祖黄功，本人为参议	杭州
四世冯庆瑀之女	王德九	五世祖王以文，本人为大报坛守直官	济南
五世冯载俭之一女	王辅说	六世祖王以文	济南
五世冯载俭之二女	王修说	六世祖王以文	济南
五世冯载修之女	王俶说	六世祖王以文，父王德一，本人为大报坛守直官	济南
六世冯近祖	王氏	大报坛守直官王德五之二女	济南
六世冯宪祖	王氏	大报坛守直官王德一之三女	济南
六世冯愿祖	继配郑氏	郑润哲之二女，赠淑夫人	琅琊
六世冯念祖	继配王氏	大报坛守直官王守说之一女	济南
六世冯愿祖之二女	郑良淳	六世祖郑先甲，父郑锡铉	琅琊
六世冯述祖之一女	郑淑	七世祖郑先甲	琅琊
六世冯述祖之二女	王济宽	七世祖王以文	济南
六世冯学祖之女	黄基宅	六世祖黄功	杭州
七世冯世百	裴氏	大报坛守直官裴章孙之二女	大同
七世冯世万	王氏	王辅说之三女	济南
七世冯世龙	王氏	通训大夫、熊川县监王学说之一女	济南
七世冯世行	黄氏	黄功之后裔	杭州

续表

冯氏成员	婚配对象	家世	籍贯
七世冯世宽	黄氏	黄信宅之一女	杭州
七世冯世周之女	王锡天	七世祖王文祥	青州
七世冯世镐之二女	郑建淳	六世祖郑先甲，父郑锡一	琅琊
八世冯锡嵛	郑氏	郑光淳之二女	琅琊
十世冯柱屹之女冯五燮	郑千吉	父郑焕益	琅琊

同样根据韩国《临朐冯氏族谱》可知，从冯三仕之子冯仁通、冯宝通开始，已经存在与朝鲜当地人通婚的现象，这是形势使然，并不具有过多的政治上的含义。冯三仕长子冯仁通，先娶延日郑氏，续娶安东权氏；次子冯宝通则娶清州韩氏。之后又有三世冯雄汉先娶顺天金氏，续娶全州李氏；四世冯庆大娶星州李氏；五世冯载恒娶文化柳氏等等。上述冯氏后裔的婚配对象，在朝鲜大都属于较有名望的家族，而且这一特点在冯氏后裔的婚姻关系中绝非个别现象，可见出身仕宦家庭的临朐冯氏后裔，门第观念较重，在为子女选择婚配对象时也较为重视对方的出身和家世背景。

正如麻蓬直在《东征将相遗后录》中所说："彼此俱以华人，不幸为海外羁旅之人，怀土之恋，栖遑之苦，尔我一般情。凡我华族，虽居各处，随其逢着，款若亲戚。虽百世之后，诸家子孙，共守此义。姻娅必求其类，祸福期于共济，一以示不忘本，一以示羁旅怀。"[①] 通过对冯氏子孙婚姻状况的考察可以看出，这些赴朝山东移民的后裔，在各自的婚姻关系中，遵循的正是"姻娅必求其类"的原则。

① 冯荣燮编：《大明遗民史》下卷，保景文化社 1989 年版，第 113 页。

第三节　对当地的贡献与影响

本书所论及的这些赴朝移民，在迁居朝鲜之前，主要生活在山东这一儒家思想的发源地，加之他们大都出身仕宦之家，曾经受过良好的教育，因而头脑中的忠君思想和民族意识都非常强烈。山东琅琊人郑先甲在晚年曾担任朝鲜人的汉语教师，在复国无望的情况下，他通过教授汉语来表达对故国的怀念，同时也为中朝之间的交往做出了贡献。济南人王以文五世孙王德一、王德九兄弟于朝宗岩创设大统行庙和九义行祠，奉祀明太祖和九义士，这里同样成为朝鲜君臣表达崇明理念的地方，赴朝移民后裔的民间祭祀行为是和朝鲜王朝奉祀明朝皇帝的活动融合在一起的。

明代赴朝山东移民对儒家思想的传播和齐鲁文化的传承做出重要贡献。他们移居朝鲜后十分重视家族建设，注重家族文化的传承，在对子女的教育问题上仍以儒家传统的思想道德观念为指导，良好的文化氛围和教育环境为移民后裔个人学识和能力的培养奠定了坚实的基础。通过本章的论述可以看出，赴朝山东移民的后世子孙中能够出任朝鲜王朝官员的为数众多且绵延相续，联系到他们的家庭出身和知识背景，这些世代在朝鲜为官的赴朝移民后裔无疑在政治生活方面对朝鲜社会做出了应有的贡献。

这些具有一定文化基础和知识背景的赴朝移民及其后裔在朝鲜著书立说、整理编纂史料，虽然这些著述多数情况下是他们为缅怀故国而作，但同时也在文化传承方面对朝鲜社会产生了一定的影响。

明代赴朝山东移民在异国的土地上，不仅凭借自己坚毅忠贞的性格，实现了“不降其志，不辱其身”[①]的人生追求，而且依靠个人的才学和努力，

---

① （宋）朱熹：《四书章句集注》，《论语·微子》，中华书局 1983 年版，第 185 页。

任职为官、编撰史著，其政治、学术等方面的贡献均在移居地朝鲜产生了深远影响，亦同时赢得了朝鲜人民的尊重。

第七章　明代山东移民对故土的怀思

宋代以降，随着科举制的不断发展和士族门阀制的日渐解体，社会中以诗书传家、以科举入仕的官宦家族逐渐增多。这一新型的士大夫阶层不仅对宋朝的政治产生了重要影响，而且在家族传承与宗族建设方面表现出与以往不同的特征。他们着力通过修建宗祠、修撰家谱族谱、设立家训家规、举行祭祖活动等手段，增强家族凝聚力，扩大家族影响，加之宋代理学的兴盛，格外强调三纲五常的伦理道德观念，“宗族”的概念在这一时期得到加强。正如苏轼所说:“今欲教民和亲，则其道必始于宗族。”[①]宋代尊祖敬宗的家族文化为明代所继承，这一传统在赴朝山东移民及其后裔身上同样得到体现，而且因为他们身处异域，特殊的处境使他们的宗族建设行为拥有了更加特殊的意义，即已不仅仅局限于一个“家族”的层面上，而是更多地凸显出对于故国的怀念和眷恋之情。理学家张载曾经说过:“管摄天下人心，收宗族，厚风俗，使人不忘本，须是明谱系世族与立宗子法。宗法不立，则人不知统系来处，古人亦鲜有不知来处者。宗子法废，后世尚谱牒，犹有遗风，谱牒又废，人家不知来处，无百年之家，骨肉无统，虽至亲，恩亦薄。宗子之法不立，则朝廷无世臣，且如公卿一日崛起于贫贱之中，以至公相。宗法不立，既死，遂族散，其家不传；宗法若立，则

① （宋）苏轼撰，孔凡礼点校:《苏轼文集》卷8，《策别安万民二》，中华书局1986年版。

人人各知来处，朝廷大有所益。或问朝廷何所益？公卿各保其家，忠义岂有不立？忠义既立，朝廷之本岂有不固？今骤得富贵者，止能为三、四十年之计，造宅一区及其所有，既死，则众子分裂，未几荡尽，则家遂不存，如此则家且不能保，又安能保国家？”[①]在他看来，宗族建设是和国家的稳定联系在一起的。

明代赴朝山东移民通过各种形式表示对先祖的追思与祭奠，表达对故国明君的崇敬与缅怀，这其中，既有建坛立庙，奉祀祖先和明朝皇帝，又有家谱、族谱与史书的编撰，既有明义会与宗亲会的设立，又有亲赴故土寻根之举。可以说，正是依靠王德一、王德九、冯荣夔等几代赴朝山东移民后裔的努力，才使得奉祀明朝皇帝和九义士的活动保留至今，使得“皇朝人子孙”“大明遗民”这样的称呼沿用至今。

第一节　建坛立庙

一、家族祭祀

这些赴朝山东移民多出身仕宦家族，到朝鲜后，继承家族传统，自然会十分重视宗族建设，所以这些赴朝移民几乎每家都建有奉祀祖先的家庙祠堂。此外，如果家族中有成员对朝鲜社会做出较大贡献或具有一定影响，朝鲜政府也会用建祠立碑等方式予以表彰，而这也是其后世子孙祭祀的内容之一。青州史氏在京畿道坡州郡月笼面苇田里建有奉祀东迁始祖史繇、

① （宋）张载：《张子全书》卷4，《宗法》，文津阁四库全书子部儒家类第231册，商务印书馆2005年影印本，第608页。

其子史重、其孙史克明的三祠堂，享祀祭坛为月桂坛。除此之外，还有朝鲜政府所建史世用战功碑以及表彰史琦奎的孝子门和孝子旌闾阁。

孔子后裔孔绍入居高丽水原中逵面九井村。他在水原建阙里庙，供奉孔子像。此前，高丽政府已为孔子塑像，并加谥号以尊崇孔子，但民间尊孔、祀孔的风气并不强烈，直到孔绍在水原建阙里庙供孔子像之后，高丽民间的祭孔之风才真正开始盛行。

李氏朝鲜时，孔氏后裔在忠清道建祠祭祀孔子。《李朝正宗实录》中称，进士金履恭等人上疏："臣等伏闻忠清道尼城县，有鲁城山，山之下有阙里村，山名村号，偶同于孔夫子生长之乡。往在肃庙丁酉，幼学臣孔徽鲁、孔思中等，适得故相臣李庆亿奉使赴燕时所得夫子遗像一本，即此地建祠奉安而私祭之。"①

《李朝正宗实录》亦载："孔圣后裔之东来者，居于水原之中逵面九井村，有圣人之庙焉，即故大司宪孔瑞麟，最其中宦高名闻之人也，其后孙徙居龙仁都宪墓下，今番因收用思之，问于泮堂，使之考奏矣，事实果然。而庙址家垈尚今宛在于水原地，为故老所指点，何觉之晚也，令道臣别遣褊裨图上形址。"② 数日后，正宗对孔氏后裔孔允东说："闻水原有孔圣影帧，奉安之室，有先朝赐额，予意则中逵面九井村，既是东来初居之乡，则影堂之移设于此处好矣！"③

纯宗二十五年（1825），赴朝冯氏后裔建立祠堂。冯三仕五世孙冯学祖诹议诸族，以三仕罔仆东蹈之节义，有辞后世，而为东迁氏族始基之祖，别立祠宇。五世孙冯述祖奉祀，于每岁率宗人一祭。纯宗三十四年（1834），

① 《李朝正宗实录》卷 2，正宗即位年十一月丁酉。

② 《李朝正宗实录》卷 35，正宗十六年九月戊戌。

③ 《李朝正宗实录》卷 35，正宗十六年九月辛丑。

冯宪祖编成《庠生公年谱》二卷。1936年，因冯氏先祖迁墓，冯三仕八世孙冯鹤淳作《先墓迁奉后宗约序》，文中称："吾冯氏旧以大明缙绅之裔，适当崇祯末清虏之乱，帝殉社稷，而堂堂华夏尽入薙发左衽之域矣，于时我八世祖考庠生公讳三仕怀卧薪尝胆之心，誓不共戴一天，而弘光乙酉陪从凤林大君而东渡，期图庶复消息，皇天不佑，孝庙宾天，大计瓦解，公亦赍恨而卒，虽未伸大义于天下，然其素所蓄积也，足以质神俟百而无愧，是则天下人大同共义也。至于东土之人称我以皇朝忠烈之子孙，莫不爱之惜之，是则吾一门感慕私幸也。……余年及弱冠，先考命戒曰：先事之未遂，最是憾恨者，后日若得纾力，先谋先事，后为身计，是所深望于汝者。"①

朝鲜化氏始祖化明臣的墓碑位于晋阳郡鸣石面南星里，赴朝济南王氏始祖墓位于杨州郡真干面，这些亦是各自家族祭祀的地方。祭祀场所包括了墓地、庙宇、祭堂、祠堂、碑刻等多种形式，充分体现出赴朝移民后裔对家族祭祀的重视。

二、朝宗岩大统行庙与九义行祠

朝鲜肃宗十年（1684），加平郡守李齐杜与处士许格、乡士白海明于朝宗岩奉刻明毅宗皇帝御书"思无邪"三大字、朝鲜宣祖御笔"万折必东，再造藩邦"八大字，又刻朝鲜孝宗批语"日暮途远，至痛在心"八字，以表达对明朝的尊崇与感激之情。创设之初的朝宗岩只是三人岩刻以尊周思明的场所，三人于岩石上摹刻文字以表达对明朝的缅怀之情，并没有具体的奉祀对象。"遗臣诸家之有立庙以祀高皇之议，厥有久矣，岁过君难四

① 冯荣夔编：韩国《临朐冯氏族谱》，保景文化社1989年版，第9—10页。

周之甲，祠祀之思愈久而深切。”[①] 纯宗三十一年（1831），赴朝山东移民王以文五世孙王德一、王德九兄弟在朝宗岩创建大统行庙和九义行祠，崇祀明太祖和九义士，从而使朝宗岩真正成为奉祀明朝皇帝的场所。王氏兄弟为“明遗民”精神在朝鲜的传扬与发展做出了重要贡献。

柳重教曾经说过：“皇朝九义士后孙设皇坛于我嘉陵之朝宗岩，祝用永历纪年，诸家庙祭祝亦然，以为南京三皇帝建号，继崇祯信史。崇祯、永历同是皇明之正统，均是我国之所君其用遗号也。”[②] 王德一在任大报坛守直官时，“每新历入洌泉门，辄刊去首行，改印大明历号，以备香室写祝时用，仍以副件广布汉旅诸家，遂成故事。今其子假说从游山中，师友谓诸子皆尝以皇朝遗民自处，以若干沓见寄，其意可感，而其事亦可悲也。”[③]

1831 年，王德一、王德九兄弟移居加平郡朝宗岩，在岩东筑坛奉祀明太祖，称为“大统行庙”，又从设一坛于其下，奉祀九义士，称为“九义行祠”，从而把朝宗岩变成又一个崇祀明朝皇帝的场所。冯三仕五世孙冯念祖作《朝宗岩立庙文》，文中称：

> 昔在辛卯，济南王盘（按：应为“磐”）川先生自以遗臣后孙，慷慨有大节，每与吾人诸家，讲茅屋祭昭王之规，议桂林祠舜帝之礼，而叹之曰：“此可以行吾志矣！”遂独办物力于岩之下，为坛北而设帐及桌，岁以正月四日御极之辰，上祀我大明太祖高皇帝，而不援佗位

① 王德一：《大统行庙仪序例·庙号》，载冯荣燮编：《朝宗岩文献录后集》中卷，《朝宗岩志》卷上，保景文化社 1987 年版，第 802 页。

② ［朝鲜］柳重教：《省斋文集》卷 34，《杂著·庙祝用永历纪年说》，载冯荣燮编：《朝宗岩文献录》，朝宗岩再建推进会 1977 年版，第 364 页。

③ 冯荣燮编：《大明遗民史》上卷，保景文化社 1989 年版，第 83 页。

> 者，以创业之所由起也。至若建号，则曰大统行庙者，将以别于大报、万东，而实用温峤行庙之制也。又行庙之下，仍设诸遗臣神位而配享，则曰九义行祠者，亦本君臣祭祀同之义也。[①]

王德一还在坛下设一小斋，名为洌泉斋，终身居守于此，以行奉祀之事，旁置民家数户，名曰风泉里。柳始秀所作《朝宗岩铭》中载："永历一百八十五年辛卯，北苑守直官王德一与其从弟德九，就朝宗之左方筑坛而祀高皇帝，曰大统行庙，继以一坛从享九义士，曰九义行祠。九义士以皇朝人，尝从宣文王而东来，协赞兴复之谋者，而德一即九义中王庠生以文之后也，痛其先之饮恨而没，所以奉先帝祀以待天下清，而传至于其子、今朝宗斋主人俶说焉。盖其特推大统之所始，以祀高皇，与东人之专报恩而主祀显皇者有异。特著大统之所终，祝用永历，与东人之限奉朔而袭用崇祯者不同，然其有朝宗之义则一也。"[②]李齐杜三人在朝宗岩摹刻文字，表达尊崇、感恩明朝之情，王氏兄弟选择在此建庙立祠，使"朝宗"之意得以充分展现。

大统行庙建成之后，得到朝鲜士人的普遍关注，他们建议朝廷划给田民，以供崇祀，同时褒奖王氏兄弟，提高皇朝人子孙的待遇。加平郡守李种永上《大报里免役完文》，声称："(加平）郡朝宗面大报里朝宗岩大统行庙及九义行祠，即享祀我太祖高皇帝，而以九义臣从享之地也。……凡本朝衣冠文物之仿华夏式，至今日莫非我皇朝赐也。……其天地罔极之德，历观前古，虽内服诸侯，其谁蒙上国之恩之泽，得如本朝者哉？"他

① 冯念祖：《朝宗岩立庙文》。

② ［朝鲜］柳始秀：《朝宗岩铭》，载冯荣夔编：《朝宗岩文献录后集》中卷，《朝宗岩志》卷下，保景文化社 1987 年版，第 838—839 页。

在《朝宗岩志后叙》中还说："北苑之坛、西原之庙、朝宗之祀，义各有主，不可阙一，而春秋之法，王人虽微列于诸侯之上，推此义也，朝宗之设，事体反重。当自朝廷划给田民，尊奉守护，永世勿替，一如北苑、西原之例也。九义士从孝庙东来者，其血忠若节，木石可悲，鬼神可泣，而其有功于天经民彝，则与斥和诸公、修攘诸老一辙同归而无愧矣！当自朝廷施不祧之典，而禄其嫡孙，又于郊关近地，别设祠享，与胡翰林同祀，而施以恩额，以致崇报之意也。"[①] 柳始秀《朝宗岩铭》中亦载："尊华攘夷是春秋之大义，不可一日无者。自四海腥秽，九庙崩毁，人未知华夷之辨，而鲜有痛冤之意，以薙发之主为常事，尊周之说为徼名，滔滔然入颓波而莫之济焉，惟此朝宗岩诸君子卓乎如砥柱，可不钦哉？"金平默认为，"大统行庙之事体，无异乎大报、万东，当自朝家画给田民，而供粢盛、严守护，九义士之忠义，使之不祧，而并与胡翰林立祠，宣额两王公之学行志节，褒赠而彰之。王人之东来，待之如本国士夫。"[②]

高宗十二年（1875），因感念王俶说所说："吾祖之东来，诚以兴复之有望也，既不可得焉，则吾属只有洁身守岩，虔奉先皇帝祀事，以待天下之清，此吾先子之心将有辞于天下后世也。顾其迹之寓于文字者，断烂无统纪，异日西归，无足藉手以为中国人观也"，柳重教特命门人金永禄采摭综理，以大统行庙仪为主，而附九义从享仪，并附九义士事迹，载前后举事诸贤之传，再汇集士人题品诗文，撰成《朝宗岩志》。《大明遗民史》中亦载："（九义士）之名几于湮没，而子孙遂为清门也。柳重教方与金永禄诸人辑《朝宗岩志》，（金平默）因考论九人之世，作传而列之编。倘使

① ［朝鲜］李种永：《朝宗岩志后叙》，载冯荣夔编：《朝宗岩文献录后集》中卷，《朝宗岩志》，保景文化社 1987 年版，第 799 页。

② ［朝鲜］柳始秀：《朝宗岩铭》，载冯荣夔编：《朝宗岩文献录后集》中卷，《朝宗岩志》卷下，保景文化社 1987 年版，第 839 页。

此编得备主上清闲之燕，九人蒙崇报之典，而其苗裔与本国诸公之后，得同其家数，则亦扶阳抑阴之一事也。”[①]《朝宗岩志》为朝鲜处士柳重教嘱其门人金永禄编辑，该书由任宪晦、李种永作序，柳重教、田愚作跋，“以大统行庙仪为主，而附九义从享仪，与九义及诸贤事实，且博访其前后题品诗文，以尾之编，既成，名之曰《朝宗岩志》，特云岩者，以有崖刻也。”[②]金平默所著《九义士传》《朝宗岩三贤传》《磐川沧海二王先生传》，亦编入《朝宗岩志》中。“士绥甫之编次、哀执事之作传、省斋之著跋，皆出于风泉之感。盖阳秋一部，无地可读久矣，乃有此一著，可以树天下万世之纲常。”[③]而且，“将使天下后世知此一小川，犹能朝宗于海而洗人心目也。”[④]

另外，金平默的《朝宗行》《朝宗、皇坛五噫赋》《风泉里展谒皇坛记》、赵镇宽的《朝宗岩记实碑》、李惟喆的《朝宗岩立屋通文》、柳重教的《朝宗岩见心亭镌名记》、柳秉喆的《朝宗岩歌》及柳始秀的《朝宗岩铭》等其他与朝宗岩相关的著述，也均被收入《朝宗岩志》之中。该书明确表达出了“孝庙君臣修攘之志、皇明九公来宾之意、朝宗诸贤寓慕之迹”，而“所谓大一统之义者，乃其一编之大旨”。[⑤]

柳重教在为《朝宗岩志》所作的跋中，详细解释了大统行庙的创建意

① 冯荣夔编：《大明遗民史》下卷，保景文化社 1989 年版，第 242 页。

② ［朝鲜］任宪晦：《朝宗岩志序》，载冯荣夔编：《朝宗岩文献录后集》中卷，《朝宗岩志》，保景文化社 1987 年版，第 799 页。

③ ［朝鲜］任宪晦：金平默《与任全斋书》之《答书》，载冯荣夔编：《朝宗岩文献录后集》中卷，《朝宗岩志》卷下，保景文化社 1987 年版，第 842 页。

④ ［朝鲜］柳始秀：《朝宗岩铭》，载冯荣夔编：《朝宗岩文献录后集》中卷，《朝宗岩志》卷下，保景文化社 1987 年版，第 839 页。

⑤ ［朝鲜］柳重岳：《题朝宗岩志后》，载冯荣夔编：《朝宗岩文献录后集》中卷，《朝宗岩志》追录，保景文化社 1987 年版，第 847 页。

图及其在朝鲜王朝崇祀明朝皇帝活动中的地位："吾东之祀明皇帝有三焉，其义则不可阙一也。大报坛者，圣祖之所以亲享于上而与百僚共也；万东庙者，大老之所以私享于下而为万民观也，于是乎追恩报德，经纬一国，不待家尸而户祝也，惟是大统行庙者，乃皇朝旧民之来宾吾东者，自伸其享先君之诚也，其义又恶可已也。盖祀止高皇一位者，推本大统之所起，以示其尊而无对，与东人之感再造之恩而主祀神宗者不同矣。祝用永历纪年者，特著大统之所终，以明其正而非闰，与东人之拘奉朔之限而袭用崇祯者不同矣。庙必以大统立号者，以明大统一脉之寄于此者，尚足以尊临天下，与大报、万东之专以崇报归向为义者亦不同，而其曰行庙云者，又以寓早晚奉归中国之意也。"[①] 大统庙最初只奉祀明太祖，因为是明遗民后裔所建，所以有别于大报坛、万东庙创设时向明朝报恩的意图，其主要目的在于突出太祖开创基业之功，强调明朝的正统地位，正如金平默所言："北苑之坛，藩屏故臣伸拱北之义也；西原之庙，陪臣遗民伸讴吟之思也；朝宗之祀，皇朝人遗裔伸茅屋之诚也，三者不容阙一。北苑之祀、西原之享，主于神皇再造之恩、毅皇殉社之义，在我东方君臣当如此。朝宗之荐，主于大统，故独举高皇一位，在天朝人后裔当如彼，二者亦不容阙一。"[②] 柳重岳亦曾指出，大统行庙只奉祀明太祖，"可以见推本大统之所起，以示其尊而无对之义也。其于祝用永历纪年者，可以见大统之所终，以明其正而非闰之义也。于是乎以大统行庙立其号，则一墠墟位尚足以尊临天下，

① ［朝鲜］柳重教：《朝宗岩志跋》，载冯荣燮编：《朝宗岩文献录后集》中卷，《朝宗岩志》卷下，保景文化社 1987 年版，第 845—846 页。

② ［朝鲜］金平默：《与任全斋书》，载冯荣燮编：《朝宗岩文献录后集》中卷，《朝宗岩志》卷下，保景文化社 1987 年版，第 840 页。

而为大一统之所在也。”[①]

王德一作《大统行庙仪序例》，说明于朝宗岩设立大统行庙的缘起，即“顾我遗民，保全冠裳于中州腥膻之外，枕戈寝苫于小华岩谷之中，沧桑百年，飘零五叶，讲明万世必报之意，固守内夏外夷之法，则何可不行其以旧臣祀旧君之仪，一间祠祭天子之礼乎？”[②]

大统行庙的崇祀于正月四日举行。王氏兄弟议定大统行庙祭祀之礼为：每年正月四日，按苍梧之舜庙、会稽之禹庙，与华阳皇庙之仪，用温乔行庙之例，设帐屋于朝宗岩之地，以特祀明太祖高皇帝，建号大统行庙，仪节依从《大明集礼》迎送饮福三拜之礼，祭物品数从祭以士之礼，用四笾四豆。[③]大统行庙旁又建冽泉斋与风泉里，两人约定，每值高皇以下、列圣及宣文王、仁宣王妃讳辰，必斋宿而行展谒之礼，九义士忌日亦然。念及九义士“诸公遗事佚失略尽，世之知者亦几希焉”，而诸公节义炳如日月，作为九义士子孙，终不能称扬，则无以著明于天下后世，而子孙亦不得辞其责。“若夫表章其义烈，则立言者之事，固不可议到，惟是私自寓诚之道，在于立祠”，于是二人取南宋欑陵之意，于朝宗岩设立九义行祠，编成《九义行祠仪序例》，而以财力不敷，器皿等节，未能备数，仿古人席地之例，只设纸位帐屋，铺莞于地，祭器代以瓷器，仪节亦依从《大明集礼》迎送饮福三拜之礼，祭物品数从祭以士之礼，而用二笾二豆，于每

① ［朝鲜］柳重岳：《题朝宗岩志后》，载冯荣夔编：《朝宗岩文献录后集》中卷，《朝宗岩志》追录，保景文化社 1987 年版，第 847 页。

② 王德一：《大统行庙仪序例·庙号》，载冯荣夔编：《朝宗岩文献录后集》中卷，《朝宗岩志》卷上，保景文化社 1987 年版，第 802 页。

③ 王德一：《大统行庙仪序例·庙号》，载冯荣夔编：《朝宗岩文献录后集》中卷，《朝宗岩志》卷上，保景文化社 1987 年版，第 802 页。

年正月六日，奉祀九义士。[①]九义行祠的祝版排位依次为：庠生东昌王先生（美承），第一位，万历壬寅生，惟昔东渡，增我西悲，抚膺诵表，永毕于斯，皇庙有俨，舍此奚之，感极风泉，如闻叹嘻。庠生临朐冯先生（三仕），第二位，万历丁未生，沧桑百变，获保汉仪，杜门愢愢，临没于兹，传家鲁策，是谁所垂，兴惟报本，追感岁时。留守杭州黄先生（功），第三位，万历壬子生，淮扬援绝，执殳无期，痛哭手札，闭户于兹，垂裕后昆，世守皇壝，朝宗万折，景慕厥施。进士琅琊郑先生（先甲），第四位，万历丁巳生，含忍蹈东，诸夏为夷，白衣方丧，恸哭于兹，瞻依大统，左右是宜，特书王正，追感岁时。庠生通州杨先生（福吉），第五位，万历丁巳生，历城气绝，何日忘之？痛彻骨髓，忧郁于斯，诚通可格，陟降不迟，左海干净，卫侍皇祠。庠生济南王先生（以文），第六位，泰昌庚申生，枕戈不忘，培植秉彝，中夜危坐，至痛在兹，克开厥后，勿替引之，追感王春，永慕始基。庠生大同裴先生（三生），第七位，天启辛酉生，集兵勤王，百世有辞，植立嫚骂，愤痛于斯，如水在地，怳瞻帝祠，匪风旷感，黍苗永思。庠生青州王先生（文祥），第八位，天启壬戌生，拊剑卧薪，气节不襄，风雨仰天，绝迹于兹，腥土芒芒，星霜几移，追远报始，庶无射思。庠生大同柳先生（溪山），第九位，天启丁卯生，帝殉社稷，裂衫参差，终天之痛，辞病于斯，大计不就，事往时移，净土昭格，情礼则宜。谨以刚鬣庶羞，柢荐岁事，尚飨。[②]

自 1831 年大统行庙与九义行祠建成之后，九义士之中的临朐冯氏、杭州黄氏、琅琊郑氏和济南王氏四姓后裔大都移居于朝宗岩附近，这里同

① 王德九：《九义行祠仪序例·祠号》，载冯荣夔编：《朝宗岩文献录后集》中卷，《朝宗岩志》卷上，保景文化社 1987 年版，第 808—809 页。

② 王德九：《九义行祠仪序例·祝版》，载冯荣夔编：《朝宗岩文献录后集》中卷，《朝宗岩志》卷上，保景文化社 1987 年版，第 810 页。

样成为朝鲜君臣尊周思明的地方。大统行庙最初由王德一、王德九独自承担其祭祀，哲宗五年（1854），王德一卒，由王德九嗣守洌泉斋，谨行奉祀之事。至哲宗十四年（1863），王德九身殁之后，王德一之子、曾任大报坛守直官的王俶说嗣守洌泉斋，后来因此斋损毁，别构一斋以居之，名为朝宗斋。王俶说之后，其子王济夏、孙王昌植，又相继守护大统行庙，对明朝皇帝和九义士的祭祀活动得以传承下来。只是在王氏兄弟逝后，除王氏后裔继续嗣守朝宗斋外，其他三姓后裔也共同承担起了崇祀之事，如冯念祖、黄载谦、郑锡一等人均曾守护大统行庙。哲宗十年（1859），王以文后裔王俶说、王济[illegible]与冯三仕后裔冯世镐、郑先甲后裔郑淑等人，还曾为朝宗岩立庙一事募集款项。[①]

高宗二年（1865），万东庙撤享，朝鲜国内祠院皆毁，朝宗岩大统行庙祭祀事宜亦一体被撤废。高宗十一年（1874），万东庙复享，朝宗岩复享事亦在筹备之中。次年，朝宗岩得以复享，大统行庙祭祀对象被增加为明太祖、明神宗、明毅宗三位皇帝。[②]从此直到1934年，因迫于日本的压力，大统行庙与九义行祠才被迫撤享。1956年，冯三仕后裔冯荣燮与王以文后裔王世均、王益均等人开始筹备朝宗岩大统行庙的复享活动。1958年正月，在四姓后裔的努力下，恢复大统行庙与九义行祠对明朝三帝和九义士的崇祀。1967年，冯荣燮著成《九义士传》一书。1968年3月19日，四姓后裔成立了“九义士子孙亲睦会”，以大统行庙为祭奠圣地，并开始朝宗斋再建运动。1971年，冯荣燮编著《增补九义士传》，并附大报坛、万东庙、朝宗岩史迹。1975年，朝宗岩被认定为京畿道第28号地方文化

① 冯荣燮编：《朝宗岩文献录后集》下卷，《大统庙复享再建志》，保景文化社1987年版，第900页。

② 王俶说：《朝宗岩故实年表》，载冯荣燮编：《朝宗岩文献录后集》中卷，《朝宗岩志》卷上，保景文化社1987年版，第829—830页。

遗产。1977 年，冯荣燮编著《朝宗岩文献录》，重建朝宗斋。1978 年，朝宗岩保存会成立，第一任会长为郑先甲后裔郑云近。之后开始筹建新的大统庙，并将祭祀日期变更为明毅宗殉社之日，阴历三月十九日。1980 年，新创建之后的大统庙开始举行祭祀活动，崇祀明太祖、明神宗和明毅宗三帝，西从享九义士，东从享韩国文武十贤[①]。1981 年，明义会成立。1982 年，冯荣燮编著《朝宗岩文献录续集》。1986 年，大统庙祭享日变更为阴历三月第三日曜日。大统庙墙垣、红箭门、朝宗岩铁栅施工完成，冯荣燮编著《冯氏世稿》。1987 年，冯荣燮编著《朝宗岩文献录后集》，大统庙复享再建沿革及献诚士林记实碑建立。从是年开始，在朝宗岩实行的祭祀礼仪包括了晨课礼、初献礼、亚献礼、终献礼、分献礼、饮福礼、望燎礼等。祭祀时演奏古乐，诵读迎神词、送神词，祭祀者身着明朝服饰。当前在韩国致力于朝宗岩祭祀的社会组织，主要有朝宗岩保存会、明义会和九义士子孙亲睦会等。

完山李迢镕在其为《朝宗岩文献录后集》所作的序中，道出了朝宗岩大统行庙与九义行祠祭祀的深刻意义：

> 惟我朝鲜自康献太祖开国以来，一遵华夏制度，故明太祖高皇帝赐改国号曰朝鲜，而其于字小之恩、事大之诚，殆三百年不替。逮我宣祖壬辰，倭寇侵入，神宗皇帝命将兵数十万来援，歼灭倭贼，有再造藩邦之功。及仁祖丙子胡乱，毅宗皇帝亟命山东将兵以救，而虽有缓不及时之恨，其视同内服之恩，岂可一日忘？诸是以君臣上下莫不

① 从享的韩国十贤中，宋时烈于 1983 年被撤享，所以也可以说“东从享韩国文武九贤”，分别为：清阴金尚宪、花圃洪翼汉、林溪尹集、秋潭吴达济、辽东伯金应河、孤松林庆业、梅竹轩李浣、华西李恒老、毅庵柳麟锡。

爱戴忠义所发，乃有大报坛、万东庙之设，至若此朝宗岩大统行庙、九义行祠，皇明屋社后，皇朝臣民中九义士诸公来寓我国，与孝宗大王同修北伐大计，而不幸孝庙宾天，大志瓦解，则至痛在心，赍志而殁，其后王义士裔孙盘（磐）川、沧海二公所创设，而我东卿士大夫及先正先师同心协赞者也，此其大义，昭如日星，凡有彝性者，孰不耸然感激也哉？然不幸邦运极否，我东三千里文明疆域为岛夷所吞噬，三十余年间，为倭所沮，不得行祀矣。自倭寇见逐后，因冯义士十代孙荣燮氏用诚及地方官民士友之援助，复继先哲遗业，寻遗迹而还原，或动得四方有志之士，以阴三月第三日曜日奉行祭享，已至三十祼。呜呼，懿哉！顾今纲常坠地、人化为兽之日，有此万万悲壮之举，以明春秋大义于天下，此非地底之一雷耶？自是以往，唤醒天下人心目，礼乐文物，宛如大明时节，千万祈祝之至焉！①

从大统行庙与九义行祠最初建立，开始朝鲜民间祭祀明太祖与九义士的活动，到现在大统庙成为韩国唯一崇祀明朝皇帝与九义士的场所，在这漫长而曲折的过程中，九义士之中山东移民的后裔起到了不容忽视的作用。

第二节　家谱、族谱与史书的编撰

赴朝山东移民的后裔通过修撰家谱、族谱，来增强家族凝聚力，同时亦是为免后世忘本，以修谱作为其追根思源、怀恋故土的重要形式。

青州史氏后裔在《青州史氏世谱》中详记其家族源流和家族成员发展

① ［朝鲜］李迢镕：《朝宗岩文献录后集序》，序之第 3 页。

情况。除此之外，史氏所修族谱还包括：1852 年的壬子谱、1864 年的甲子谱、1899 年的己亥谱、1911 年的辛亥谱、1931 年的辛未谱和 1961 年的辛丑谱。

赴朝琅琊郑氏两次刊行族谱，分别为 1811 年的辛未谱和 1981 年的辛酉谱。

冯三仕跟随凤林大君来到朝鲜，其后世遂在朝鲜繁衍生息。1835 年，冯三仕五世孙冯宪祖恐后世忘本而修成《临朐冯氏世谱》，由王德九为之作序。其后，在 1864 年、1936 年、1960 年、1973 年和 1989 年，冯氏后人又多次修谱。古朝鲜族谱与中国族谱不同的是重外裔，即有较多的对于妇女的记载，尤其女性的夫家，如有出仕的情况，一并被记入。冯荣夔于 1989 年修成的韩国《临朐冯氏族谱》则保留了中国族谱的特点，即女性是作为丈夫的附属而出现的。从族谱的内容上来看，不仅详载世系传承，还增加了冯三仕等人的传记资料。

韩国《临朐冯氏族谱》体例与中国内地族谱略同，有谱序、世系源流图、先墓位置图、行列字表、源编、流编等内容。族谱的修撰，不仅是记录世系，而且兴孝悌、成礼让，更借此强调修身齐家治国的道理。修谱旨在弘扬孝道，表达人的寻根意识，这显然是受到中国传统文化的影响。冯三仕五世孙冯宪祖曾经说过："纯忠懿烈，祖先之谟也；发潜阐幽，子孙之责也。述其事而承其谟，忠君孝父，世世无坠。"[①] 只是在这些移民后裔身上，修谱以尊祖敬宗的目的比起国内人修谱来说，更多了一层含义。"自身而家，自家而国"，宋儒修齐治平的思想对他们的影响是很大的，正如同为冯三仕五世孙的冯学祖在为 1864 年所修《临朐冯氏世谱》作序时所说："我五代祖考庠生公，以中朝缙绅之裔，当清虏之乱华，罔仆渡东，于

① 冯荣夔编：韩国《临朐冯氏族谱》，保景文化社 1989 年版，第 215 页。

今二百余年。而子孙之延蔓，实由于庠生公一身得保先勋，不薙发而服先王之服也。不肖惧沧桑余生派系散亡，不知尔我为何人，因旧谱而庠生公以上六世并为记焉，合为源流之谱。源者，原载旧谱，而流者，记其流来东土之派也，此岂非存之于既亡之后，而聚之于相失之余乎？念祖宗一脉不忍永绝，偷生海隅遂使有后，至今犹云皇朝人者，庠生公之志业也。修补源流之谱，继述祖先之志，先府君之功也。呜呼！是有谱而后知有吾临朐冯氏，知有冯氏而后知有皇朝。使东土之人诵咏神皇恩德，则君亲之泯灭于斯复显，庠生公之懿烈，将有称于天下万世也。”[①]族谱的修订，既是为使后世不忘本源，又是为使后世不忘故国，同时亦能使朝鲜谨记明朝恩德。修谱崇本以维持世教是明清时期重要的宗族思想，这一思想亦为明朝时期移居朝鲜的山东移民所继承。

此外，这些山东移民还多有著述传世，所撰内容大多与追思故国有关，在这一方面，以王以文和冯三仕的后裔为其中的典型代表。

纯宗十五年（1815），王德一编修《庠生公年谱》，所著诗文数卷，集为《榛苓录》，又有《明承传家录》一编，裒辑朝鲜王朝创设大报坛及尊周思明之史实，并附以九义士之史迹，正如金平默所言：“磐川文集，所著无非风泉之思也。”[②]纯宗十八年（1818），王德九著成《皇朝遗民录》，宋秉璇在其《渊斋集·皇朝遗民传》中说：“王公以文后孙德九，集诸家遗录，编成一通，来藏于华阳洞焕章庵。华阳曾建万东庙，祀神、毅两皇帝。”[③]二十八年（1828），王德九又撰成《皇明遗民谱》一书，又有文稿若

① 冯荣燮编：韩国《临朐冯氏族谱》，保景文化社 1989 年版，第 7—8 页。

② ［朝鲜］金平默：《风泉里展谒 皇坛记》，载冯荣燮编：《朝宗岩文献录后集》中卷，《朝宗岩志》卷下，保景文化社 1987 年版，第 835 页。

③ ［朝鲜］宋秉璇：《渊斋集》卷 48，《皇朝遗民传》，载冯荣燮编：《大明遗民史》下卷，保景文化社 1989 年版，第 228 页。

干卷，与《榛苓录》相表里。

在史书编纂方面，出身于临朐冯氏文学世家的冯氏子孙则更胜一筹。根据韩国《临朐冯氏族谱》中的记载，现将冯三仕后裔所撰多部著述列表如下：

赴朝临朐冯氏著述表

世系	著者	著作	卷数	成书年代
六世	冯学祖	《冽泉直中录》	二卷	纯宗 28 年（1828）
		《皇坛配享诸臣目录》	一卷	
		《皇坛参班遗臣诸家录》	一卷	纯宗 28 年（1828）
		《皇朝遗民世系源流图》	一卷	
		《皇朝遗民谱》	一卷	纯宗 28 年（1828）
		《临朐冯氏世谱》	一卷	哲宗 15 年（1864）
		《东溟稿》	一卷	高宗 11 年（1874）
	冯宪祖	《庠生公年谱》	二卷	纯宗 34 年（1834）
		《临朐冯氏世谱》		纯宗 35 年（1835）
	冯念祖	《朝宗岩立庙文》	一卷	哲宗 10 年（1859）
七世	冯世周	《风泉集》	二卷	宪宗 12 年（1846）
	冯世镐	《风泉录》	一卷	高宗 13 年（1876）
		《皇朝遗臣胡学士实迹》	一卷	高宗 13 年（1876）
八世	冯锡鹏	《皇坛仪轨抄》	一卷	
十世	冯柱德	《临朐冯氏族谱》		1960 年

续表

世系	著者	著作	卷数	成书年代
十一世	冯荣燮	《临朐冯氏族谱》		1936、1960、1973、1989年
		《朝宗岩文献录》		1977年
		《朝宗岩文献录续集》		1982年
		《朝宗岩文献录后集》		1987年
		《大统庙复享再建志》		1987年
		《九义士传》		1967年
		《增补九义士传》		1971年
		《增修九义士传》		1987年
		《朝宗岩与九义士》		1988年
		《临朐冯氏世稿》		1986年
		《大明遗民史》		1989年
		《冯氏大同谱》		1991年
		《冯氏大同谱续篇》		1992年
		《韩国人尊周思想》		1993年

这些著述固然是冯氏后裔为表达对故国的怀念而作，但也未尝不是在学术方面对朝鲜的贡献。

冯荣燮所编《大明遗民史》《朝宗岩文献录》《九义士传》等著作，汇集了朝鲜实录、档案史料、文集笔记、家谱族谱中与赴朝明代移民相关的内容，收录了与朝鲜王朝为尊周崇明而建的大报坛、朝宗岩、万东庙、宣武祠等场所相关的资料，是关于明代赴朝移民问题的最为详细、全面的资料汇编，为移民后裔追根溯源留下了最为珍贵的文字资料，然而其重要的史料价值，至今未引起足够的重视。

以《九义士传》一书为例。为编纂此书，冯荣燮遍访九义士后裔王政均、王济奎、郑焕喆等人，参阅《皇明玉牒纪略》《皇明末史要纪》《临朐冯庠生公年谱》《济南王庠生公年谱》《琅琊郑氏传家宝览》《皇朝遗民录》《皇朝遗民谱》《皇坛仪轨》《冽泉直中录》《华阳志》《朝宗岩志》《风泉集》

《风泉录》《东溟稿》《东溟漫抄》《磐川遗稿》《沧海集》等著作，同时又参考《典故大方》、朝鲜史著及九义士各家族谱等资料，其珍贵的史料价值由此可见一斑。

第三节　宗亲会与明义会的设立

1968 年 3 月 19 日，九义士之中的临朐冯氏、杭州黄氏、琅琊郑氏和济南王氏四姓后裔成立了“九义士子孙亲睦会”，该亲睦会主要由山东籍移民后裔组成。在此之前，四姓后裔均各自设有宗亲会，韩国临朐冯氏宗亲会曾述及祖先避居朝鲜的情况：“1645 年即明亡翌年，东渡朝鲜后，至今已达十余代”[①]。此外，赴朝青州史氏、麻氏与化氏后裔等均在韩国设有宗亲会。

1981 年 4 月 23 日，朝宗岩大统庙祭享后，赴朝移民后裔发起了成立明义会的倡议，5 月 30 日，明义会总会正式创立。《韩中文化志》1981 年 6 月号，以《中国名门后裔共同成立明义会》为题报道了此事。报道中称：该“明义会”创立的主要宗旨，是追慕先祖、先贤的忠孝思想，与发扬中韩两国自古以来所建立下的传统友谊及友好合作精神。“明义会”创立大会于五月三十日下午二时，假汉城市鹭梁津“死六臣墓”庙廷举行，出席明朝遗民后裔——包括明朝大臣、援韩将军、明末九义士——贾维钥、杜师忠、麻贵、徐鹤、石星、宣允祉、施文用、王以文、张海滨、郑先甲、千万里、秋水镜、片碣颂、冯三仕、胡克己、扈俊、黄功等后孙一百余人。创立大会由明援朝中军片碣颂第十八世孙片泓基先生主持。会议选举产

① 转引自杨昭全、孙玉梅：《朝鲜华侨史》，中国华侨出版公司 1991 年版，第 94 页。

生“明义会”第一届理事十二人、监事二人，同时，经理事会选出会长一人、副会长五人。会长：片泓基，明都督、援朝中军片碣颂之后孙。副会长：贾昶铉，明兵部尚书兼职方使行苏辽都察御史都监察使贾维钥之后孙；石贞守，明兵部尚书石星之后孙；施炳熙，明援朝中军施文用之后孙；千周宪，明花山君、司马千万里之后孙；秋铉尚，明武康刺史、援朝上护军秋水镜之后孙。理事：麻天寿，明援朝提督麻贵之后孙；徐国锡，明援朝把总徐鹤之后孙；王钟铉，明末九义士王以文之后孙；张星焕，明援朝把总张海滨之后孙；冯荣燮，明末九义士冯三仕之后孙；胡晟春，明翰林胡克己之后孙。监事：郑焕文，明末九义士郑先甲之后孙；黄载根，明末九义士黄功之后孙。此外，会议还通过了四项重要议案，内容包括编纂一部“明国东渡人联合族谱”、共同为先祖兴建一座祠堂、分赴先祖遗迹地——庆北道星州郡龙岩面大明里、蔚山西生浦及军威邑大明坛等地考察有关先祖之遗迹或搜集纪念文献，议定六月二十五日召开理事会议，以拟定具体的工作计划及募集建祠、考察之基金等。

韩国“明义会”是一个由明代援朝征倭将领和明末九义士的后裔共同组成的民间团体，不仅完成了许多与明移民事迹相关的资料整理与编辑工作，且至今仍在举行祭祀活动。每年阴历三月，明义会成员均会在朝宗岩大统行庙举行奉祀明朝三帝的活动。

第四节　故土寻根——以冯三仕十世孙冯荣燮为代表

冯荣燮毕生从事于全世界冯氏的寻根运动，自他得知韩国冯氏的族源是山东临朐冯氏后就一直寻找机会，希望能重回故乡、寻根问祖。在《〈寻根〉运动之由来和经验记》一文中，他写道："（先祖）因当年兵荒马乱之时，仓促东渡来韩，不克将族谱携带同行，以至今日，只知为临朐冯氏，应属中国临朐冯氏之一分派。"[①]1989年10月，冯荣燮以韩国栗谷思想研究院研究员的身份，赴曲阜参加孔子诞辰2540年纪念庆典，随后依照活动安排，冯荣燮又登上泰山，在泰山之巅的玉皇顶，向临朐冯氏十一代以上先祖之英灵叩拜，但因当时不能至行程安排之外活动，其探访故土的愿望终未能实现。回国之前，他将所著韩国《临朐冯氏族谱》和《九义士传》二书以及一封"登泰山而未能探访祖乡"的信，并附在泰山之巅祭拜祖先的照片，寄至临朐县地名办公室，办公室工作人员为他联系到冯裕第十六世孙、县文艺创作室主任、国家二级编剧冯益汉。[②]冯益汉是四支冯惟敏之后，因为从事文学创作的缘故，得以传承先祖留下的《临朐冯氏族谱》和集历代名人为冯氏先宗撰写行状、碑文的《冯氏世录》。他为冯荣燮的思乡情愫所感动，即刻为其寄去冯氏先祖的资料，并附先祖遗像六帧。就这样，中韩两国冯氏子孙正式取得了联系。[③]1991年7月，冯荣燮赴天津参加第二届明清史国际学术讨论会，会后偕次子冯起亨赴临朐寻根认祖。回韩国后，冯荣燮集分散于世界各地的冯氏人物和资料，撰写了百万字的《冯氏大同谱》，次年又撰写了《冯氏大同谱续篇》，1993年撰成《韩国人尊周思想》一书。

---

① 冯荣燮：《〈寻根〉运动之由来和经验记》，1991年8月。

② 2008年7月，在梁娟娟师妹的引荐下，笔者赴山东临朐冶源镇车家沟村拜访冯益汉老师，冯老师向笔者详细讲述了冯荣燮先生赴临朐寻根问祖的经过，同时将自己珍藏多年的韩国《临朐冯氏族谱》《朝宗岩与九义士》等著作借予笔者参阅，而冯老师所著《明清临朐冯氏文学世家》与娟娟师妹的硕士毕业论文《明清临朐冯氏家族研究》，亦为本书的写作提供了参考，在此谨对两位的帮助表示诚挚的感谢。

③ 冯益汉：《冯惟敏》，载王培竹主编：《潍坊历史文化名人》，齐鲁书社1996年版，第264页。

冯荣燮“以东来义士之裔，念斯义之将泯也，乃出私财、募义捐、谋有志、申当局，而保御笔、建帝庙，复享三皇，从享十贤九义，以每岁阴三月第三日曜日，四方之士诚荐牲币，为瞻仰依归之所。而既而又忧遗迹之泯没无传，关三皇之文献一括搜辑成编，名曰《朝宗岩文献录》，原续二集，已刊行于世。”[①] 正是因冯荣燮之力，使得在社会纷乱之际，“王春一脉独寄于朝宗”[②]。正如郑海昇在为《朝宗岩文献录后集》所作的序言中所说：“大明遗臣九人欲复旧都，自沈阳从孝宗东来寓居，世称九义士也，其中临朐冯三仕之后孙鹤隐荣燮翁，继先祖之志，平生专力于大统庙事业，自乙酉光复后，纠合同志建大统庙，设朝宗斋，置祭田复享仪，又博采关于三皇事迹，编为《朝宗岩文献录》二卷，刊行于世，今又欲刊后集，详载庙墙增筑、诚金芳名及祝诗沿革事实等件。……微鹤隐翁，谁能知春秋大义而免于夷狄之风？”[③] 金容肃亦赞其“毕生慕华”，认为自朝宗岩创设后，“其间虽有李华西、金重庵、柳省斋、柳毅庵、任全斋、崔勉庵、柳恒窝、李锦溪等诸先生之崇慕守护而维持保存，然及至岛夷猖獗之日，强压毁撤，阙享者久。……乙酉光复后，冯义士云孙鹤隐荣燮氏，经年阅岁，东奔西走，左周右旋，募得四方多士赞助，尸其事，董其役，而戮力重建，焕然一新，况追配以清阴金尚宪、花圃洪翼汉、林溪尹集、秋潭吴达济、辽东伯金应河、孤松林庆业、尤庵宋时烈、梅竹轩李浣、华西李恒老、毅庵柳麟锡等韩国文武十贤之位，非徒竭精于崇奉之节，效诚于享祀之仪，始终一贯，如恐不及而已。”[④]

这些赴朝山东移民的后裔重视宗族建设，以建祠立庙的方式奉祀祖先，

---

① 张基德：《朝宗岩文献录后集序》，序之第 6 页。

② 张基德：《朝宗岩文献录后集序》，序之第 6—7 页。

③ 郑海昇：《朝宗岩文献录后集序》，序之第 4 页。

④ ［朝鲜］金容肃：《朝宗岩文献录后集序》，序之第 5 页。

济南人王以文的后裔王德一、王德九兄弟更设立大统行庙与九义行祠，以奉祀明帝与九义士，其他移民后裔亦参与其中，共同守护。此外，他们通过编撰家谱、族谱与史书以追根溯源，成立明义会和宗亲会以增强移民后裔间的凝聚力，临朐人冯三仕的后裔冯荣燮则亲赴故土以寻根问祖，并于其时特作述怀诗二首，其《拜祖乡》诗中写道："我祖东渡四百年，遗孙十代拜乡先。同根宗族相逢乐，临朐富亭恨未传。清狄当时欺我族，皇明厥后在朝鲜。愿归故国无穷梦，但愿完成不死前。"另外一首《朝宗岩》诗则道："尊王黜霸本心仁，先圣垂教皆亦然。扶弱抑强谁有是，伤今感古我能先。渥恩千载光民颂，施援当年昭史文。回忆皇明何事在，朝宗岩上闻悲鹃。"[①] 可以看出，明朝时期移居朝鲜的山东移民对祖国怀有深厚的感情，他们追思故国的种种行为，与他们自幼所受的教育和自身所处的环境密切相关。

① 冯荣燮：《〈寻根〉运动之由来和经验记》，1991 年 8 月。

结　语

潘光旦曾明确指出："大体说来，人口分子中间，流浪性太大的固然不能成就什么事业，而安土重迁的又大都故步自封，惟有在相当的戟刺之下能自动的选择新环境的人，才真正能有为有守，一样成家立业，也唯有这种人才最能维持久远。"[①] 本书所述及的明朝时期这些移居朝鲜的山东移民，基本就属于"在相当的刺激之下自动选择新环境的人"，他们的家庭出身和成长环境赋予其鲜明的性格特征和优秀的个人才识，再依托明代特殊的社会大背景和迁居地为他们所提供的有利条件，一系列因素的存在决定了他们必将会在山东移民史上留下浓墨重彩的一笔。本书通过对明代移居朝鲜的山东移民群体的形成过程和个性的分析、对其行为特征和影响的阐释，探讨了这些赴朝移民迁居朝鲜的缘起、经过及留居朝鲜后的状况，梳理了移民后裔在朝鲜繁衍发展、世代传承的情况，概述了朝鲜王朝对他们的尊重和优待政策，历数了移民家族中的知名人物，进而较为系统、全面地揭示了山东移民史上的这一群体在齐鲁文化对外传播、中朝文化交流中的贡献与影响。运用文化圈理论分析这一来自于儒家思想发源地的移民群体可知，儒家传统文化在他们身居国内、远赴海外时产生的深远而一脉相承的

① 潘光旦：《明清两代嘉兴的望族》，据商务印书馆1947年版影印，上海书店1991年版，第119—120页。

影响，说明山东文化的影响及于朝鲜半岛，说明明代依然是齐鲁文化走出去的重要时代。

通过以上各章的论述，我们可以得出这样一些结论：

第一，《汉书·地理志》中载：“然东夷天性柔顺，异于三方之外，故孔子悼道不行，设浮于海，欲居九夷，有以也夫！”这里所说的“东夷”，指的正是朝鲜。这些山东移民选择朝鲜作为留居之地，与山东独特的地理形势、文化背景和中朝之间传统的政治性朝贡关系以及频繁的经济贸易交往密切相关，同时又与儒家思想的影响、齐文化积极开放的特征一脉相承。“随着儒学的兴隆，春秋大义渐深入人心。”[①] 文化上的认同是政治认同的基础，儒家思想对朝鲜产生重要影响，春秋大义、尊周攘夷的观念在朝鲜君臣心中根深蒂固，朝鲜王朝基于对儒家思想的认同，坚持以中华文化为正统，奉明朝为正朔，使得他们在对待明朝政府及明朝移民问题上采取了不同于他国的政策。

本书所论明朝东渡朝鲜的山东移民，有因为奉命出使而留居朝鲜者、有身为援朝征倭将领之后追随先辈足迹避居朝鲜者、有跟随朝鲜质子赴朝者，也有明末清初因避乱而移居朝鲜者，赴朝的原因和方式虽不尽相同，但他们在籍贯地理分布上却有一个较为显著的特点，即赴朝之前这些移民的世居之地基本位于山东沿海或运河沿岸地区，属于对外往来的交通枢纽和南北方文化的融合之地，这样的原籍分布特点并非偶然的巧合。明清时期，随着商品经济的发展和资本主义萌芽的出现，山东的经济获得长足发展，山东沿海地区和运河沿岸作为对外交往的交通要道，经济文化的发展均走在前列。应该说，自幼生活于一个开放宽松、文化发达、经贸往来频繁的环境里，对于这些移民积极、乐观性格的养成自然具有一定的影响。

① 朱云影：《中国文化对日韩越的影响》，广西师范大学出版社2007年版，第189页。

第二，明朝与朝鲜之间一直保持着良好的宗藩关系，在朝鲜君臣的心目中，明朝的中华正统地位不容动摇，加之明太祖赐国号朝鲜的“如同立国”之恩、明神宗出兵救援的“再造藩邦”之恩及崇祯皇帝在内忧外患之际仍欲派兵救援的恩情，使得朝鲜君臣对明王朝始终怀有强烈的尊崇和感恩之心，他们在国内设立朝宗岩、万东庙、大报坛及宣武祠、武烈祠等场所，以奉祀明太祖、明神宗、明毅宗及明代援朝征倭将领。

朝宗岩最初是由朝鲜地方官员和普通士人所设，他们以岩刻方式表达对明朝的崇奉，并没有具体的祭祀对象，后来济南人王以文五世孙王德一、王德九兄弟于朝宗岩建大统行庙和九义行祠，奉祀明太祖和九义士，其间虽几经撤废，但最终得以留存，成为目前韩国唯一祭祀明朝皇帝和九义士的场所。万东庙为宋时烈遗命门人权尚夏所建，祭祀明神宗、明毅宗两位皇帝，代表了朝鲜儒林对明朝的崇祀。大报坛由朝鲜肃宗所建，最初只是祭祀明神宗，英宗时将祭祀范围扩大为明太祖、明神宗、明毅宗三帝，而宣武祠、武烈祠等地，则是朝鲜为崇祀明代援朝征倭将领而建。这些祭祀场所代表了上至朝鲜国王、下至朝鲜普通士人对明朝的崇奉和感激。而朝鲜君臣对居留朝鲜的山东移民及其后裔所采取的宽容友好、尊重优待的态度，也和这种崇明报恩的理念密切相关。对于被称为“皇朝人”的赴朝移民和他们的后代，朝鲜政府不仅免其钱粮兵役、厚赐衣廪，提供基本的生活所需，而且还特设忠良科，使其可以通过科举考试进入仕途，对于九义士的后代，更是专设大报坛守直官等职位，使其在保障正常生活的同时，社会地位亦得以提高。九义士后裔长期担任大报坛守直官，每当三帝诞辰、忌日和践祚之日，朝廷均会举行隆重仪式，此时皇朝人子孙是最重要的陪祀人员。他们对祖先的崇祀对当时及后世的朝鲜社会均产生了深刻影响，也赢得了朝鲜人民的尊重。

第三，这些山东移民大多出身官宦之家，为名臣将领或读书人之后。九义士之中的王以文是崇祯名臣王楫之孙，郑先甲是嘉靖年间吏部左侍郎郑文谦曾孙、崇祯年间的进士，到朝鲜后曾担任过朝鲜人的汉语教师，冯三仕是临朐冯氏这一名门望族之后。优越的家庭出身为他们的成长提供了有利的条件，长辈们为人、为官、为学的经验亦对他们造成了潜移默化的影响。这些具有一定文化基础和知识背景的赴朝移民为儒家思想在朝鲜的传播和齐鲁文化的传承做出了特殊的贡献，同时他们借鉴父祖辈的经验，在教育子女的问题上坚持以儒家传统的思想道德观念为指导，使得他们的后世子孙能够依托朝鲜政府的优待政策，并凭借自身的努力，最终开创出在朝鲜世代为官的局面，在朝鲜的政治生活中产生了重要影响。

济南人王以文的后裔王德一著有《榛苓录》和《明承传家录》，王德九著有《皇朝遗民录》和《皇明遗民谱》，王俶说著有《朝宗岩故实年表》；琅琊人郑先甲的后孙郑锡一则著有《朝宗岩图》；临朐人冯三仕的后裔冯学祖著有《洌泉直中录》《东溟稿》及《皇朝遗民谱》等，冯宪祖编撰《庠生公年谱》和《临朐冯氏世谱》，冯世周著有《风泉集》，十一世冯荣燮更是组织编写了《大明遗民史》《朝宗岩文献录》《九义士传》及《朝宗岩与九义士》等著述，这些著作大多是赴朝移民后裔为追思故国所作，但同时亦是在学术方面对朝鲜社会做出的重要贡献。

这些赴朝山东移民多出身于以儒家经义传家、以仁孝廉让而致通显的儒林家族，家族的传承繁衍，家庭成员的修身、品行与仕宦之路的成功，与家传的祖先遗德有很大关系，而在这些遗德中，不可或缺的一条是儒家伦理道德规范中所强调的“以忠事君，以孝事亲，以廉为吏，以学立身”[①]的行为准则，这是这些山东移民赴朝之后仍能怀有忠君思想和民族气节，

---

① （宋）欧阳修：《欧阳文忠公集·外集》，北京图书馆出版社 2005 年影印本。

并世代相继、保持门第不坠的关键原因。

第四，孔子在提及义不食周粟的伯夷、叔齐时，曾有“不降其志，不辱其身”[①]的说法，对于这些远离故土、留居异邦的山东移民来说，同样可以担得起这样的评价。顾炎武说：“易姓改号，谓之亡国；仁义充塞，而至于率兽食人，人将相食，谓之亡天下。……保国者，其君其臣，肉食者谋之；保天下者，匹夫之贱，与有责焉。”[②]避居朝鲜的第一代山东移民，只有少数几位在朝鲜出任官员，对于其中大多数人，尤其是明亡之后避居朝鲜的山东移民来说，不肯出仕是他们坚守的道德底线，是他们表达对故国忠贞的一种特殊方式，所以有些赴朝移民宁愿选择隐逸山林，纵情山水，自我放逐，而对于曾经担任朝鲜质子管下的九义士诸人，虽深得朝鲜孝宗器重，却也多次拒绝孝宗出仕的请求。

这些赴朝山东移民是中国移民史上的一个特殊群体，他们在朝鲜一直保持移（遗）民的身份，且至今仍以皇朝人子孙自居，对故国一直怀有深深的眷恋和深刻的怀思之情。宋代理学家张载明确指出：“管摄天下人心，收宗族，厚风俗，使人不忘本，须是明谱系世族与立宗子法。”[③]因深受儒家宗法观念的影响，这些山东移民到朝鲜后仍保持世代修谱之风，而他们编纂家谱、族谱，除了是为家族延续的需要、追根溯源之外，更特别突出了修谱的政治作用。同时，赴朝山东移民在朝鲜设立宗祠，以为祭祀祖先之所，提醒后世子孙时刻牢记祖先功业，恪守祖训，遵守以儒为业的家族教育理念，谨守世代相承的家族文化精神。他们建祠奉祖的活动还与朝鲜

① （宋）朱熹：《四书章句集注》，《论语·微子》，中华书局 1983 年版，第 185 页。

② （清）顾炎武著，黄汝成释：《日知录集释》卷 13，《正始》，上海古籍出版社 1985 年影印本。

③ （宋）张载：《张子全书》卷 4，《宗法》，文津阁四库全书子部儒家类第 231 册，商务印书馆 2005 年影印本，第 608 页。

君臣奉祀明朝皇帝的活动相结合，应该说，正是依靠几代赴朝山东移民的努力，才使得奉祀明朝皇帝和九义士的活动保留至今。

这些山东移民的后裔大都在朝鲜各自设有宗亲会。九义士之中临朐冯氏、杭州黄氏、琅琊郑氏和济南王氏的后裔于1968年成立了“九义士子孙亲睦会”，明代援朝征倭将领和明末九义士的后裔又于1981年设立了明义会，这些活跃于朝鲜社会的民间团体是移民后裔们为追思故国、缅怀先辈而建，它们的存在和一系列相关活动的举行，无疑增强了移民后裔间的凝聚力。作为赴朝山东移民中的典型代表，临朐人冯三仕十世孙冯荣夑几经努力，终于在自己古稀之年得以亲赴故土寻根问祖，不仅完成了先辈们的遗愿，而且为明移民“忠义”精神在中韩两地的传扬发挥了重要作用。

山东是儒家传统文化的发源地，也是这些移民赴朝之前世代生存栖息的地方。对于他们来说，不管是身居国内，还是身处朝鲜，他们的一言一行无不深受儒家思想的影响。在他们赴朝之前，因出身于以诗书起家、以科举入仕的官员之家，家庭为他们提供了优越的文化环境和教育环境，自小得以接受良好的教育，使他们在拥有较高文化基础和知识背景的同时，以儒家思想浸润内心，家族中拥有良好的文化氛围和家族文化精神，重孝悌、明礼义，谨守君君、臣臣、父父、子子的理念，进而受儒家“天下有道则见，无道则隐”“道不行，乘桴浮于海”思想的影响，不为环境所束缚，勇于突破传统偏见，在特殊时期毅然选择移居朝鲜，应该说，他们对故国、明君的忠贞与他们的家庭出身和教育背景是一脉相承的。而在他们赴朝之后，延续修齐治平的家族传统，不仅身体力行，忠于故国，多数情况下拒绝出仕，而且在教育子女问题上仍旧秉承儒家传统思想观念，以至忠君爱国、父慈子孝、兄友弟恭的家风和家族传统被继承下来，世代相传，绵延相续，使得其后世子孙至今仍对祖国怀有深厚的感情，其建坛祀祖、修谱撰书等一系列怀念故土的行为，无不体现着中国儒家宗法思想对他们的深刻影响。而另一方面，朝鲜王朝也是受到儒家思想的影响，进而对赴朝山东移民采取了宽容优待的政策。可以说，忠孝节义的儒家思想自始至终影响着这些赴朝山东移民，而他们也在齐鲁文化对外传播、中朝文化交流乃至东亚儒学文化圈构建等方面，做出了自己的贡献。

附 录

一、文献资料

1. 1980 年之后的大统行庙祭享祝文（载冯荣燮编:《大明遗民史》下卷，保景文化社 1989 年版，第 352 页）

太祖、神宗、毅宗三皇帝享祀祝文：太祖开天行道肇纪立极大圣至神仁文义武俊德成功高皇帝，承华大统，化被我东，一变至道，报恩无穷；神宗范天合道哲肃敦简光文章武安仁止孝显皇帝，德合乾坤，泽流无疆，再造深恩，世久不忘；毅宗绍天绎道刚明恪俭揆文奋武敦仁懋孝烈皇帝，蒙难殉社，克阐义生，临河东征，再被慈情。伏以左海朝宗，一脉春秋，九有怀襄，义不失流，行庙有俨，诚微义大，于昭皇灵，庶几为和，尚飨。

十贤从享祝文：清阴金文正公、辽东伯金忠武公、花圃洪忠正公、孤松林忠愍公、梅竹轩李贞翼公、林溪尹忠贞公、尤庵宋文正公、秋潭吴忠烈公、华西李文敬公、毅庵柳义兵大将。伏以大界陆沉，祸及东垠，孽虏横流，纲常溃分，南汉深耻，挽河难洗，北伐大义，今古丕显，三韩正气，惟庙有容，国有大报、万东、朝宗，苦心撑柱，回天狂澜，皇庙馔食，陟彼云汉，尚飨。

九义士从享祝文：庠生东昌王义士、庠生临朐冯义士、留守杭州黄义士、进士琅琊郑义士、庠生通州杨义士、庠生大同裴义士、庠生青州王义士、庠生济南王义士、庠生大同柳义士。伏以仗义讨复，盟主在东，奋然归依，舍命立忠，天不悔祸，仙驭上穹，万事已矣，西归路穷，北风南枝，回恋故宫，新亭山河，寓慕匪风，维兹配侑，帝皇陪臣，询公义起，桂椒恭伸，尚飨。

2. 大统行庙祭享仪节（王德一作，载冯荣燮编：《朝宗岩文献录后集》中卷，《朝宗岩志》卷上，保景文化社 1987 年版，第 802—807 页）

庙号：大统行庙 苍梧有舜庙，会稽有禹庙，华阳有建万东庙，而用温乔行庙之例

附设庙本末：天地生民以来，莫有盛于孔子。孔子之功，莫有大于春秋。春秋之义，莫有重于大一统。自汉以至唐宋，虽未纯行王政，一统之法，绵绵犹存。及元灭宋，其书虽存，其法沦焉。惟我大明太祖高皇帝大定中国，驱逐胡元，制礼作乐，昭揭经义，颁大统之历，明春秋之法。至于崇祯，天方艰难，夷虏入关，华夏髡首，于是乎先王文物惟存于海外青丘，国有大报，州有万东，义伐之计，归于庙食，而使我遗臣子孙世禄皇壝，而不见虏使者，不用虏年号者，尚其能存人纪之大防，而世其罔仆之义烈也。东国士民之起，感于朝宗里名，磨崖伐石曰：春秋一脉，寄在天地间云尔，则华人之所称小中华者，于斯征矣。顾我遗民，保全冠裳于中州腥膻之外，枕戈寝苫于小华岩谷之中，沧桑百年，飘零五叶，讲明万世必报之意，固守内夏外夷之法，则何可不行其以旧臣祀旧君之仪，一间祠祭天子之礼乎？西顾周道九法斁矣，惟幸其鲁策之书罔坠，而其出于人心

者犹在，盖有不得已焉耳，则亦有不得已焉耳矣。遗臣诸家之有立庙以祀高皇之议，厥有久矣，岁过君难四周之甲，祠祀之思愈久而深切。积累经营，百工之需，笾豆之事，日课而夜程者，凡至七年，于此谨按苍梧之舜庙及会稽之禹庙，与夫华阳皇庙之仪，而用温乔行庙之例，设帐屋于朝宗岩之地，以特祀我高皇帝，建号大统行庙，仪节用《皇明集礼》迎送饮福三拜之礼，祭物品数从祭以士之礼，用四笾四豆，其事微而义则深矣。俾我后人修其齐明之诚，不夺于利害之卑，不昧于夷夏之分，虽时移而世远，不忘其含冤忍痛、迫不得已者，以明春秋一统存乎天地之间。

辨祀：士礼 仿祭以士之礼而用四笾四豆

时日：每岁正月四日 太祖高皇帝创业之日

祝版：维永历几年岁次干支正月干支朔四日干支，遗臣书生姓名敢昭告于太祖高皇帝，伏以春秋一脉，左海朝宗，磨崖万折，东水溶溶，行庙有俨，事微义深，皇灵在天，仰冀降歆，涧藻行潦，诚庶无射，期永不怠，秖将昭格，谨以刚鬣醴齐，敬荐岁事，尚飨。

迎送词：皇明明兮逐胡元，正礼乐兮经义尊，大一统兮开太平，抚四夷兮继神孙，云胡君难兮亟夏秽腥，臣祖罔仆兮左海飘零，苟视息兮虎尾，累传世兮麟经，俟河清兮有期，奈天醉兮晦冥，九庙丘墟兮几阅霜星，含忍极兮遗臣起，义享兮皇灵行庙，有仿兮朝宗云乡，诚通可格兮桑海茫茫，如水在兮左右，皇降集兮洋洋，凤旌兮龙旗，晻蔼兮悠飏，牲币兮馨洁，我享兮我将，咫尺骏奔兮怳瞻耿光。（迎神词）

笾豆践兮酤清，望燎煌兮竭情，万国腥膻兮奚止云旄，冽彼下泉兮顾瞻旧京，百年烟尘兮钟虡移，冠裳陆沉兮诸夏夷，嗟周礼兮鲁在，是揭虔兮汉仪，不显光兮垂假，如有闻兮叹嘻，享事兮既成，载彻兮不迟，于乎大哉兮天子之祠，念我有待兮永叙厥彝，明命赫然兮极天罔坠，以顾以右兮庶无射思。（送神词）

斋戒：献者诸执事散斋二日，于所在沐浴更衣，饮洒不得至乱，食肉不得变味，不茹荤，不吊丧，不听乐，凡凶秽之事皆不得预。致斋一日，于斋所不得出入，专心想念，祭所事务应参诸人致斋一日同。

献者诸执事：初献者一，亚献者一，终献者一，祝一，掌仪一，奉炉一，奉香一，奠币一，进币一，赞礼三。

纸位：太祖高皇帝神位 笺文纸长一尺五寸广七寸

设馔：篚一，实以币，在北边，当中，簠簋之后；祝版一，在币右，当中；簠一，实以黍，簋一，实以稻，在笾豆之间，簠左簋右；铏一，实以和羹，在簠簋之前，当中；甑一，实以大羹，在铏前，当中；俎一，实以牲，在甑前，当中；香盒一，香炉一，在俎前，盒左炉右；烛台二，在炉盒之左右；爵坫三，实以醴齐，在炉盒之前，当中，为一行；笾四，实以形盐、槁鱼、干枣、黄栗，在簠左，为二行；豆四，实以脾析、鱼醢、菁菹、芹菹，在簋右，为二行；茅沙在馔桌下，当中，奉炉巾在茅沙之右。

设位：设帐屋一间，铺草席，四面绕以挥帐，帐内设扆，近北，当中。

祭器：笾四，豆四，木簠一，木簋一，瓷铏一，瓦甑一，木爵三，篚一，祝版一，俎一，瓷香炉一，瓷香盒一，烛台二，奉炉巾一，茅沙瓷碗一，馔桌一，尊桌一，瓷尊二，瓷酒注一，勺一，巾一，烛台二，爵洗桌一，罍一，洗一，匏勺一，帨一，盥洗桌一，罍一，洗一，匏勺一，帨一，饮福爵一，受胙俎一。

祭服：纶巾襕衫缨带笏靴，应参诸人各具其服。

仪物：棉布遮帐一，棉布挥帐二，设屋柱六，道里四，梁一，跗柱木二，椽木四，屋内草席二，茵席一，草苫四，熟麻索二，悬烛台笼索一，扆一，褥席一，扆盖，写纸位桌一，神座纸位纸影字笔砚墨滴火炉各一，仪册一，掌仪笏记一，赞礼笏记一，迎送词笏记一，设馔笏记一，爵洗位火炉一，灯笼四，器皿洗涤巾三，芦帚一，羽帚一，地排随所用。

仪节：享前一日，掌事者帅其属清扫内外上下，洗井，掌庙者帅其属整拂扆、桌、遮帐、挥帐，设帐庙于坛上，当中，南向，设写纸位祝位于帐内，近东，南向，设尊所于东阶上，东南，瓷尊二，玄酒在右，醴齐在左，桌上近北，为一行，勺酒注在尊前，为一行，币篚在勺注前，当中，饮福爵、受胙俎在篚前，为一行，爵左俎右，巾在爵俎前，当中，设爵洗桌于东阶下，东南，罍在东，洗在西，桌上近北，为一行，勺在罍洗之前，当中，肆爵于勺前，为一行，加以巾，设盥洗桌于爵洗桌之东，罍在东，洗在西，桌上近北，为一行，勺在罍洗之南，当中，加以帨，设省牲位于西阶下，近东，西向，设省器位于神厨，设望燎位于帐后，当中，设献者位于东阶下，道东，北向，以西为上，设诸执事位于献者之东，差退祝诣盥洗位盥手，拭手，诣写祝位写祝，奉安如仪，赞礼者引初献者与祝诣省牲位，西向立，掌牲者设牲于省牲位之西，当中，北向，掌牲者在牲西，东向，祝在牲南，北向，掌牲者诣献者之前，东向，举手告腯，还复位，祝诣循牲一匝，北向，举手告克，还复位，掌牲者与祝牵牲诣厨，授掌馔者，赞礼者引初献者诣省器位，遍视涤濯，掌事者举巾告洁，引省鼎镬视涤溉，引诣斋所前庭，诸执事俱诣，肆仪讫，引还斋所，诸执事亦各还斋所，晡后，掌馔者帅其属割牲，实馔如仪。享日子时，初献者以下各具其服，入就外位，丑时，赞礼者引初献者以下入就拜位，讫，奉纸位，赞礼者引初献者诣盥洗位，北向立，讫，引献者诣茅沙前，东向立，讫，引献者降复位，讫，赞礼者请行事，讫，在位者皆鞠躬四拜与平身，讫，行降神礼，赞礼者引初献者诣盥洗位，北向立，讫，引献者诣尊所，北向立，讫，引献者诣茅沙前，北向立，赞作明明之词，讫，引献者降复位，讫，行初献礼，赞礼者引初献者诣盥洗位，北向立，讫，引献者诣爵洗位，北向立，讫，引献者诣尊所，北向立，讫，引献者诣茅沙前，北向立，讫，在位者皆跪，讫，在位者皆俯伏与平身，讫，引献者降复位，讫，行亚献礼，赞礼者引亚献者诣盥洗位，北向立，讫，行终献礼，赞礼者引终献者诣盥洗位，北向立，讫，行饮福礼，赞礼者引初献者诣茅沙前，北向立，讫，引献者降复位，讫，在位者皆鞠躬四拜与平身，讫，撤笾豆，赞作望燎之词，讫，在位者皆鞠躬四拜与平身，讫，行望燎礼，赞礼者引初献者诣茅沙前，北向立，讫，引献者诣望燎位，北向立，讫，可燎，讫，赞白礼毕，讫，赞礼者引初献者以下出，讫，有司撤馔监涤，祭器藏弆。

3. 九义行祠祭享仪节（王德九作，载冯荣燮编：《朝宗岩文献录后集》中卷，《朝宗岩志》卷上，保景文化社 1987 年版，第 807—814 页）

祠号：九义行祠 漳州旧有三贤祠、五贤祠，朱子建三先生祠、四先生祠之例，而用行庙之仪

附建祠本末：古昔圣王之制祭祀也，法施于民则祀之，以死勤事则祀之，以劳定国、能御大菑、能捍大患者，皆祭祀焉。是故厉山氏之有天下也，其子曰农，能殖百谷，夏之衰也，周弃继之，故祀以为稷。共工氏之霸九州也，其子曰后土，能平九州，故祀以为社。社者，土神，而有生物之功，王诸侯大夫立社皆所以教民义报，而有反本复始之意也。大夫以下

成群立社曰置社，今之里社是也。石庆为齐相，齐人慕其行而立石相之社；栾布守燕郡，燕人服其廉则有栾公之社，此所以古之所谓乡先生没，可祭于社者欤？礼不必皆出于古，而以义起者欤？有德行而祠者，太伯、屈平之类也；有异迹而祠者，圣姑、凤女之类也。里社之立祠，其所由来亦已久矣。汉阳城东昌善之坊有甲第一曰朝阳宫，即宣文大王龙潜旧邸也，邸之以南有一亩之宅，环堵之室、筚门圭窬者百有余家，曰皇朝人村，即我皇朝遗臣九公后孙之所居也。初，宣文王之质留沈阳也，中州之士大夫被执不屈、拘絷沈阳者指不胜偻，而及王之东还也，特为管下，于我五代祖庠生公暨杨庠生、冯庠生、王庠生、裴庠生、王庠生、郑进士、黄留守、柳庠生诸公而与之俱焉，即大位而招贤募能，将伸大义于天下，深加嘉尚于诸公之慨然有兴复明室之志，克赞卧薪之谟，而愿备执殳之烈也，命筑诸公室于邸南，而厚其饩廪，时时召接，屏左右从容论天下事，其会遇之秘，旷绝前古，而大义未伸，遽抱亏剑之恸。噫，天其不欲助顺乎？诸公念国仇之不得以报也，家乡之不得以归也，先王之恩不能忘也，而偷生异域无以为心，自时厥后，或行吟泽畔，或闭户悲歌，后先没世，而子孙因居焉，此乃世之所称“皇朝人村”也。呜呼，痛矣！二帝三王之典章、千古传受之神器，沦没于腥膻鳞介之中，诸夏衣冠之伦尽入于禽兽之域者，天地之大变也，然惟此东土一隅，虽地偏力弱，含冤忍痛，而为皮币之役，文物之盛，得保先王之制，坛设大报，庙立万东，上自国君，下至士民，为旧君明大义者，历代以来，所未有也。猗欤诚卓越千古矣！凡我后昆，全其衣冠之旧，获免薙发之辱，世守三皇陟降之壝，不与夷狄鸟兽同归。我祖先东蹈之烈，不可但以垂裕言也，可令世之耽宴安忘仇辱者知所愧耻，而民彝物则赖而无坠，则有足以法施于民，而永有辞于天下万世也。顾以沧桑余生，飘零百年之间，或隐渔樵，或隐工贾，或隐于农圃与卒伍，而流离转迫者，不无溺于人情之久，而狃安大义日益湮晦，诸公遗事佚失略尽，世之知者亦几希焉，志士仁人慨然之怀不自止也。古之伯夷叔齐不扬于周之盛际，而至夫子益彰，如有继夫子而作者，诸公之枕戈寝苫之至诚苦心、明天理扶民彝之懿行伟节，安知不若墨胎氏之褒扬耶？诸公祠版已为亲尽而祧者有之，四时之祭废矣，而其中三公无后而祀绝，喟亦戚矣，诸家子孙之依旧成村者，其于先美，宜祀也，而今无矣，宜社也，而尚阙之，情文之未备无乃因时之起废而然耶？礼曰：君子论撰其先祖之美，而明著之后世也者，以比其身、以重其国家也。祖先无美而称之，是诬也，有善而不知，不明也，知而不传，不仁也，此三者，君子之所耻也。诸公节义炳如日星，而为其子孙者终不能称扬，则无以著明于天下后世，而子孙亦不得辞其责，若夫表章其义烈，则立言者之事，固不可议到，惟是私自寓诚之道，在于立祠一节，亦以力不赡而不能成，歔欷彷徨者有年矣。呜呼！岁甲申即毅皇殉社之四周甲，乙酉即诸公东来之四周甲也，感极风泉，涕泗沾臆，而追惟畴昔，心崩骨冷，吾人诸家之保有今日者，莫非诸公之纯忠懿烈，而漠然若无知者然，已是不肖之罪也，况当是岁，怆感之怀，尚何名言，略举报祀，人情之所不能已，于是诹议诸家，询谋佥同，宜立祠以祀，而窃取南宋欑陵之意，建号九义行祠，编成祠仪序例，而以财力不敷，器皿等节，未能备数，仿古人席地之例，只设纸位帐屋，铺莞于地，祭器代以瓷器，仪节用《大明集礼》迎送饮福三拜之礼，祭物品数从祭以士之礼，而用二笾二豆，以皇坛享事后丁日，行特祀于依瞻朝阳之地。越六年辛卯，设大统行庙于加平郡朝宗之里，以正月四日祀我高皇帝，以其六日祀九公于其下，岁以为常，皆如仪节。凡我诸家之云，仍诚能以祖先之心为心，讲明尊攘之义，百年如一日，则庶不负我先帝先祖在天之灵，而如祭仪之备与不备，可以称家之有无而寔，无慊于美报追思之诚云。

辨祀：士礼 行庙仿祭以士之礼，用四笾四豆，故用二笾二豆

时日：每岁正月六日 行庙享礼行于四日，故用次日

设馔：每位篚一，实以币，在北边，当中，簠簋之后；祝版一，在币右，当中；簠一，实以黍，簋一，实以稻，在笾豆之间，簠左簋右；铏一，实以和羹，在簠簋之前，当中；甑一，实以大羹，在铏前，当中；俎一，实以豕牲，在甑前，当中；香炉香盒在俎前，盒左炉右；爵坫三，实以醴齐，在炉盒之前，当中，为一行；笾二，实以槁鱼、黄栗，在簠左，为二行；豆二，实以脾析、菁菹，在簋右，为二行；茅沙在馔桌前，当中。

设位：设帐屋三间，铺草席，四面绕以挥帐，帐内设九椅，近北，以右为上。

祭器：笾代瓷碟十八，豆代瓷碟十八，簠代瓷碗盖具九，簋代瓷碗盖具九，铏代瓷瓯盖具九，甑代瓷瓯盖具九，爵坫代瓷盘盏二十七，俎代瓷碟九，篚代瓷碟九，瓷香炉盖具九，瓷香盒盖具九，瓷酒注九，祝版九，烛台四，馔桌九，瓷沙池碗茅具九，奉炉巾具盘一，巾一，尊桌一，瓷尊盖具二，勺一，饮福爵代瓷盏一，受胙俎代瓷碟一，灯笼一，爵洗桌一，罍一，洗一，匏勺一，帨一，盥洗桌一，罍一，洗一，匏勺一，帨一。

仪物：棉布遮帐一，棉布挥帐二，设屋柱十二，道里十，梁三，椽二十六，跗柱木四，草席九，草苮八，熟麻索二，椅九，写纸位祝桌一，仪册一，掌赞笏记各一，笔五，砚墨滴各一，器皿洗涤巾三，芦帚一，羽帚一，地排随所用。

仪节：享前一日，掌事者帅其属清扫内外上下，洗井，掌祠者帅其属整拂椅、桌、遮帐、挥帐，设帐屋于祭址，当中，南向，设写纸位祝位于

帐内，近东，南向，设尊所于东阶上，东南，瓷尊二，玄酒在右，醴齐在左，桌上近北，为一行，勺在尊前，当中，币篚在勺前，当中，酒注在篚前，当中，饮福爵、受胙俎在注前，为一行，爵左俎右，巾在俎前，当中，设爵洗桌于东阶下，东南，罍在东，洗在西，桌上近北，为一行，勺在罍洗之前，当中，肆爵于勺前，为一行，加以巾，设盥洗桌于爵洗桌之东，罍在东，洗在西，桌上近北，为一行，勺在罍洗之南，当中，加以帨，设省牲位于西阶下，近东，西向，设省器位于神厨，设望燎位于帐后，当中，设献者位于东阶下，道东，北向，以西为上，设诸执事位于献者之东，差退祝诣盥洗位盥手，拭手，诣写纸位祝位写纸位祝，奉安如仪，赞礼者引初献者与祝诣省牲位，西向立，掌牲者设牲于省牲位之西，当中，北向，掌牲者在牲西，东向，祝在牲南，北向，掌牲者诣献者之前，东向，举手告腯，还复位，祝诣循牲一匝，北向，举手告克，还复位，掌牲者与祝牵牲诣厨，授掌馔者，赞礼者引初献者诣省器位，遍视涤濯，掌事者举巾告洁，引省鼎镬视涤溉，引诣斋所前庭，诸执事俱诣，肄仪讫，引还斋所，诸执事亦各还斋所，晡后，掌馔者帅其属割牲，实馔如仪。享日子时，初献者以下各具其服，入就外位，丑时，赞礼者引初献者以下入就拜位，讫，奉纸位，赞礼者引三献者诣盥洗位，北向立，讫，引三献者诣第一位茅沙前，北向立，讫，引献者降复位，讫，请行事，讫，在位者皆鞠躬再拜与平身，讫，行降神礼，赞礼者引初献者诣盥洗位，北向立，讫，引献者诣尊所，北向立，讫，引献者诣第一位茅沙前，北向立，讫，诣第二位茅沙前，北向立，讫，引献者降复位，讫，行初献礼，赞礼者引初献者诣盥洗位，北向立，讫，引献者诣爵洗位，北向立，讫，引献者诣尊所，北向立，讫，引献者诣第一位茅沙前，北向立，讫，在位者皆跪，讫，在位者皆俯伏与平身，讫，诣第二位茅沙前，北向立，讫，引献者降复位，讫，行亚献礼，赞礼者引亚献者诣盥洗位，北向立，讫，行终献礼，赞礼者引终献者诣盥洗位，北向立，讫，行饮福礼，赞礼者引初献者诣第五位茅沙前，北向立，讫，引献者降复位，讫，在位者皆鞠躬再拜与平身，讫，撤笾豆，讫，在位者皆鞠躬再拜与平身，讫，行望燎礼，赞礼者引初献者诣第一位茅沙前，北向立，讫，引献者诣望燎位，北向立，讫，可燎，讫，赞白礼毕，讫，赞礼者引初献者以下出，讫，有司撤馔监涤，祭器藏弃。

斋戒、献者诸执事、祭服等项与大统行庙同。

4. 朝宗岩故实年表（王俶说作，载冯荣燮编：《朝宗岩文献录后集》中卷，《朝宗岩志》卷上，保景文化社 1987 年版，第 828—830 页）

国门东百里有加平郡，郡西云岳山下有大涧，东流入于汕，曰朝宗川，川北有苍壁一面，临于潭上，名朝宗岩。

永历三十八年甲子（我元孝王十年），大明处士许公格（许公常以大义自任，自称沧海处士，既殁，朴玄石题其铭旌曰：大明处士）与加平郡守李公齐杜及郡士白海明，就朝宗岩刻毅宗烈皇帝御笔“思无邪”三字（清阴金公拘沈时所得者），其下列刻昭敬王御笔“万折必东”四字（即王奏闻天朝语），及“再造藩邦”四字（王常书此四字，揭于宣武祠额，此即其摹本也，记实碑以为宋文正公笔者，误也），宋文正公时烈为书宣文王赐李相国敬舆批辞“日暮道远，至痛在心”八字，俾刻于其左方，岩颠“朝宗岩”三字，即朗善君俣手篆也，因筑坛于其下，每值毅皇讳辰，许李二公北望恸哭，焚香行拜，又将建庙祀神宗皇帝，宋文正公闻而善之曰：“毅皇何可阙也？”（说见记实碑，又《宋子年谱》记朴玄石之言，谓加平白姓人欲立神皇，并享毅皇，书禀先生。未知孰是，今姑从碑文）事竟未就，谕岩下居民守护其地，永蠲户役，乡人谓其坛曰二忠坛，坛下澄潭亦名二忠潭，后人或号李公为忠潭先生。（时营邑试士有以忠潭揭题者）

四十三年己巳（元孝王十五年），宋文正公遗命门人权文纯公尚夏，祀神宗、毅宗两皇帝于华阳洞，后十六年，万东庙成，说者谓朝宗建庙之议为之兆也。权文纯公门人蔡三患斋之洪印朝宗“万折必东”四字，奉刻于华阳洞壁，毅宗皇帝御笔“非礼不动”（文正公所刻）之下欲并刻“再造藩邦”四字，未果，语在蔡公《与华阳院儒书》。

五十八年甲申（元孝王三十年），设大报坛于北苑，领相申公琓筵奏朝宗拟建皇庙事。时，王欲建庙祀神皇帝，询于诸臣，左相李公畬、判书闵公镇厚举华阳建庙事，申公举此事，盖诸臣皆以国家建庙为难，慎而其勿禁士民私享之意，则略同云。

六十二年戊子（元孝王三十四年），李忠潭子、县监相休应旨疏陈尊攘大义，仍请印朝宗石刻，一经睿览，庙堂以非急务沮之。

一百三十八年甲辰（庄孝王八年），黄判书昇源补本郡，构精舍六楹于岩之对岸，名曰朝宗庵，簿牒之暇，就而游息，以寓风泉之感。黄公与江汉文景公景源为从父兄弟，江汉亦以大义自任，尝著《皇明陪臣传》。

一百五十年丙辰（庄孝王二十年），郡士成匡烈、金治夏等四十二人呈文礼曹，请纪许李二公朝宗故事于《陪臣志》。时，馆阁诸公承命搜辑《陪臣志》，故有此举。礼堂闵公钟显谕以编辑已成，当上达追补太学，遣人填红于岩刻。李相国书九与成青城大中撰进《尊周汇编》，载朝宗岩事于《华阳洞志》之下。（年月未详，姑附于此）

一百五十八年甲子（成孝王四年），加平章甫合谋伐石，竖记实碑于崖刻之南，赵判书镇宽撰，金相国达淳书，徐相国迈修篆。

一百七十八年甲申（成孝王二十四年），华西李先生恒老与山中诸公来游，奉审崖刻，见其傍有穹岩临于潭上方，正可坐数十人，欲作亭，其颠诗以志之。（又作图以标其处）又为居人题咏，有“家深尤老尊王谷”

之句，后数年，置小庄于其对谷瀛登村，欲迁居，未果。

一百八十五年辛卯（成孝王三十一年），我先君、故大报坛守直官磐川公德一，与其从弟沧海公德九入朝宗，就岩东小谷筑坛祀高皇帝，名大统行庙，又从设一坛于其下，祀九义士，名九义行祠。崇祯末，我先祖庠生公讳以文，与王庠生美承、冯庠生三仕、黄留守功、郑进士先甲、杨庠生福吉、裴庠生三生、王庠生文祥、柳庠生溪山，从凤林大君东来，及大君嗣位（是为宣文王），相与协赞兴复之谋。未几，王昇遐，九公痛哭悲歌，饮恨而殁，世称皇朝九义士。先公始欲建庙，力屈未就，权设是坛，庙祠之称，仍其预定之号也，设小斋于坛下，名洌泉斋，先君终身居守以奉祀事，所著有《榛苓录》若干卷。每值宣文王讳辰，为位哭，行素斋，傍置民家数户，以备供忆，名曰风泉里。

二百八年甲寅（英孝王五年），磐川公殁，沧海公嗣守洌泉斋奉祀事。

二百十七年癸亥（英孝王十四年），沧海公殁，不肖俶说嗣守洌泉斋。未几，斋毁，别构一斋以居之，名朝宗斋。

二百十九年乙丑（今上二年），万东庙撤享，国内祠院皆毁，朝宗享事亦准例停之。

二百二十五年辛未（今上八年），处士柳重教托其友洪在龟来展拜皇坛，访视华西先生拟作亭处，将早晚经纪，预定亭名曰见心，盖取易复卦彖传之文云。是年，郡守遣吏探皇坛事状，盖是山旧名多宝山，自设坛后，居人改呼大报山，又或仍称皇坛，以大报坛朝家闻之，以为嫌逼北苑皇坛，指挥本郡有此事。

二百二十六年壬申（今上九年），处士金平默率其徒崔云卿、洪在龟、洪在鹤，密荐一爵于皇坛，作五噫文以告之。

二百二十七年癸酉（今上十年），杨州尹处士大一与其友柳国麟，操文来荐一爵于皇坛。

二百二十八年甲戌（今上十一年），万东庙复享，朝宗享事亦有修举之议。是年，柳处士重教与李会植、柳基一、李光奎诸人来拜皇坛，复审华西先生拟作亭处，篆书“见心亭”三字，镌之岩面。金处士平默撰九义士及朝宗三贤、磐川沧海二公传。

二百二十九年乙亥（今上十二年），皇坛复享。柳处士重教编纂《朝宗岩志》。

二百三十年丙子（今上十三年），金处士平默、柳处士重教率其徒来居于龟山紫泥台等地，朝宗岩北数十里有所谓玉溪洞者，龟山紫泥台即其洞门之外也，二公甚爱洞中泉石，以为此皇坛之后库宝藏也，就而居之，以为游息自靖之所，即华西先生置屋瀛登之遗意也，自是每岁三月，烈皇帝讳辰，一来坛下行望拜礼，正月则轮遣数人参享礼。

二百三十一年丁丑（今上十四年），柳处士重教举行高皇帝遗制乡饮礼于紫泥之社，专使见速，俶说往备遵位。郑义士公后孙梅山锡一写《朝宗岩图》，一本藏于朝宗斋，又数本分藏士友诸公家。（《朝宗岩图》现存忠清北道中原郡严政面新万里柳省斋玄孙柳然浩之宅。）

二百三十二年戊寅（今上十五年），柳进士重植诸人发文于远近士友，鸠钱二百缗，置皇坛祭田。郡守李公种永因多士状，蠲大振里民役，盖自甲子撤享后，里民复应杂役，至是永蠲之。

二百三十五年辛巳（今上十八年），九义行祠从享磐川、沧海二公。

5.《朝宗岩大统庙记》（朝鲜·吴浣根撰，载冯荣燮编：《大明遗民史》下卷，保景文化社 1989 年版，第 358 页）

我国之祀皇明，其不得不然之故有三焉：以分则当此欧风狂炽之日，既不可以夷狄为君，又不可以一日无君，故以吾祖所事皇明旧君为吾君，以俟天下义主之兴尔。以恩则本朝创业之初，承服丽代，未免元俗之陋，太祖高皇帝为之赐改国号，敦施礼教，使典章法度悉遵华夏古制。壬辰倭乱，八域尽陷，人民鱼肉，神宗显皇帝为之视同内服，动天下之兵而讨平之，使宗社生灵危而复安。丁丑之变，毅宗烈皇帝闻急报发辽蓟兵十五万，使陈洪范等刻期救之，而当时我国力弱，不能少待几日，卒有城下之盟，然其字小之恩与壬辰无别也；以义则太祖之扫清胡元而有光复华夏之功，神宗之尽心我邦而有为君止仁之德，毅宗之不受屈辱而有以身殉社之节，是皆公天下正义而可以为百世师法者也。士大夫苟有一节一德可以为师法者，犹报祀之无穷，况帝王而有此乎？是以历代先王先师感恩慕德，守分服义，或设大报坛于禁苑，或建万东庙于华阳，至诚崇奉而不能已也。

6.《朝宗岩志后叙》（朝鲜·李种永撰，载冯荣夔编：《朝宗岩文献录后集》中卷，《朝宗岩志》，保景文化社 1987 年版，第 799 页）

北苑之坛、西原之庙、朝宗之祀，义各有主，不可阙一，而春秋之法，王人虽微列于诸侯之上，推此义也，朝宗之设，事体反重。当自朝廷划给田民，尊奉守护，永世勿替，一如北苑西原之例也。九义士从孝庙东来者，其血忠若节，木石可悲，鬼神可泣，而其有功于天经民彝，则与斥和诸公、修攘诸老一辙同归而无愧矣！当自朝廷施不祧之典，而禄其嫡孙，又于郊关近地，别设祠享，与胡翰林同祀，而施以恩额，以致崇报之意也。

7.《万东庙碑》碑文（朝鲜·李縡撰，载冯荣夔编：《大明遗民史》下卷，保景文化社 1989 年版，第 359 页）

维朝鲜国清州东八十里洛阳山下华阳之东有庙曰万东，崇祯七十六年秋始成，以祀我神宗显皇帝、毅宗烈皇帝，春秋为位，荐笾豆。越四十有三年，陪臣李縡刻铭于碑，以颂天子之德、道邦人之思曰：惟朝鲜为国，自箕子受封以来，历秦汉隋唐，数千年之间，皆处以徼外殊俗，数侵攻伐。明有天下，高皇帝锡国号，涌育奖训，视同内服，我先王祇承宠命，恪勤候度垂三百余年，于是中国礼乐文物之懿，浸淫于海壖之外。万历壬辰，倭寇来侵，连陷三京，昭敬播越西陲，将渡辽内附，遣使请救于朝鲜，皇帝命都督李如松、尚书邢玠、提督陈璘刘綎、御史杨镐等发辽蓟川陕湖浙云贵等兵前后二十三万人，出白金五百八十三万、运饷费三百余万以给军，凡七年，然后乃定，肆我君臣父子夫妇，下至鸟兽草木之微，得去水火之苦、蛇豕之毒，而咸囿于鸿恩汪泽之中，邦国亡而复存，宗社绝而复祀，其为德至盛，自东方以来未始有也。后四十年，崇祯丙子，建虏猖獗，吾邦首先袭其锋，后九年甲申，烈皇帝身殉社稷之难，明遂亡而夷虏入主。……当虏之东寇，帝发山东兵师以援之，未至而寇退，遂罢，夫以候国而天子所以安全而哀念之者，先后如此。顾区区褊小之厄，于寇乱创残之余，强弱势殊，曾不能尽节效力，少答父母之恩，以明春秋之义，……及宣文王在位，专以攘伐夷虏、兴复帝室为己任，求贤吊孤，恤民练兵，将有以雪深仇而酬大造，于是宋时烈起自布衣，为王宾师兴国大事，未几王薨，天下事无复可为者，时烈遂退归山中，所谓华阳洞者是已。及时烈临死，属其门人权尚夏曰："二皇帝再造之恩、殉社之烈，宜祀于我东久矣，我不果而死，尔其卒成之。"闵鼎重至燕，得烈皇帝御书"非礼不动"者以归，时烈刻于华阳之崖，至是即其傍立祠焉。明之亡适六十年矣，函夏腥秽，九庙颠覆，天子之祠降寄于裨海下邑穷崖深谷之间，此天下之至变也，虽然我东土义理以明彝伦以定，以我当日君臣之志上献于先帝之灵，而有辞于天下后世者，亶在于斯，其事微而其义深矣。……王泽既远，世教日衰，士大夫昧于夷夏之分，夺于利害之卑，浸渍邪秽，视为应然，其能存人纪之大防而不忘乎所传，忍痛含冤、迫不得已者，盖或鲜焉，则将日远日忘，倍义丧耻，胥为夷狄禽兽而莫之救也，此时烈所为忧深虑远，而尤致意于是祠者也。……祠成之翌年，元孝王以烈皇帝殉国之日，除墠于宫中而祀之，复筑大报坛，岁祀显皇帝。

8. 韩国的崇明报恩史迹

朝宗岩大统庙，现存，位于京畿道加平郡，奉祀明朝三帝、九义士和韩国九先贤；大报坛，现存遗址，位于昌德宫秘苑内西北隅，祭祀明朝三帝；万东庙，现存遗址，位于忠清北道槐山郡青川面华阳洞，祭祀明朝两位皇帝和明朝将领；宣武祠，现不存，原祭祀明朝将领；武烈祠，位于平壤西门内，祭祀明朝将领；关王庙，祭祀关王，其中现存的有东关王庙、南关王庙与诞报坛，分别位于崇仁洞、南大门外及全南道莞岛郡古今面；现存纪念性石碑有杨镐将军去思碑，李如松望日思恩碑、蓝芳威种德碑、明委官林济碑，此三碑均位于公州公山城，游击将军季公清德碑，位于忠南道保宁郡。

9.《朝宗岩记实碑》（朝鲜·赵镇宽作，载冯荣燮编:《朝宗岩文献录后集》中卷，《朝宗岩志》卷下，保景文化社 1987 年版，第 831 页）

万流灌海海为王，王者之事，莫尊于朝诸侯，故江汉之东之号曰朝宗，自《禹贡》始，《春秋》作，而其义乃著，所以大一统也。夫操空名以呼号于天下后世，而人莫不悲咤感愤，若将投袂而起者，是孰使之然哉！此朝宗岩所由名也。

10.《朝宗岩立屋通文》（朝鲜·李惟喆作，载冯荣燮编:《朝宗岩文献录后集》中卷，《朝宗岩志》卷下，保景文化社 1987 年版，第 832 页）

嘉陵郡之朝宗县南距十余里，有所谓朝宗水，水盖发源于县灯山之西北麓，东驰遥遥至中间合两流，未数里而乍停，蓄为澄潭，仍回折而东注焉，于其回折处，临流而苍崖壁立，有大书其面而刻之曰“朝宗岩”。岩之西北隅，面南层岩特立，磨其面而书刻“思无邪”三大字，皇明崇祯皇帝御笔也，其下稍东而有“万折必东”四大字，我昭敬大王御笔也，又其西稍低而有“再造藩邦”四大字，又其西有“日暮途远，至痛在心”八大字，并文正公尤庵宋先生笔此，盖有感于朝宗之义而痛慨之心，激励之意，窃有寓于其间而俾不忘于没世者也。……又立数间屋子于其上，俾不为风雨之所侵，苔藓之所滋，使当日磨崖显刻之意，终不归于泯没无传焉。

11.《磐川沧海二王先生传》（朝鲜·金平默作，载冯荣夔编：《朝宗岩文献录后集》中卷，《朝宗岩志》卷上，保景文化社 1987 年版，第 824—827 页）

清城金平默读光山金永禄士绥所述王氏二先生行录，喟然叹息曰：嗟乎！真大明之遗民也，天子被弑，九庙为墟，华夏全幅没入腥膻，天地古今之大变也，日月所照霜露所坠，凡有性命之伦，皆当痛愤怨疾，思所以复仇雪耻，扫清疆土，力不能及，犹有自废其身，抱春秋究终始，念周思汉，寓诸茅屋行潦阴阳向背定分不乱，以当地底之阳，不然即所谓无恻隐羞恶是非之心，而非人者也，而况于天朝士夫之家乎？清虏入燕，海内文武裂冠毁形，净为臣妾，庠生王公以文与王美承等八贤，从我宣文王由沈阳东入朝鲜，是其视顾亭林之薙发而生，居中国固已贤矣。宣文王即位，首用宋先生时烈与诸老先生，同心戮力，将正朝廷修政教，自强我事，以向辽蓟，不意贼臣自点阴泄于虏，其事遂败，王既诛自点，复延宋先生举国而听之，生聚教训略成，次第而九公竭其心思，密赞谟猷，倘天假王寿，事功得成，则是其为天下之福，又岂倪刘诸公成仁取义于一时之比哉？天子九公既皆饮恨而卒后数世，磐川王先生德一与其从父弟沧海先生德九，抱春秋而东隐于朝宗之山，祀我太祖高皇帝以及九公，没齿不干外事，意者所谓地底之阳，其在是耶！昔朱子序列当代之贤，其于尊王攘夷之义，尤所惓惓，而宋先生于宁陵泣弓之后，其事亦然。磐川之子俶说承父之志，不欲向人诵先德，求传于世。柳重教稚程固以请得其梗概，而士绥因以类记，托余立传，其传曰：

王德一，字子精，其先济南章丘县人，为中朝著姓。都察院右佥都御史秀（按：应为"楫"），生兵部职方清吏司员外郎忠推；忠推生庠生以文，我国赠通政大夫、承政院同副承旨兼经筵参赞官；以文生震圣，赠通训大夫、司仆寺正；震圣生海俊，赠通政大夫、承政院左承旨兼经筵参赞官；海俊生汉翊，赠嘉善大夫、户曹参判兼同知义禁府事、五卫都总府副总管；汉翊生道郁、道源，道郁仕至司宪府监察，道源以寿资升嘉善，拜同知中枢府事，监察无子，取同知长男为子，乃先生也。幼而端重，言笑不妄，既长，笃学力行于义理，晓其大体。初，国家设大报坛于禁苑，置守直官三员，又置汉旅三十员，使天朝人子孙入直受料。健陵己未，先生亦拜守直官，然心常不乐，城闉寻解官而东出惠化门外，买小庄于僻陋之区，松筠梅菊方列门巷，手执一卷书，常吟哦于其间。盖先生上念宣文王中道而殂，庠生地下之目不瞑也，怀痛穷天，发之歌诗，著之文辞，无非匪风下泉之思也，夜寝未尝解衣与带，以自安逸，亦所以微寓卧薪之意也。国东加平郡西乡有大涧，东流入于汕水，乡名曰朝宗，处士许格与郡守李齐杜、县人白海明，就滩上岩崖刻毅宗皇帝御书"思无邪"三大字，昭敬王"万折必东，再造藩邦"八大字，又取宣文王赐相国李敬舆疏批"日暮道远，至痛在心"之语，受宋先生手笔，并刻于左方。先生自少来观，辄彷徨不能去。仁陵辛卯，设坛于岩傍，每岁正月四日，用四笾四豆以祀高皇帝，坛号大统行庙，又设坛于下傍祀九公，号九义行祠，始拟建庙，故命名如此，而仍而不改也，于是构数楹于其下，为终老计，傍曰洌泉斋，里名曰风泉，与沧海讲定飨祀仪节，每值高皇以下、列圣及宣文王、仁宣王妃讳辰，必斋宿而行展谒之礼，其于九公忌日亦然。庠生公赠官例书虏号耻之，遂告庙而焚其诰，改题其神主，更镌其墓表恶时宪历首揭大清字，入直大报坛，刻大明永历几年岁次干支大统历十数字藏之家中，每岁颁历刊去伪号，凡大报坛所用及皇朝人子孙私藏，皆用此本。祭祝之属，皆以永历纪年，而国人之崇祯纪年，则每致不满之意，盖其意以为如此则三皇帝疑于不尊，然崇祯纪年实昉于宋先生门人宋公尚敏，欲用永历而不之许也。盖崇祯本国聘飨之地，国人受用日久，且万一遇好机会，则揭此号令，感人为易，是其与异时秉春秋之笔者大书弘光、隆武、永历而上接乎崇祯大统者，义或不同也，乃若先生则天朝士夫之家，其事体又与属国人不同，此当各行其义，以求吾心之所安也。九公之后散处朝鲜，二家衰甚，其先公不得祀，先生为之立主，每祭日，必具需往助之，三家无后，仍谋于六姓之后曰汉旅，本为九公设也，宜请于朝，除九员料以其六分付六公嗣孙，俾供庙祀其三分，仍付朝宗之祀，而令诸家轮定有司一人守斋主管，如此则祀飨可常继于永世也。又谓诸姓衰替不振，其故无他，由在我者懵乎经术，昧乎义理而致之然耳，欲置义庄收教诸姓后生，二者皆有志而未就，此其自废其身，抱春秋究终始之实也。先生内行醇备，事亲专意，所后而能尽私恩所，生母崔夫人属纩不得临设，先生恸甚，常以罪人自居，饮食常供令极菲薄，年十三娶妇，妇家为之制衣，颇鲜明，不肯服，即赍而还之，其廉约之性，自幼少如此，以小学家礼击蒙要诀为治身御家之律尺，晨必谒庙，朔望必参，四时必祭，子女十五以上必加冠笄，婚姻必亲迎。长子修说早亡，孙男惟有遗腹儿济穆一人，适庠生公适孙无嗣，谋诸宗族，其有子者皆以大宗贫甚，不许，先生即以济穆为之后。患宗族无约束，商定花树会仪节，每岁三月三日，率族人会大宗之家谒庠生之庙，退则其宗子门长及众族人以序就位，卑幼见于其尊长，直约乃读诫词，略曰：凡我诸族，各相劝戒，孝于父母，友于兄弟，睦于同宗，姻于外亲，任于朋友，恤于贫乏，无或�堕，以忝所生。读讫，疏其意而申喻之，遂置记善记过二籍，又置籍书宗中嫁娶生卒，藏之宗家。行酒数巡，尽欢而罢。与沧海为同气也，而以过房，故必称从父弟，其谨礼正名，不欲随俗胡乱如此。性素爱竹，遍植阶砌，间取其节为带，乡人呼为竹带丈人焉。先生清心寡欲，躬行笃厚，养其德性之本，然者虽号鸿儒宗匠，不能过也，使国俗风气宽广，畦畛不设，惟知致一于尊王之义，因得以兴起其从师取友之心，而卒究乎大学致知格物之传，则将见阳德日旺，华运潜启，而北虏西洋不过水山之势也。先生生于永历三己亥，卒于其四甲寅，年七十六。所著诗文数卷，名曰《榛苓录》，失之回禄，零星收拾，仅略干识者，谓读此而不涕泪者，无人心者也。又有《明承传家录》一编，即裒辑国家尊周事及大报坛誊录，而附以九公事实者也，先生殁而沧海公守洌泉斋。

王德九，字子范，父道源，永历三回之戊申，先生生于汉师，自幼志气慷慨，尝自号沧海居士，盖与许处士格同一意也，与磐川先生为兄弟间知己，茶饭讲服皆春秋尊王之义，世间荣利泊然不入于心，为大报坛守直官，奉行职事惟谨，足不涉权贵之门，以故累拜别提而不得迁帙也。仁陵庚寅，从磐川入朝宗设坛祀高皇帝，又祀其先庠生公及同志八贤，商定仪节。辛卯以后，连丁内外艰难服阕，或在朝宗，或在汉师。哲宗甲寅，磐川卒，先生恐飨祀废坠，来守洌泉斋，不以家累自随，十年不出山门，其飨祀尊俎致洁仪节致敬期于诚至而神格也，余力益讲尊攘之书，昼夜孜孜，老而深笃，一如磐川时也。始九公至朝鲜，宣文王以天朝士夫贵之也，至忠义贯日贤之也诚，将共信大义望之也深。崇陵以后，尊王之诚亦不为不至矣，而一种顽钝嗜利无耻之辈，恶闻大义，相与簧鼓邪说，以皇太极为义主，以三皇帝为余分，以斥和学士为喜事钓名，以宣文王为勾践之诈，以宋先生为延广之狂，而林寅观等九十余人，保先帝衣冠，漂到我境，竟被缚送于虏，骈首就戮。……九公之后及其他皇朝贵裔流落我国者，巍科不加于身，名宦不入于门，婚姻不通于士夫，流俗所轻，其贱固已无怪，而至于汉旅，则尤非所以待九姓也。（九义士后裔生计日促）德九曰：公思之孔孟程朱，非大圣大贤乎？今其苗裔有能免薙发裂冕，而首戴红兜者乎？吾数姓者，得保先帝衣冠，是本国大恩，吾又何望焉？金平默作诗寄意曰："白首空山赋匪风，红罗日月寄斯翁。苍茫海域三千里，一水泱泱万折东。"癸亥冬十一月，王德九卒于朝宗，年七十六。生三男，长子景说，曾任云山郡守；次子暨说，三子旨说。德九平日不事著述，遗稿仅若干卷，与《榛苓录》相表里。德九卒后，磐川之子、曾任大报坛守直官的俶说嗣守朝宗。今上乙丑，罢万东庙，儒臣章甫争之不能得，于是朝宗之祀亦废，俶说守坛不能去，与其子亲把锄犁以自给。壬申，金平默与洪在龟诸人为五噫之词，酌献于坛，密伸诚礼，俶说读其词未竟，失声痛泣久之。后二年，上始省万，几命复皇庙，俶说闻之，复经朝宗祀事。华西李恒老，国之大儒也，尝阐明宋先生之道，以息当世邪说，又欲作亭岩下，往来栖息，未就而卒，其门人柳重教欲成其志，遣门下人先刻"见心亭"三字于岩面。

12. 朝鲜历代国王为大报坛所作述怀诗（载冯荣燮编：《大明遗民史》下卷，保景文化社 1989 年版，第 474—475 页）

大报坛建立后，朝鲜肃宗的两首述怀诗：莫须建庙更持疑，德海恩山忍忘之？况是重丁圣祚绝，永怀一倍黍离悲。朝宗大义伸无处，崇报微诚为在兹。岂特平生吾愿遂，宁陵志事庶几追。

薪胆于今二十年，壮心未遂苦恫缠。尊周大义何时举，快把龙泉定四埏。

大报坛增修后，英宗的述怀诗：朝宗门内营何事，我为精禋拓界宽。

俨若朱门翠柏里，飘然黄帐彩云间。三皇血食再东国，五圣至诚一北坛。何幸微忱述昔日，小邦大报今辰完。

正宗感念大报坛创设与增修的御制诗：玉辂东巡怳见亲，依依坛木寄王春。山河极北沦诸夏，牲醴吾东享祀陈。数十麟经淹日月，三千鲽域葆冠巾。齐衣肃穆监明水，万折余诚志事遵。

纯宗于大报坛行望拜礼时的述怀诗：天启圣图眷大明，赖皇威德小邦平。敬遵故事皇坛拜，忽觉匪风感慕生。

翼宗御制《斋居感赋》诗：匪风思古帝，何处是中原？内苑三坛屹，千秋感旧恩。

哲宗御制诗：大报坛高日月明，顾瞻周道砥如平。斋居肃穆洋洋在，寓慕风泉百感生。

朝鲜文人学者为大报坛、万东庙、朝宗岩所作述怀诗文：

宋时烈：华阳山与首阳山，万古纲常树此间。客到试看千仞壁，腥尘天地别人寰。[①]

处士许格为朝宗岩所作《感吟诗》：中宵起坐众星繁，历历皆知北极尊。开辟从来几宇宙，帝王今古各乾坤。君臣忍屈崇祯膝，父老犹含万历恩。青史莫论当世事，天无二日仲尼言。[②]

郡守李齐杜《朝宗岩诗》：县号朝宗又此岩，川流其下碧于蓝。潺潺放海如江汉，一片皇明鸭水南。至痛人间说甲申，神州何日扫燕尘。一岩剞劂留千古，至此英雄泪满巾。[③]

柳麟锡：大报万东大统享，贯三百岁一精诚。谁闻振古吾邦似，这义

① 冯荣燮编：《大明遗民史》下卷，保景文化社 1989 年版，第 476 页。

② 冯荣燮编：《大明遗民史》下卷，保景文化社 1989 年版，第 480 页。

③ 冯荣燮编：《大明遗民史》下卷，保景文化社 1989 年版，第 480 页。

争多日月明。特绝古今三大节，非徒彰著五伦光。争禽竞兽一天下，有曰朝鲜礼义邦。国步曾年困岛夷，神宗赫怒降皇师。蒙恩再造如天大，环域江山草木知。御苑儒林坛庙成，滔滔江汉亿年情。君臣父子兼恩义，上下言兹贯一诚。尊中攘外天常经，拱北必东民本情。惟曰晦明斯义际，伊人伊兽便相争。①

李恒老《游朝宗岩》：欹岩蚀藓只么青，志感风泉着处形。心法手滋千古肃，山名水号一区灵。春风落日无终极，游客闲愁谩醉醒。商略东巅奇绝处，何由突兀起扁亭？②

李埈《朝宗岩》：鹃血空山泪湿新，穷阴是处见王春。苔碑不泐尊周字，茅屋犹逢祭楚人。肉骨恩深东土遍，薙头羞切溥天均。未劳琬琰传云汉，呵护岩川自有神。③

金平默《风泉里展谒 皇坛记》：故大报坛守直官磐川王公解官而东入宅于嘉陵之朝宗岩，即所谓风泉里是也，其上设坛祀我太祖高皇帝，名曰大统行庙，左麓又设坛祀其先庠生公及其同志八贤，名曰九义行祠，所设者，坛也，而曰庙曰祠者何？始拟建庙而名之，故仍而不改也。磐川殁，其从弟沧海公嗣守朝宗。哲考己未，余始孤往展谒，访德九于洌泉斋，公伟颜皓发，素衣大冠，斋左右尊阁朱宋以下诸尊周攘夷之书，若玉川先生抱春秋而究终始者，其意可悲，其贤可敬也。余纳拜座右，为言屋上之鸟、草间之蛛，尚且爱慕，况皇朝士夫之家，东来九贤之孙，而世无宋夫子，本国之待之衰薄殊甚，不可使闻于天下后世也。……（德九）殁，至今上

① 冯荣燮编：《大明遗民史》下卷，保景文化社 1989 年版，第 482 页。

② 冯荣燮编：《朝宗岩文献录后集》中卷，《朝宗岩志》卷下，保景文化社 1987 年版，第 832 页。

③ 冯荣燮编：《朝宗岩文献录后集》中卷，《朝宗岩志》卷下，保景文化社 1987 年版，第 832 页。

初服，朝廷有新处分，首罢万东庙，尽撤忠贤祠院，自是朝宗之祀亦不敢举九公，则坛墠亦毁，……磐川之子、前守直官俶说嗣守其下，然家至贫，父子躬耕苟活，举目萧然矣！壬申春，余与洪思伯讲朱子书，感明年太岁，又君难之章，欲至朝宗，密伸诚礼，构出五噫之赋，略如九歌，大招文成，有故不成行，至十月之旬，思伯与其弟闻叔、同郡崔庆瑞会于大谷，仍与之行，以一爵一笾飨之，王守直读其赋，相与失声痛泣，仍出示磐川文集，所著无非风泉之思也。[①]

柳重教《朝宗岩见心亭镌名记》：我毅宗烈皇帝殉社稷之三周甲申暮春，先师华西李先生与山中诸公游加平之朝宗岩。始，沧海许公格爱朝宗之名，谋于郡守李公齐杜，奉刻烈皇帝“思无邪”三大字于岩，又刻我昭敬大王“万折必东，再造藩邦”八字于其下，尤庵宋文正公为书我宣文大王“日暮道远，至痛在心”之语俾刻于其左方，许公因欲建庙祀神宗皇帝，则文正公又奖与之劝其并祀烈皇帝，说者谓北苑华阳之享，其义权舆于此，李先生重其地，以是岁来游，奉审睿迹，见其傍有石，穹然临于澄潭，其颠可坐四十五人，仍欲构亭数架，以俟来者而未就，其后闻王磐川兄弟来筑坛祀高皇帝，尤致敬慕，因乡人往来，问讯惟勤。重教与同门二三子议早晚经纪茅栋，以就遗志，预名见心亭。（所以名之意）人类而有夷夏，即阴阳之大端也。唐虞之盛，已忧蛮夷之猾夏，履霜之始也；春秋之时，吴楚僭王，羸豕之踯躅也，驯致其道；五胡乱华，则剥床以肤矣；胡元之入据天位，龙战于野，其血玄黄，而至清虏再入，则其事益惨矣。呜呼！尚忍言哉？于斯时也，吾东以海隅偏邦，独存大义，其本之心而徵诸迹者，如彼其章章，异日天下之文明，必自此而基之矣，吾夫子所谓其见天地之

---

① 冯荣夔编：《朝宗岩文献录后集》中卷，《朝宗岩志》卷下，保景文化社 1987 年版，第 835 页。

心者，非耶？呜呼！非深乎易者，其孰能与于此哉？然尝观天下大势，一否一泰常相循，而其风气之开闭，时运之往复，未尝不由于士大夫心法学术之正不正耳，今夫一介士能为天地立心，即其一念之微，而克制形气之私，惟民彝天显，是扶是植，则至诚之所感通，终有雷出地，奋扫荡顽阴之日矣，厥或反是，而徒藉前人之成迹以为重，则向之炯炯者，忽焉而息，而所谓天地之心，亦不可恃矣，此非吾与子之所共瞿瞿者耶，畴昔李先生之入华阳也，有诗云：一线微阳犹在此，春光何日遍区寰？其所望于天人者，可谓厚矣，吾所以名此亭者，其意盖亦若是已矣。[①]

① 冯荣燮编：《朝宗岩文献录后集》中卷，《朝宗岩志》卷下，保景文化社 1987 年版，第 836—837 页。

二、世系传承

（一）赴朝青州史氏世系传承表[①]

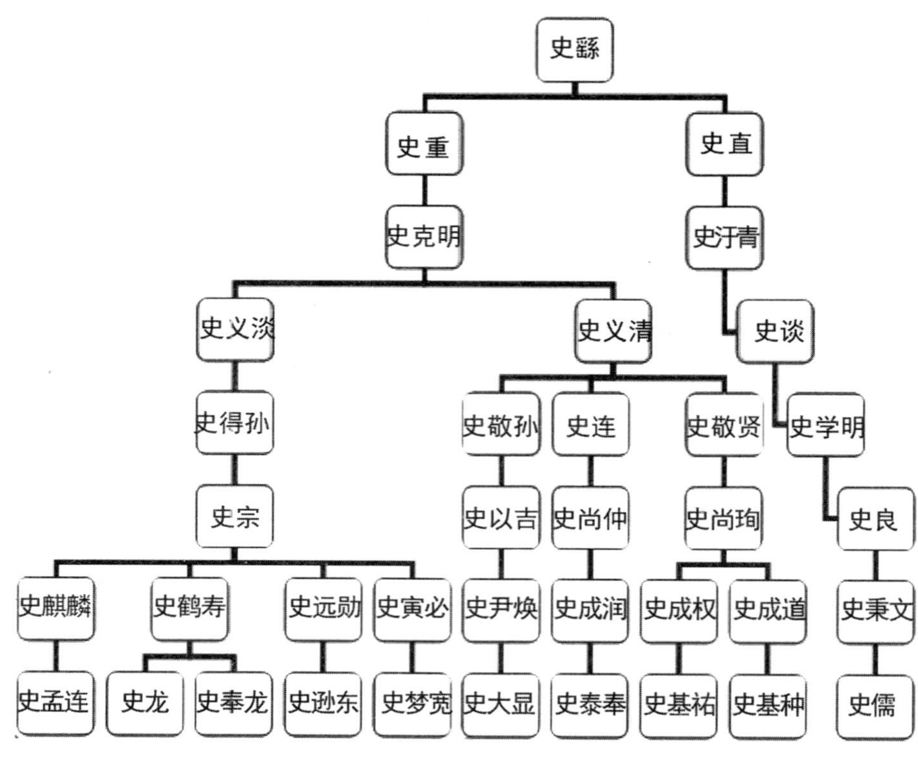

……

① 资料来源：《韩国姓氏大百科·姓氏的故乡》，中央日报社 1989 年版，载冯荣夔编：《大明遗民史》上卷，保景文化社 1989 年版，第 225 页。

（二）赴朝济南王氏世系传承表[①]

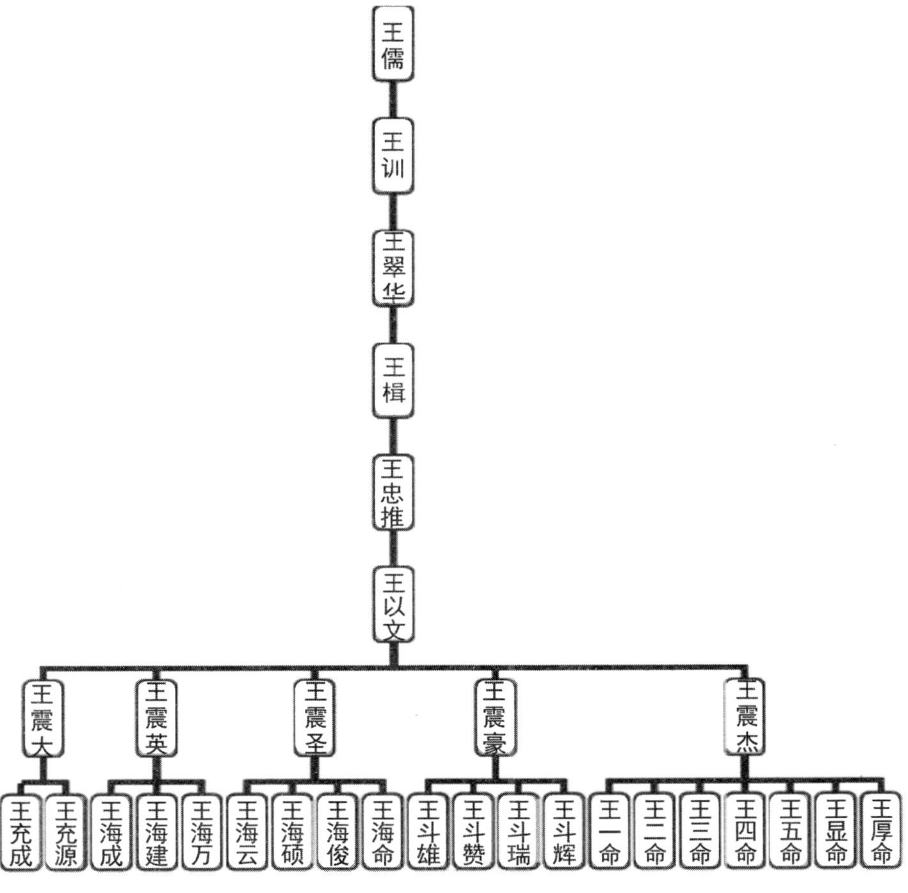

……

① 资料来源：《韩国人的族谱》《韩国姓氏大百科·姓氏的故乡》，分别载于冯荣燮编：《大明遗民史》上卷，保景文化社 1989 年版，第 134、239 页。

（三）赴朝临朐冯氏世系传承表[①]

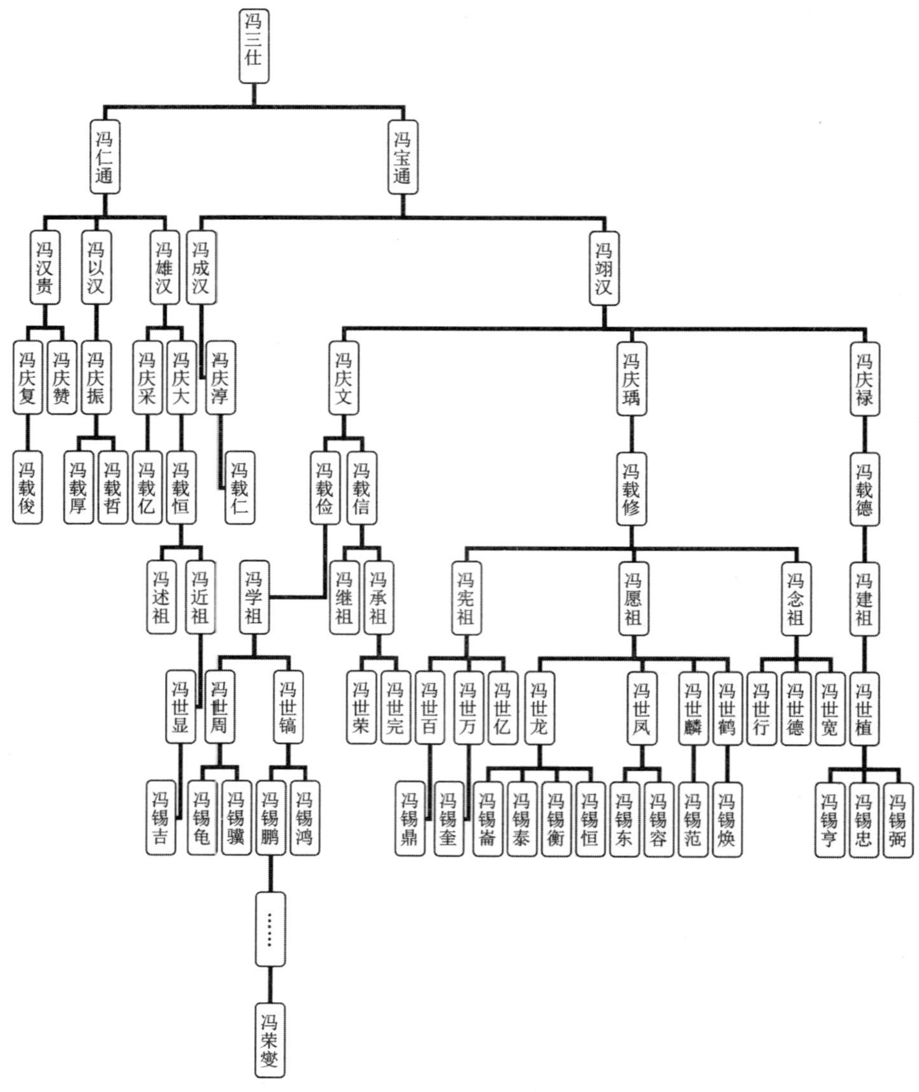

……

① 资料来源：韩国《临朐冯氏族谱》，冯荣燮编，保景文化社 1989 年版。

（四）赴朝琅琊郑氏世系传承表[1]

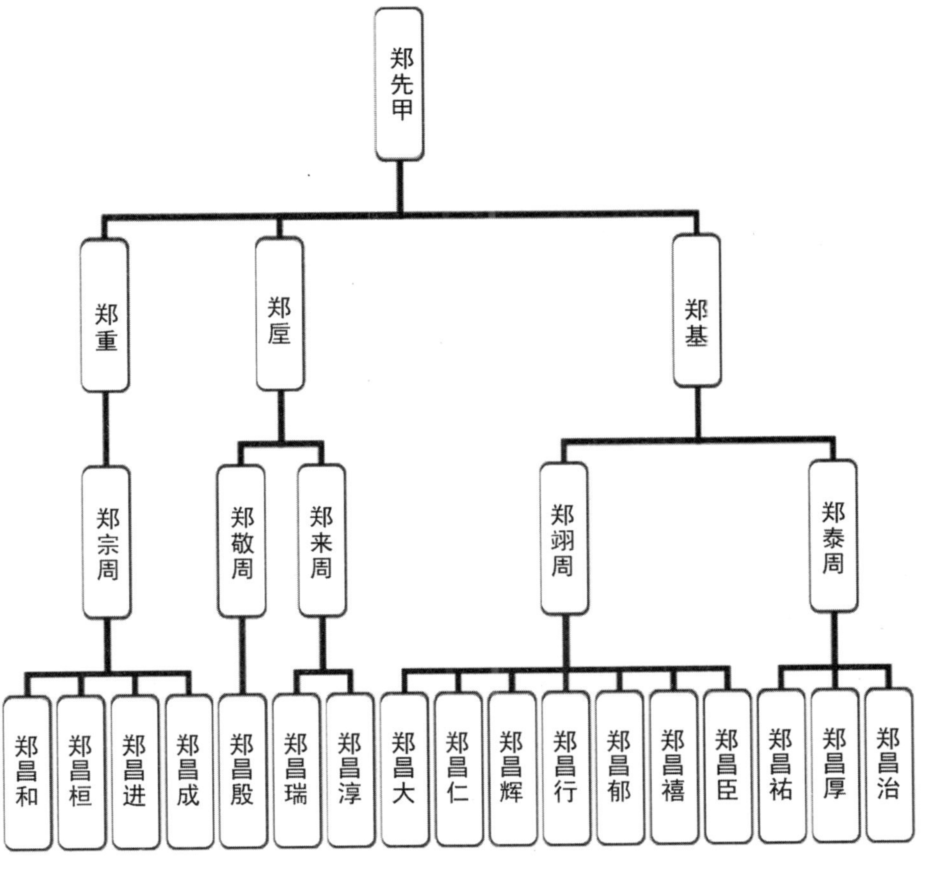

……

① 资料来源：《韩国姓氏大百科·姓氏的故乡》，中央日报社 1989 年版，载冯荣夔编：《大明遗民史》上卷，保景文化社 1989 年版，第 247 页。

（五）赴朝青州王氏世系传承表[①]

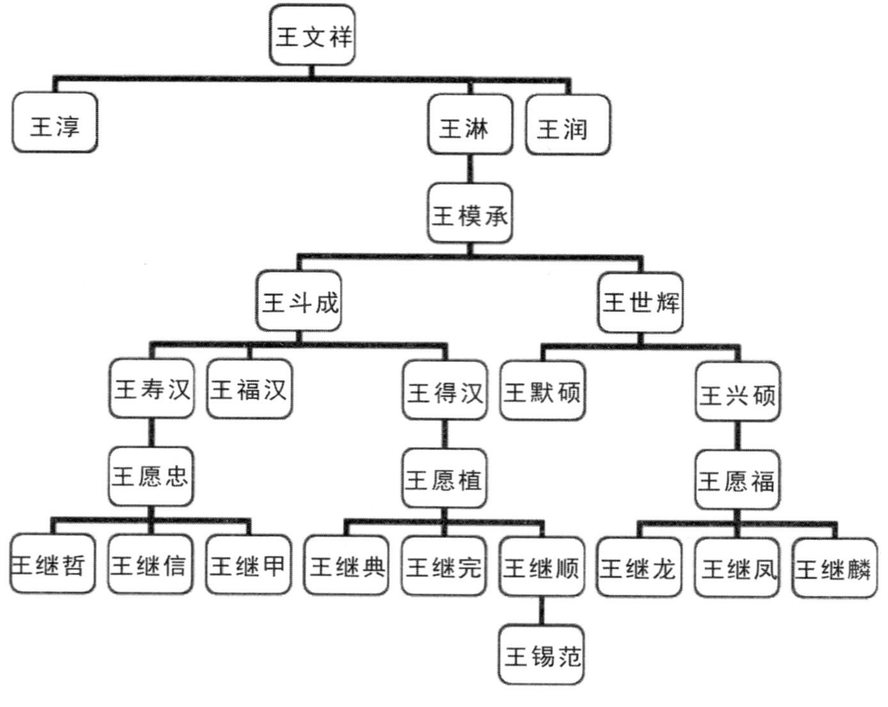

……

① 资料来源：《渊源补遗》，载冯荣燮编：《大明遗民史》上卷，保景文化社 1989 年版，第 332 页。

参考文献

一、古籍

1.（汉）班固撰，（唐）颜师古注．汉书 [M]. 北京：中华书局，1962.

2.（汉）司马迁．史记 [M]. 北京：中华书局，1982.

3.（晋）陈寿．三国志 [M]. 北京：中华书局，1962.

4.（明）陈子龙等选辑．明经世文编 [M]. 北京：中华书局，1962.

5.（明）董越．朝鲜杂志 [M]. 四库全书存目丛书本．

6.（明）杜思等修，冯惟讷等纂．(嘉靖) 青州府志 [M]. 上海：上海古籍书店，1982 年影印本．

7.（明）费信撰，冯承钧校注．星槎胜览 [M]. 长沙：商务印书馆，1938.

8.（明）龚用卿．使朝鲜录 [M]. 北京：北京图书馆出版社，2003 年影印本．

9.（明）巩珍著，向达校注．西洋番国志 [M]. 北京：中华书局，1982.

10.（明）黄省曾．西洋朝贡典录 [M]. 北京：中华书局，1982.

11.（明）李东阳．大明会典 [M]. 苏州：江苏广陵古籍刻印社，1989

年影印本 .

12.（明）李维桢 . 大泌山房集 [M]. 四库全书存目丛书本 .

13.（明）李维桢 . 冯氏家乘 [M]. 清抄本 .

14.（明）龙文明、赵燿纂修 .(万历) 莱州府志 [M]. 清初抄本 .

15.（明）陆釴等纂修 .(嘉靖) 山东通志 [M]. 四库全书存目丛书本 .

16.（明）罗曰褧著，余思黎点校 . 咸宾录 [M]. 北京：中华书局，2000.

17.（明）马欢撰，冯承钧校注 . 瀛涯胜览 [M]. 北京：中华书局，1955.

18.（明）王士性撰，吕景琳点校 . 广志绎 [M]. 北京：中华书局，1981.

19.（明）徐应元纂修 .(万历) 登州府志 [M]. 北京：全国图书馆文献缩微复制中心，2005.

20.（明）严从简著，余思黎点校 . 殊域周咨录 [M]. 北京：中华书局，1993.

21.（明）张燮 . 东西洋考 [M]. 北京：中华书局，1981.

22.（明）郑若曾 . 郑开阳杂著 [M]. 南京：江苏国学图书馆，1932 年影印本 .

23.（南朝·宋）范晔 . 后汉书 [M]. 北京：中华书局，1965.

24.（清）毕懋第修 .(乾隆) 威海卫志 [M]. 南京：凤凰出版社，2004 年影印本 .

25.（清）方汝翼等修，周悦让等纂 .(光绪) 增修登州府志 [M]. 光绪七年刻本 .

26.（清）谷应泰 . 明史纪事本末 [M]. 北京：中华书局，1977.

27.（清）顾炎武 . 天下郡国利病书 [M]. 四库全书存目丛书本 .

28.（清）顾祖禹撰，贺次君、施和金点校 . 读史方舆纪要 [M]. 北京：中华书局，2005.

29.（清）李钟珏著，许云樵校注 . 新加坡风土记 [M]. 新加坡：南洋书局有限公司，1947.

30.（清）林溥修 .(同治) 即墨县志 [M]. 南京：凤凰出版社，2004 年影印本 .

31.（清）汪楫 . 崇祯长编 [M]. 台北："中央研究院" 历史语言研究所，1962 年影印本 .

32.（清）王大海著，姚楠、吴琅璇校注 . 海岛逸志 [M]. 香港：学津书店，1992.

33.（清）王赠芳等修 .(道光) 济南府志 [M]. 南京：凤凰出版社，2004 年影印本 .

34.（清）徐鼒 . 小腆纪年附考 [M]. 光绪四年刻本 .

35.（清）徐宗干修，蒋大庆等纂 .(道光) 泰安县志 [M]. 道光八年刻本 .

36.（清）许寅辉 . 客韩笔记 [M]. 光绪三十二年刻本

37.（清）姚延福修，邓嘉缉等纂 .(光绪) 临朐县志 [M]. 台北：成文出版社，1976 年影印本 .

38.（清）永泰纂修 .(乾隆) 续登州府志 [M]. 乾隆七年刻本 .

39.（清）岳浚、杜诏纂修 .(雍正) 山东通志 [M]. 乾隆元年刻本 .

40.（清）张廷玉等 . 明史 [M]. 北京：中华书局，1974.

41.（清）郑锡鸿等修，王尔植等纂 .(光绪) 蓬莱县续志 [M]. 光绪八年刻本 .

42.（清）卓尔堪选辑 . 明遗民诗 [M]. 北京：中华书局，1961.

43.（宋）徐兢 . 宣和奉使高丽图经 [M]. 北京：中华书局，1985.

44.（宋）赵汝适 . 诸藩志 [M]. 清乾隆刻本 .

45.（宋）朱熹 . 四书章句集注 [M]. 北京：中华书局，1983.

46.（宋）朱彧 . 萍洲可谈 [M]. 北京：中华书局，1985.

47.[朝鲜] 崔溥著，葛振家点注 . 漂海录 [M]. 北京：社会科学文献出版社，1992.

48.[朝鲜] 金庆门 . 通文馆志 [M]. 朝鲜光武二年重刊本 .

49.[朝鲜] 李恒老 . 华西先生雅言 [M]. 崇祯纪元之四丁卯本 .

50.[朝鲜] 柳麟锡 . 毅庵集 [M]. 汉城：景仁文化社，1973.

51.[朝鲜] 宋秉稷辑 . 尊华录 [M]. 朝鲜光武七年刊本 .

52.[朝鲜] 吴庆元 . 小华外史 [M]. 白岳山房文库，崇祯纪元后五戊辰刊 .

53.[朝鲜] 郑麟趾 . 高丽史 [M]. 四库全书存目丛书本 .

54.[日] 末松保和编 . 李朝实录 [M]. 东京：学习院东洋文化研究所，1952—1966 年影印本 .

55.[日] 圆仁 . 入唐求法巡礼行记 [M]. 台北：文海出版社，1976.

56. 葛延瑛等修，孟昭章等纂 . 重修泰安县志 [M]. 民国十八年泰安县志局铅印本 .

57. 明清进士题名碑录 [M]. 清刻本 .

58. 明实录 [M]. 台北：“中央研究院”历史语言研究所，1962 年校印本 .

59. 清太宗实录 [M]. 北京：中华书局，1985 年影印本 .

60. 阙名朝鲜人 . 皇明遗民传 [M].1936 年北京大学影印本 .

61. 赵尔巽等 . 清史稿 [M]. 北京：中华书局，1976.

二、论著

1.[朝鲜] 权近等 . 朝天录：明代中韩关系史料选辑 [M]. 台北：珪庭出版社，1978 年影印本 .

2.[韩] 崔承现 . 韩国华侨史研究 [M]. 香港：香港社会科学出版社有限公司，2003.

3.[韩] 林基中编 . 燕行录全集 [M]. 韩国东国大学校出版部，2001.

4.[韩] 全海宗著，全善姬译 . 中韩关系史论集 [M]. 北京：中国社会科学出版社，1997.

5.[韩] 吴一焕 . 海路·移民·遗民社会——以明清之际中朝交往为中心 [M]. 天津：天津古籍出版社，2007.

6.[日] 松浦章编著 . 明清时代中国与朝鲜的交流 [M]. 台北：乐学书局有限公司，2002.

7.[英] 巴素著，张奕善译注 . 近代马来亚华人 [M]. 台北：台湾商务印书馆，1972.

8. 曹立会 . 临朐进士传略 [M]. 济南：齐鲁书社，2002.

9. 常建华 . 朝鲜族谱研究 [M]. 天津：天津古籍出版社，2005.

10. 常建华 . 明代宗族研究 [M]. 上海：上海人民出版社，2005.

11. 晁中辰 . 明代海禁与海外贸易 [M]. 北京：人民出版社，2005.

12. 朝宗岩保存会编，冯荣燮主编 . 朝宗岩与九义士 [M]. 汉城：松山出版社，1988.

13. 陈尚胜 . 儒家文明与中韩传统关系 [M]. 济南：山东大学出版社，

2008.

14. 陈尚胜等 . 朝鲜王朝（1392—1910）对华观的演变——《朝天录》和《燕行录》初探 [M]. 济南：山东大学出版社，1999.

15. 陈尚胜主编 . 登州港与中韩交流国际学术讨论会论文集 [M]. 济南：山东大学出版社，2005.

16. 陈尚胜主编 . 山东半岛与中韩交流 [M]. 香港：香港出版社，2007.

17. 陈尚胜主编 . 中国传统对外关系的思想、制度与政策 [M]. 济南：山东大学出版社，2007.

18. 董明 . 古代汉语汉字对外传播史 [M]. 北京：中国大百科全书出版社，2002.

19. 杜宏刚等辑 . 韩国文集中的蒙元史料 [M]. 桂林：广西师范大学出版社，2004 年影印本 .

20. 杜宏刚等主编 . 韩国文集中的明代史料 [M]. 桂林：广西师范大学出版社，2006 年影印本 .

21. 杜宏刚等主编 . 韩国文集中的清代史料 [M]. 桂林：广西师范大学出版社，2008 年影印本 .

22. 冯尔康 .18 世纪以来中国家族的现代转向 [M]. 上海：上海人民出版社，2005.

23. 冯尔康 . 清史史料学 [M]. 沈阳：沈阳出版社，2004.

24. 冯荣爕编 .(韩国) 临朐冯氏族谱 [M]. 汉城：保景文化社，1989.

25. 冯荣爕编 . 朝宗岩文献录 [M]. 汉城：朝宗岩再建推进会，1977.

26. 冯荣爕编 . 朝宗岩文献录后集 [M]. 汉城：保景文化社，1987.

27. 冯荣爕编 . 朝宗岩文献录续集 [M]. 汉城：保景文化社，1982.

28. 冯荣爕编 . 大明遗民史 [M]. 汉城：保景文化社，1989.

29. 冯玉忠 . 市场·体制与文化——冯玉忠文集Ⅱ [M]. 沈阳：辽宁大学出版社，1999.

30. 傅斯年 . 东北史纲 [M]. 上海：上海三联书店，2017.

31. 韩国文集编纂委员会 . 韩国历代文集丛书 [M]. 汉城：景仁文化社，1999.

32. 韩国研究论丛（一）[M]. 上海：上海人民出版社，1995.

33. 韩昇 . 日本古代的大陆移民研究 [M]. 台北：文津出版社，1995.

34. 何冠彪 . 生与死：明季士大夫的抉择 [M]. 台北：联经出版事业公司，1997.

35. 华侨志编纂委员会 . 韩国华侨志 [M]. 台北：华侨志编纂委员会，1958.

36. 黄枝连 . 天朝礼治体系研究 [M]. 北京：中国人民大学出版社，1992、1994、1995.

37. 姜龙范、刘子敏 . 明代中朝关系史 [M]. 哈尔滨：黑龙江朝鲜民族出版社，1999.

38. 姜亚沙等编 . 朝鲜史料汇编 [M]. 北京：全国图书馆文献缩微复制中心，2004.

39. 李光涛 . 朝鲜“壬辰倭祸”研究 [M]. 台北：“中央研究院”历史语言研究所，1972.

40. 李光涛 . 记明季朝鲜之“丁卯虏祸”与“丙子虏祸”[M]. 台北：“中央研究院”历史语言研究所，1972.

41. 李光涛 . 明清档案论文集 [M]. 台北：联经出版事业公司，1986.

42. 李光涛 . 中韩民族与文化 [M]. 台北：中华丛书编审委员会，1968.

43. 李花子 . 清朝与朝鲜关系史研究——以越境交涉为中心 [M]. 香港：

香港亚洲出版社，2006.

44. 李明欢 . 欧洲华侨华人史 [M]. 北京：中国华侨出版社，2002.

45. 李云泉 . 朝贡制度史论——中国古代对外关系体制研究 [M]. 北京：新华出版社，2004.

46. 联合报文化基金会国学文献馆主编 . 第一届亚洲族谱学术研讨会会议纪录 [M]. 台北：联经出版事业公司，1984.

47. 刘凤鸣 . 山东半岛与东方海上丝绸之路 [M]. 北京：人民出版社，2007.

48. 刘聿鑫主编 . 冯惟敏、冯溥、李之芳、田雯、张笃庆、郝懿行、王懿荣年谱 [M]. 济南：山东大学出版社，2002.

49. 罗晃潮 . 日本华侨史 [M]. 广州：广东高等教育出版社，1994.

50. 马大正主编 . 中国边疆经略史 [M]. 郑州：中州古籍出版社，2000.

51. 梅伟强、张国雄主编 . 五邑华侨华人史 [M]. 广州：广东高等教育出版社，2001.

52. 孟森 . 明清史论著集刊 [M]. 北京：中华书局，2006.

53. 孟祥才、胡新生 . 齐鲁思想文化史——从地域文化到主流文化 [M]. 济南：山东大学出版社，2002.

54. 彭林 . 中国礼学在古代朝鲜的播迁 [M]. 北京：北京大学出版社，2005.

55. 山东省地方史志编纂委员会编 . 山东省志·侨务志 [M]. 济南：山东人民出版社，1998.

56. 孙卫国 . 大明旗号与小中华意识——朝鲜王朝尊周思明问题研究（1637—1800）[M]. 北京：商务印书馆，2007.

57. 孙卫国 . 明清时期中国史学对朝鲜的影响 [M]. 上海：上海辞书出

版社，2009.

58. 谭其骧主编 . 中国历史地图集 (第七册)[M]. 北京：地图出版社，1982.

59. 王鹤鸣等主编 . 中华谱牒研究 [M]. 上海：上海科学技术文献出版社，2000.

60. 王日根 . 明清海疆政策与中国社会发展 [M]. 福州：福建人民出版社，2006.

61. 王赛时 . 山东沿海开发史 [M]. 济南：齐鲁书社，2005.

62. 魏志江 . 中韩关系史研究 [M]. 广州：中山大学出版社，2006.

63. 吴晗辑 . 朝鲜李朝实录中的中国史料 [M]. 北京：中华书局，1980.

64. 谢国桢编著 . 增订晚明史籍考 [M]. 上海：上海古籍出版社，1981.

65. 谢正光、范金民编 . 明遗民录汇辑 [M]. 南京：南京大学出版社，1995.

66. 谢正光编 . 明遗民传记索引 [M]. 上海：上海古籍出版社，1992.

67. 杨国桢等 . 明清中国沿海社会与海外移民 [M]. 北京：高等教育出版社，1997.

68. 杨旸 . 明代东北史纲 [M]. 台北：台湾学生书局，1993.

69. 杨昭全、孙玉梅 . 朝鲜华侨史 [M]. 北京：中国华侨出版公司，1991.

70. 杨昭全、孙玉梅 . 中朝边界史 [M]. 长春：吉林文史出版社，1993.

71. 杨昭全 . 中国——朝鲜·韩国文化交流史 [M]. 北京：昆仑出版社，2004.

72. 张伯伟编 . 朝鲜时代书目丛刊 [M]. 北京：中华书局，2004.

73. 张国刚主编 . 中国社会历史评论 (第二卷)[M]. 天津：天津古籍出

版社，2000.

74. 张启雄主编 . 日本殖民统治下的朝鲜华侨 [M]. 台北：海外华人研究学会，2003.

75. 张赛群 . 华侨华人与“海丝之路”：作用、机制与展望 [M]. 北京：经济日报出版社，2018.

76. 张维华主编 . 中国古代对外关系史 [M]. 北京：高等教育出版社，1993.

77. 朱杰勤 . 东南亚华侨史（外一种）[M]. 北京：中华书局，2008.

78. 朱亚非 . 古代山东与海外交往史 [M]. 青岛：中国海洋大学出版社，2007.

79. 朱亚非等 . 明清山东仕宦家族与家族文化 [M]. 济南：山东人民出版社，2009.

80. 朱云影 . 中国文化对日韩越的影响 [M]. 桂林：广西师范大学出版社，2007.

81. 庄国土 . 当代华商网络与华人移民——起源、兴起与发展 [M]. 台北：稻乡出版社，2005.

82. 庄国土 . 中国封建政府的华侨政策 [M]. 厦门：厦门大学出版社，1989.

83. 庄国土主编 . 中国侨乡研究 [M]. 厦门：厦门大学出版社，2000.

三、论文

1.[韩] 崔承现、金惠连 .“明代遗民”：韩国华人历史探微 [J]. 华侨华人历史研究，2012(01).

2.[韩] 崔韶子 . 在清廷的昭显世子 [A]. 全海宗博士华甲纪念史学论丛 [C]. 汉城：一潮阁出版社，1979.

3.[韩] 韩圭焕 . 韩国华侨族裔性研究 [D]. 暨南大学，2004.

4.[韩] 吴一焕 . 清代在朝鲜明遗民宗族活动述论 [J]. 中国社会科学院历史研究所清史研究室编 . 清史论丛，2005.

5.[日] 田川孝三 . 关于沈狱问题 [J]. 青丘学会编 . 青丘学丛 (第 17 号)，大阪屋号书店，1934.

6. 晁中辰 . 旅韩华侨华人的历史与展望 [J]. 当代韩国，2000 年冬季号 .

7. 晁中辰 . 旅韩华侨华人历史分期初探 [A]. 北京大学韩国学研究中心编：韩国学论文集 (第八辑)[C]. 北京：民族出版社，2000.

8. 陈尚胜 . 礼义观与现实冲突——李朝政府对于清初漂流海商政策波动的研究 [A]. 北京大学韩国学研究中心编 . 韩国学论文集 (第四辑)[C]. 北京：社会科学文献出版社，1995.

9. 冯尔康 . 韩国朝宗岩大统庙述略 [A]. 论文集编委会编 . 商鸿逵教授逝世十周年纪念论文集 [C]. 北京：北京大学出版社，1995.

10. 韩昇 . 魏晋动乱与朝鲜的中国移民 [A]. 北京大学韩国学研究中心编 . 韩国学论文集 (第八辑)[C]. 北京：民族出版社，2000.

11. 何冠彪 . 记朝鲜汉人王德九的《皇朝遗民录》[J]. 明清人物与著述，香港：香港教育图书公司，1996.

12. 胡婷 . 康雍乾时期清与朝鲜关系研究——以朝鲜王朝对华观演变为中心 [D]. 陕西师范大学，2016.

13. 李慧竹 . 汉代以前山东与朝鲜半岛南部的交往 [J]. 北方文物，2004(01).

14. 林坚 . 朝鲜半岛的中国移民历史考察 [J]. 延边大学学报，2009(02).

15. 刘春兰 . 试论明清之际朝鲜社会的慕华崇明思想对明移民的影响 [A]. 陈尚胜主编 . 第三届韩国传统文化国际学术讨论会论文集 [C]. 济南：山东大学出版社，1999.

16. 刘家驹 . 清初朝鲜世子等入质沈阳始末 [A]. 台湾韩国研究学会编 . 中韩关系史国际研讨会论文集 [C]. 台北：台湾韩国研究学会，1983.

17. 苗威 . 华夷观的嬗变对朝鲜王朝吸收中国文化的影响 [J]. 东疆学刊，2002(03).

18. 牟元珪 . 古代山东在中韩关系史上的地位 [A]. 陈尚胜主编 . 第三届韩国传统文化国际学术讨论会论文集 [C]. 济南：山东大学出版社，1999.

19. 牟元珪 . 明清时期中国移民朝鲜半岛考 [J]. 复旦大学韩国研究中心编 . 韩国研究论丛 (第 4 辑)，1998.

20. 邵张彬 . 元末明初中国移民朝鲜半岛研究 [J]. 河南科技大学学报（社会科学版），2015(04).

21. 石少颖 . 韩国朝宗岩文化的历史变迁 [J]. 民俗研究，2014(02).

22. 孙卫国 . 试论入关前清与朝鲜关系的演变历程 [J]. 中国边疆史地研究，2006(02).

23. 韦祖辉 . 明遗民东渡述略 [J]. 中国社会科学院历史研究所明史研究室编 . 明史研究论丛 (第三辑)，南京：江苏古籍出版社，1985.

24. 肖瑶 . 论李氏朝鲜（1392—1910 年）的事大国策 [J]. 东北史地，2004(06).

25. 张光宇 . 明代汉民移民朝鲜问题研究 [D]. 中国海洋大学，2012.

26. 张倩倩 . 试析朝鲜英祖时期的对华观 [D]. 山东大学，2012.

27. 张玉兴 . 朝鲜“三学士”与明末“九义士”反清思想研究 [J]. 明清史探索，沈阳：辽海出版社，2004.

28. 张玉兴 . 明末清初“九义士”述论 [J]. 明清史探索，沈阳：辽海出版社，2004.

29. 郑成宏 . 中韩儒学文化的民间交流——以代表性的个案来说明 [A]. 中国人民大学孔子研究院编 . 中国人民大学孔子研究院成立庆典暨“孔子与当代”国际学术研讨会论文集 [C].2002.